宋版《百家姓》

赵钱孙李，周吴郑王。　冯陈褚卫，蒋沈韩杨。
朱秦尤许，何吕施张。　孔曹严华，金魏陶姜。
戚谢邹喻，柏水窦章。　云苏潘葛，奚范彭郎。
鲁韦昌马，苗凤花方。　俞任袁柳，酆鲍史唐。
费廉岑薛，雷贺倪汤。　滕殷罗毕，郝邬安常。
乐于时傅，皮卞齐康。　伍余元卜，顾孟平黄。
和穆萧尹，姚邵湛汪。　祁毛禹狄，米贝明臧。
计伏成戴，谈宋茅庞。　熊纪舒屈，项祝董梁。
杜阮蓝闵，席季麻强。　贾路娄危，江童颜郭。
梅盛林刁，钟徐邱骆。　高夏蔡田，樊胡凌霍。
虞万支柯，昝管卢莫。　经房裘缪，干解应宗。
丁宣贲邓，郁单杭洪。　包诸左石，崔吉钮龚。
程嵇邢滑，裴陆荣翁。　荀羊于惠，甄曲家封。
芮羿储靳，汲邴糜松。　井段富巫，乌焦巴弓。
牧隗山谷，车侯宓蓬。　全郗班仰，秋仲伊宫。
宁仇栾暴，甘钭厉戎。　祖武符刘，景詹束龙。
叶幸司韶，郜黎蓟薄。　印宿白怀，蒲邰从鄂。
索咸籍赖，卓蔺屠蒙。　池乔阴郁，胥能苍双。

闻莘党翟，谭贡劳逄。姬申扶堵，冉宰郦雍。
却璩桑桂，濮牛寿通。边扈燕冀，郏浦尚农。
温别庄晏，柴瞿阎充。慕连茹习，宦艾鱼容。
向古易慎，戈廖庾终。暨居衡步，都耿满弘。
匡国文寇，广禄阙东。欧殳沃利，蔚越夔隆。
师巩厍聂，晁勾敖融。冷訾辛阚，那简饶空。
曾毋沙乜，养鞠须丰。巢关蒯相，查后荆红。
游竺权逯，盖益桓公。万俟司马，上官欧阳。
夏侯诸葛，闻人东方。赫连皇甫，尉迟公羊。
澹台公冶，宗政濮阳。淳于单于，太叔申屠。
公孙仲孙，轩辕令狐。钟离宇文，长孙慕容。
鲜于闾丘，司徒司空。亓官司寇，仉督子车。
颛孙端木，巫马公西。漆雕乐正，壤驷公良。
拓跋夹谷，宰父谷梁。晋楚闫法，汝鄢涂钦。
段干百里，东郭南门。呼延归海，羊舌微生。
岳帅缑亢，况郈有琴。梁丘左丘，东门西门。
商牟佘佴，伯赏南宫。墨哈谯笪，年爱阳佟。

第五言福，百家姓终。

QIMING DE YISHU

起名的艺术

——宝宝起名宝典

袁自舫⊙编著

天津出版传媒集团
天津人民出版社

图书在版编目（CIP）数据

起名的艺术 : 宝宝起名宝典 / 袁自舫编著 . -- 天津 : 天津人民出版社 , 2020.9
ISBN 978-7-201-13967-8

Ⅰ . ①起… Ⅱ . ①袁… Ⅲ . ①姓名学－中国 Ⅳ . ① K810.2

中国版本图书馆 CIP 数据核字 (2019) 第 259694 号

起名的艺术 : 宝宝起名宝典
QIMING DE YISHU:BAOBAO QIMING BAODIAN

出　　版　天津人民出版社
出 版 人　刘　庆
地　　址　天津市和平区西康路 35 号康岳大厦
邮政编码　300051
邮购电话　（022）23332469
网　　址　http://www.tjrmcbs.com
电子邮箱　reader@tjrmcbs.com

责任编辑　李　荣
装帧设计　同人阁文化传媒

制版印刷　香河利华文化发展有限公司
经　　销　新华书店
开　　本　787 毫米 ×1092 毫米　1/16
印　　张　20
字　　数　307 千字
版次印次　2020年9月第1版　2020年9月第1次印刷
定　　价　58.00 元

前　言

作为我国传统文化的一部分，人的起名历史非常悠久，有文字后就有了人名。随着社会的进步，科学的发展，人名在各个不同的历史时期有着不同的发展，不过人名总归是人的名字，它代表的是一个人一生的符号标识。不论是单名、双名、字辈名还是多字名、乳名或学名，在我国人民的实际生活中都有较丰富的含义，并受到人们的高度重视。总体而言，人名大体可以分为以下几个类型：

有的出于“天文地理”，有的出于“天干地支”。

有的出于“八卦五常”，有的出于“福禄富贵”。

有的出于“家法族规”，有的出于“安居乐业”。

有的出于“地理环境”，有的出于“生活居地”。

有的出于“花草林木”，有的出于“江海河山”。

有的出于“都市乡村”，有的出于“友谊邻邦”。

有的出于“职业行当”，有的出于“社会进步”。

有的出于“建功立业”，有的出于“寿星高照”。

有的出于“军雄国强”，有的出于“时代政治”。

有的出于“数码文学”，有的出于“科研新识”。

现代中国虽然已经没有了阶级的高低贵贱之分，消除了禁忌繁多的封建束缚，但是不同的行业有着明显的差异，也有明显的特色。例如，政治军警界人士的孩子多取“国富民强，威武雄壮”之类的名字；科学技术界人士的孩子多取“钻研创新，勇攀奋进”之类的名字；文化知识界人士的孩子多取“文明礼貌，优雅别致”之类的名字；金融商务界人士的孩子多取“招财进宝，谋金盈利”之类的名字；乡村农业界人士的孩子多取“论字排辈，福禄安康”之类的名字，还有一些则会取小狗、小猫、小牛、小羊、小马、小虎、小龙之类的乳名，可以说是五花八门，各有千秋，特色明显。但是，这些人的目的是相同的，都是想给自己的孩子取一个理想的好名字。

作为我国传统文化组成部分的人名文化，古今书籍虽有探讨，相比之下却仍然很少。这门牵扯到每一个人的人名文化，应该引起人们的高度重视，对其进行研究和不断创新。有的人为了给自己的孩子取个好名字，在起名选字时无不费了一番苦心；而有些人在进入社会后觉得名字不够理想，正是因为当初起名过于随意或未加重视而导致的。

人名看似简单实则复杂，一个人的名字虽然只有两个、三个或四个字组成，但其意义深远。姓名包含有传统的宗族血缘部分——姓氏和字辈，名则饱含了长辈们的期盼、祝福以及奋斗的方向目标，等等。

名字起得恰当与否，有时甚至影射一个孩子的前程和命运，这种实例古今都有。如宋太祖赵匡胤某次率军出征，忽然一个名叫宋捷的信使送来捷报，赵匡胤立马认为这是大吉之兆，重赏了宋捷。在这个案例中，宋捷因名应兆，送报得赏。

明朝世宗年间，某个冬季时节，提点状元的前夜，世宗在梦中闻雷声，次日上朝发现殿试中有一考生名叫秦梦雷，“梦雷”这个名字和世宗梦中所闻雷声机缘巧合，因此秦梦雷直接被世宗钦点为本科状元。

此外，我国最后一位状元同样是因名而获。清朝末期，天下大旱，正逢科考，考生中有位名叫刘春霖的，他本为殿试第二名，但因名中有“春雨如霖”之意，再加上“旱需雨克”之说法，刘春霖便被点为头名状元。

上述这些例子并不是说名字决定了人的命运，但也证明了名字的重要性，名字对人的一生起到的作用是不容忽视的。

时代已经进入21世纪，中国人民的思想逐渐开放，文化水平也逐步提高，知识逐渐丰富，社会逐渐文明，科学逐渐发达，生活逐渐富裕，国民逐渐和谐，国力逐渐强盛，国威逐渐增强。敞开国门走向世界的炎黄子孙们把名字的含义从符号标识逐步提升到了与社会进步、精神文明、科学发展、国家富强、生活进步挂钩的新起点。

为了让大家给自己的孩子取一个更理想的名字，本书依据我国姓名文化的发展历史，以我国文化传统与现代的思想观念为基础，深入剖析了姓与名的关系、姓名与文化的历史发展进程、百家大姓探源、起名艺术、起名选字、姓名与人生、姓名与属相等知识，是一本非常实用的起名手册，值得读者一阅。读过此书之后，相信读者会对我国的姓名文化有一个新的认识，也会对日后给孩子起名起到一定的帮助，希望读者能够喜欢。由于水平有限，书中错误在所难免，敬请广大读者不吝指正。

目 录

第一章　姓名解释

一、姓氏探源

在我国，一般人人有姓，人们在初次交往时，相互之间首先会问“您贵姓”，可见姓氏在我们的日常生活中多么重要。那么，姓名作为社交中代表个人的符号，在我国到底有多少个姓呢?

大多数国人所熟知的《百家姓》，是宋朝时期一位不知名的儒士按照当时朝野人士的官职高低编写而成的。这部《百家姓》收录了438个姓，但也只是当时的主要姓氏。与其同时代的邵思编过一本《姓解》，共收录了2568个姓。据说到明朝时，有人初步统计中国已有3000多个姓了，还有文献统计认为，我国曾有6000多个姓。目前我国实际存在多少个姓，仍然是一个未知数。不过，据专家估计，我国自古至今实际使用过的姓氏，大约有12000个。

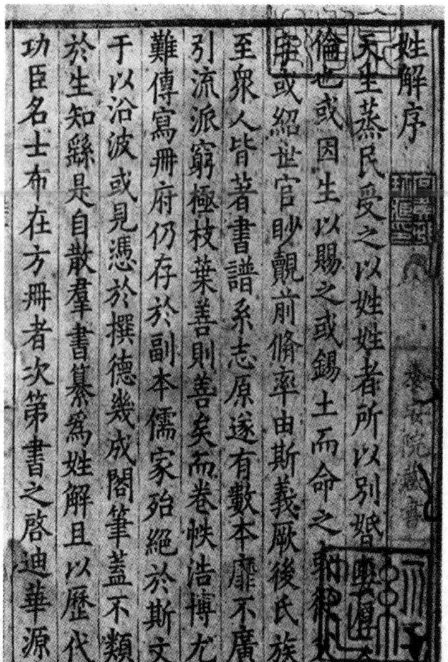
姓解序
天生蒸民受之以姓姓者所以別婚
倫也或因生以賜之或錫土而命之
宗或紹世官眇覩前脩率由斯義厥後氏族
至衆人皆著書譜系志原遂有數本靡不廣
引流派窮極枝葉善則善矣而卷帙浩博尤
難傳寫冊府仍存於副本儒家殆絕於斯文
于以浴波或見憑於撰德幾成閣筆蓋不類
於生知緜是自散羣書纂爲姓解且以歷代
功臣名士布在方冊者次第書之啓迪華源

《姓解序》影印本

姓氏是在不同的历史过程中形成和产生的。然而，同样的姓，未必就是同一个起源。比如，总人口约1亿的“王”姓，并非从某一个祖先繁衍发展而来，而是源自不同的支脉，他们主要是由太原王氏、琅邪王氏、北海王氏、陈留王氏等四支望族繁衍而来，除此之外，还有改姓“王”的也不少。

姓氏的起源比较复杂，与古代的政治发展、地理环境、民族文化等各种因素有关，归纳起来主要有以下方面。

1.以母亲为姓

这是母系氏族社会常见的姓氏起源。在母系氏族社会，因为人们过着群居生活，只知道自己是谁生的，而不知道父亲是谁，也就是说只知其母不知其父，所以人们只能根据母亲的血统来确定亲属关系，在姓氏上也承袭这一传统，例如那时候的许多姓都带有“女”字，如我国最早产生的“姞”“姬”“姜”“妫”“姒”等几个姓，都有“女”字旁，传说上古时代神农氏的母亲叫女登。

神农氏

2.以出生地或居住地为姓

传说上古时代的虞舜因为出生地为姚墟，便以“姚”为姓。春秋时期齐国的公族大夫因为分别住在都城外的东郭、西郭、南郭、北郭，于是分别姓“东郭”“西郭”“南郭”“北郭”。郑国大夫因为住在西门，便以“西门”为姓。

帝舜

3.以古国名为姓

例如“汪”姓的来源之一就是上古时期的汪芒国。据说大禹在位时，曾在会稽大会天下诸侯，汪芒国的国君因为迟到而被杀；到周朝时，汪芒国灭亡，亡国后的汪芒国人就以国名作为自己的姓氏而姓“汪”。再如商朝时，在泾、渭之间有个阮国，它的国人后来就以“阮”为姓。

大禹

至于今天常见的夏、商、周、齐、鲁、燕、韩、赵、魏、秦、吴、楚、宋、卫等姓，也大都是起源于古代历史上各国的王族或黎民百姓为了纪念自己的国家而以国名为姓。

4.以封地为姓

如西周时期，造父被周武王封到赵城，他的后代便姓赵；周昭王的庶子被封于翁地，他的后代便姓翁；周公旦的儿子被封为邢国侯，他的后代便以“邢”为姓。

周武王

5.以官爵为姓

在我国姓氏的来源中，有些姓氏是由祖先的官爵而来的。例如，古代有司徒、司马、司空、司士、司寇等五官，这些人的后代为了纪念祖先，就以这些官爵为姓。

在西周和春秋时期，诸侯的儿子称公子，公子的儿子称公孙，于是此后就有人以“公子”“公孙”为姓的。

再如周代有人曾担任管理粮仓的官，因为当时露天的粮仓称之为“庾”，有屋顶的粮仓称之为“廪”，于是粮官的后代就有人以“庾”“廪”为姓的。

6.天子赐姓

如周穆王的一个宠姬死了，为了表示哀痛，赐她的后代姓“痛”。明太祖朱元璋早年收沐英为义子，沐英也曾随朱元璋姓“朱”，沐英死后被追封为黔宁王，他的部分后人便以“朱”为姓，这些都是天子赐姓。

明太祖朱元璋

7.以谥号为姓

春秋时期，周惠王死后谥号为“惠”，他的后代便姓惠；宋国有一位国君名叫子和，去世后谥号为“穆”，他的后人除了继承王位者继续姓“子”，其他人全都以“穆”为姓。

以谥号为姓的例子还有许多，例如周文王的后人以文王的谥号“文”为姓，卫康叔的后人以康叔的谥号“康”为姓，宋武公的后人以武公的谥号“武”为姓，等等。

周文王

8.以祖辈的字为姓

如郑国公子偃，字子游，其孙便姓“游”；鲁孝公的儿子子彄，字子臧，其后代便姓“臧”。

9.以神话传说或图腾信仰为姓

传说舜时有一位纳言是天上龙的后代，其子孙便以“龙”为姓。另有传说则是一位名叫董父的人，为黄帝驯养龙有功，黄帝赐他豢龙氏之职，其后代便姓“龙”。传说神仙中有青鸟公，后世便也有姓“青鸟”的人。

此外，我国有些姓氏的来源和某些图腾信仰（动物崇拜）有关，例如有些氏族崇拜青牛、白象，其后人便姓“青牛”氏、“白象”氏。

黄帝

10.以职业为姓

在我国古代，有许多姓氏是随着各种职业（或行业）的出现而出现的。例如，古代有专门从事巫卜的人，其后便以“巫”或“卜”为姓；有专门从事陶器制作的人，其后便以“陶”为姓；有专门从事匠作业的人，其后便以“匠”为姓，等等。

11.因避祸乱而改姓

如战国时期的齐襄王田法章，他的后代本姓田，齐国被秦灭亡之后，法章的子孙为了避祸而不敢姓“田”，改姓“法”。南北朝时，南朝人刘凝之为了避乱而入北朝，改姓“员”。唐朝末年，王审知起兵，自称闽王，闽被灭之后，他的子孙为了避免仇人追杀而改姓游、沈、叶等。这些都是为了躲避祸乱而改姓的例子。

12.因避讳而改姓

我国古代等级制度森严，尤其是人们一旦在某些方面触犯了皇帝的尊严，将会招致意想不到的灾祸。这一习俗反映到姓氏方面，就是出现了因为避讳而改姓的现象。

例如秦汉时期的“籍”氏，为了避西楚霸王项羽（名籍）的名讳而改姓“席”；唐末，王审知称闽王之后，当地的沈氏改而姓“尤”。

12.因政治原因而改姓

南北朝时期，南朝的齐巴东王萧子响起兵作乱，兵败被杀，家族被除籍，改姓“峭”氏。隋朝贵族杨玄感起兵反隋失败之后，也被改姓“枭”氏。唐代武则天时期，为了打击李唐皇族的反抗势力，将一部分皇室成员贬到偏远的南方，并改姓“宄”，这些人直到武则天退位之后才恢复了“李”姓。再如“淦”氏本来姓“金”，在南宋时期，南方的金氏为了表示对北方金朝入侵的痛恨，而改姓为“淦”。

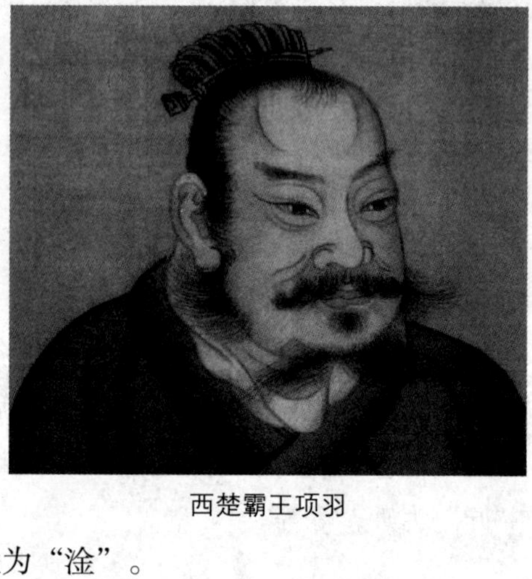
西楚霸王项羽

14.民族融合形成新的姓氏

随着历史的发展，我国有些姓氏是从少数民族或外国人中改姓而来的。

如隋朝末年的王世充本来是西域胡人，后来改姓王；明朝时有菲律宾国王入朝中国，中途病死，其子孙留下守丧，改而姓“安”“温”等。

在民族融合促进姓氏发展的过程中，尤其值得一提的是北魏孝文帝时期的改革。为了促进鲜卑族的汉化，孝文帝采取了一系列措施，其中之一就是将繁杂的多个字的鲜卑姓改为单个字的汉姓，例如皇族“拓跋”氏改姓“元”，其他贵族如“丘穆陵”氏改姓“穆”、“步六孤”氏改姓“陆”、“普六茹”氏改姓“杨”，等等。在这次汉化改革中，总共有144个鲜卑姓氏改为汉姓，是我国历史上规模最大的一次少数民族改汉姓运动。这些改为汉姓的鲜卑人后来都融入了汉族，其姓氏也成为汉姓的一部分。因此，如果仅仅从姓氏来看，我们已经很难区分他们的民族来源了。

此外，还有些姓氏直接来自民族语言的译音，如匈奴首领单于的子孙中有许多以“单于”为姓的后代。

由于我国的姓氏来源不一，因此对姓氏的研究后来逐渐成为一门学问。宋代著名学者郑樵在编撰《通志·氏族略》时，就根据姓氏的来源而将它们分成了32个类别，例如以郡国为姓氏、以邑为姓氏、以乡为姓氏、以亭为姓氏、以技为姓氏，等等。到明清时期，有人专门研究姓氏，编撰了多部关于姓氏的著作，但都没有人将所有的姓氏搜罗其中，这也表明我国的姓氏是在不断发展变化的。

人间不可无姓，也不可一姓。我们的祖先很早就给我们规定了姓氏。姓氏没有高低贵贱之分，每个姓氏都是本氏族所具有的独特的符号，也是氏族与氏族之间相区别的重要标志。这种姓氏的观念，在经历几千年的历史发展之后，已经根深蒂固地在人们的脑海中扎了根。

二、人名称谓趣谈

我们每个人都有名有姓，其中姓是一个家族区别于其他家族的徽号，也是各个家族的全体成员共同继承和享有的权利。名则不同于姓，它是人们用来区分彼此的识别标识。

姓是一个家族独有的徽号，而名则是个人与其他人相区别的符号，同时也是个人在现实生活与社交中的符号。简而言之，姓是家族的“专利”，而名是个人的“专利”，因而每个人都拥有自己的名字。

在我国，关于姓氏的俗语就不少，比如：“李王张刘陈，天下一半人”“张王李赵遍地刘”。在我国人口最多的五个大姓中，王、李、张三大姓各自的人口都有将近1亿之众，刘、陈两大姓的人口也有5000万之多。也就是说，这五大姓的总人口有4亿，占了我国总人口的大约30.77%！在我国人口最多的100个大姓中，如乔姓、贺姓、赖姓、龚姓、文姓等是人数最少的姓，其各自人口也都在500万以上。由此可以想象，在人与人之间的交往中，如果每个人都只有姓的区别而没有名的区别，那将会是什么样子！

因此，名字是人们在社会生活交往中，彼此之间区分开来的标识，是不可缺少的重要符号。

人名并不仅仅是一个简单的称呼或符号，它还具有丰富的文化含义，具有一定的特征和属性，主要表现在三个方面：

一是专属性特征。也就是说一个人名代表一个人，否则人名就失去了它的专指意义。例如，当我们说到“苏东坡”这个名字时，大家都会立即想到宋代大文学家苏轼这个人，而不会想到其他人；只要说到“雷锋”这个名字时，大家都会知道这是指人民的好战士、助人为乐的好青年，而不会想到另外的人。

二是简便性特征。中国人的名字一般由一个字或两个字组成，而不像外国人那样前后一大串。这种单字名和双字名既便于记忆，又便于传播，有利于我们更好地与他人交往，减少因为记不住人名而带来的尴尬。

三是审美性特征。这是指人们在取名时一般会要求名字或响亮动听，或庄重典雅，或饱含期望，或富含深意，而不会取那些含有贬义、容易引起歧义或误解的名字。

人名除了上述主要属性特征之外，还具有稳定性、时代性、地域性、民族性等特征。因此，人名是一个非常繁杂的名词，在取名时千万不可草率，而要有长远眼光，取一个能真正体现自己内心想法的名字。

在我国古代，人名是由姓氏、辈分（排号）、字号等多种要素组合而成的，现在则没有那么复杂，人们通常所说的名字有三个要素：一是姓氏，二是辈分，三是名字。将姓氏加上名字可以组成单字名，如果中间再加上辈分则可以组成双字名。

如王姓，取名“坚”，代表意志顽强坚定，可以取单字名叫“王坚”——这是由“姓+名”组成的名字。如果此人辈分为“宏”，还可以取双字名叫“王宏坚”——这是由“姓+辈分+名”组成的名字。这也是目前我国使用最广泛的取名方式。

一个人除了正式使用的姓名之外，可能还有许多其他的称谓，如乳名、学名、别名、字名、笔名、法名、艺名、官名、数名、化名、假名等。下面逐一介绍。

1.乳名

又称小名、奶名、幼名或小字。乳名一般是在孩子出生时，父母或长辈临时给取的名字，其目的一是为了和其他孩子区别开来，二是希望乳名能给孩子带来好运。比如，张某夫妻生下一个孩子，取乳名毛毛，毛毛就成了这个孩子的名字，他的家里人、村里人、族里人甚至亲戚见到他都叫他毛毛。一般来说，人们不太讲究乳名是否雅致，只求符合内心愿望即可。例如，周朝时周公的长子名叫“禽”；孔子名“丘”；孔子的儿子叫“鲤”，因其诞时鲁昭公赐孔子一尾鲤鱼而得名；春秋时期魏公子名叫“虮虱”；汉代司马相如名叫“犬子”。可见人们在取乳名时带有很大的随意性，就像现代人一样，觉得孩子乳名取得越低贱，就越好养大。

我国自古以来就有取乳名的习惯，上至帝王官宦，下至平民百姓，都会给孩子取乳名，而且乳名一般只在家庭或乡邻内部使用。在帝王的乳名中，有三国时魏武帝曹操乳名“阿瞒”，南朝宋武帝刘裕乳名“寄奴”，北朝魏太武帝拓跋焘乳名“狒狸伐”，北周文帝宇文泰乳名“黑獭”，宋孝宗赵昚乳名“小羊”，明太祖朱元璋乳名“重八”。在古代名人士大夫的乳名中，有王献之乳名“官奴”，陶渊明乳名“溪狗”，谢灵运乳名“客儿”，王安石乳名“獾郎”。

在近代名人中，有蔡元培乳名“阿培”，阎锡山乳名“万喜子”，萧锋乳名“未狗”，夏丏尊乳名“钊”，郭沫若乳名“文豹”，等等。

此外，一些女性也有乳名，如汉武帝皇后乳名“阿姣”，唐朝寿昌公主

昭公赐鲤图

乳名“虫娘”，明代女画家马月娇乳名“元儿”，等等。

在我国，俗有“在外官居二品，回家三岁孩儿喊乳名”之说，意思是说乳名可以是家里人、同族同村人或乡里亲戚对某人的称呼。在这些相邻亲友中，某人的乳名可以一直叫到大，叫到老，而且不论此人将来长大后当多大的官，做多大的生意，这些人仍然会叫他“毛毛”或“阿猫”等乳名。

2.学名

也称大名、正名、真名。学名在一个人的一生中具有十分重要的作用，一旦确定就不能随意更改，尤其是现在我国公安机关采用新型现代化电脑联网、统一管理户籍和人口以来，学名输入电脑管理系统之后，除非有特殊原因或需要，一般是不予变更的。

学名一般是在孩子出生后至学龄前这一阶段取定的，它的主要功能是用于社会交往，例如读书、就业方面，以区别于其他人。学名往往是家人或乡里亲戚以外的人称呼，使用的场所更加广泛，因此在取学名时必须慎重，注意要有所讲究。

比如前面讲的张姓孩子毛毛，邻里都叫他毛毛，而不叫他张毛毛，因为邻里都知道他姓张，所以不需加姓便知他是张毛毛。在孩子入学前，父母给他取名叫张永恒，从他入学后到走向工作岗位，所有与他接触的人都叫他张永恒，“张永恒”就是他一生的符号标识。

3.别名

也称曾有名、曾用名。别名是在学名之外另取的名字，或某段时间曾经用过的名字，与学名有所区别。例如，宋太宗赵光义原名赵匡义，但是由于其兄长赵匡胤登基当了皇帝（即宋太祖），赵匡义为了避讳而将自己的名字“匡义”改成了“光义”，因此“赵匡义”也可以说是宋太宗的曾用名。

在我国老一辈革命家中，许多人也有过曾用名。例如王若飞原名“荫生”，王稼祥原名“嘉祥”“稼蔷”，许光达原名“德华”，李立三原名“隆郅”，邓小平原名“先圣”“希贤”，周恩来曾用过“伍豪”等名字，这些名字都可以归入曾用名一类。

现在，我国的人口登记表、公务员履历表或各种有关的证明身份的表格中，都有“曾用名”这一栏，不过现在大部分人都没有别名。

4.笔名

笔名其实是别名的一种，是指作者在发表作品时，隐去真实姓名所署的名字。在我国明、清两代，由于小说登不上大雅之堂，因此有些章回小说的作者使用笔名撰写作品，以此来保全自己的名声。例如小说《金瓶梅》的作者兰陵笑笑生用的就是笔名，其人真实姓名至今仍有待考实。到五四运动以后，使用笔名成为当时的一种普遍现象。例如，鲁迅原名周树人，但他除了使用鲁迅这个笔名之外，还曾使用过且介、何家干、仲度、白道、及锋等上百个笔名。茅盾、巴金、老舍、曹禺、夏衍、丁玲、艾青等都是我们熟知的文学大师，其实这些名字也都是笔名，他们的真实姓名为沈德鸿、李尧棠、舒庆春、万家宝、沈乃熙、蒋伟、蒋正涵，但是知道的人却并不多。作者使用笔名有着种种原因，但总的说来，使用笔名的好处是隐身、灵活、便捷。鲁迅《花边文学·序言》中说："我本也可以就此搁笔，但为了赌气，却还是改些做法，换些笔名，托人抄写了去投稿。"巴金在《沉默集·序》中也写道："我也用过别的笔名发表了几篇文章。"

鲁迅

唐代高僧玄奘

5.法名

法名，是指皈依佛教或者信奉道教者所特取的名字。佛教称法号、戒名，或法讳，道教称道号或尊号。这是出家众于剃度仪式或入观仪式举行过后，或在家众于皈依三宝，或投入三清门下还有受戒时，或生前未皈依、受戒的在家人殁后于葬仪时，由禅师或者道长授予的名号。例如，描述唐僧西天取经的《西游记》中，“唐僧”其实是唐代和尚的总称，其本名陈祎，法名玄奘。唐僧取经途中，又收下了三位保他取经成功的大名鼎鼎的徒弟：齐天大圣（法名孙悟空）、猪八戒（法名猪悟能）、沙和尚（法名沙悟净）。

6.艺名

所谓艺名，是某些人在从事艺术活动中获得的名望，或者艺人在演出时所用的别名。这些从业人员，因为他们潜心钻研、努力创新，其职业或演出渐渐出了名，他们便以此给自己另外取的名字，或人们相沿成习给他们取的名字。

以技艺谋生的人，靠的就是自身过硬的技艺和本领。只有得到社会公认的技艺高超者，其艺名才能在社会上叫得响。例如，有一位号称“把子许”的许寿昌，曾介绍自己艺名的来由说：“我们这一家子，从我父亲到我们弟兄，还有我的儿子、我的孙子，一家四代，老老少少，不是做盔头，就是做把子，可以说是制作戏衣戏具的世家了。多少年来，我在把子制作方面，不断学习钻研，改进工艺过程，做出的单刀、双刀、枪、剑等把子，不但坚固耐用、外形美观，而且逼真，深受演员们的称赞和欢迎。北京、天津、上海等剧种的演员，都喜爱我制作的把子，因此，大家都亲切地叫我‘把子许’。”

其他广为人知的艺名，如狗不理、泥人张、镊子张、常鱼王等，也都是因为职业、产品出名而被人送以艺名的。

艺名有俗有雅，根据各自不同的行业特点而各有区别。比如过去的街头艺人，艺名都比较

京剧大师梅兰芳

俗，这“俗”显示出街头艺人所独有的特色。街头艺人在过去属于三教九流之列，他们的艺名多半来源于他们号中的俗号。艺名也有自定的，比如有些演员，他们的艺名多半是自定，而不是取用俗号。这种自定的艺名一般都比较文雅，例如著名京剧演员梅兰芳，原名梅澜，取艺名“梅兰芳”，一方面显示了和原名的关联（“兰”和“澜”谐音），另一方面暗含了自己的旦角身份，因为在中国“兰芳”一般是女性的名字。

7.官名

官名又称职务名，是官职的专称。例如晚清重臣李鸿章，又人称“李中堂”，这个“中堂”其实是当时宰相的别称。在清朝末期，只有既是大学士又是军机大臣的人才称得上是宰相。李鸿章是文华殿大学士，又担任军机大臣，所以人称“李中堂”。20世纪50—70年代，在我国人民的心目中，只要提起“主席”二字，大家便都知道是毛泽东同志；只要提起“总理”，便知道是周恩来同志，而不会联想到其他人。其实，官职名称非常多见，几乎延伸到了各级行政单位和各行各业。在我国，各级行政机关都有党委支部书记，不管是什么人担任书记（或其他职务，如省长、市长、县长），在本行政辖区内，人们很少直呼其名，而是称其×书记（或×省长、×市长、×县长）；甚至农村的村民小组长、部队的基层班长，以及工厂的车间组长，大家都会称其职务而不呼全名。

晚清重臣李鸿章

8.数字名

数字名就是用阿拉伯数字组成的名字，这种名字，有个人使用的，也有集体使用的，大都用于军队与国家重要保密部门或厂矿单位。

如各国军队都有统一的第几军、几师、几团的番号，对外称58679部队81分队，保密部门或厂矿则称“235信箱”等。

个人使用数字名，一般是在战时为了保密，不让敌方知道某位首长在什么位置，军队团以上的首长就有代号。

9.化名

化名是为了隐匿自己的真实姓名和真实身份而使用的名字。化名相近于笔名和假名，但又有不同的目的和含意。笔名可以把自己的原名字拆开和拼拢，如原名林木森，根据原姓名，可以取笔名林森木、林林林或六木子，还可以取谐音凌贸生等。化名则必须将自己的原姓名完成隐匿起来，为了达到某种目的，可以用某种目的的谐音较吉利的字取化名，化名大多是出于保护自己而取的。

例如在大革命时期，当时的共产党员还不能以正式身份公开活动，常常是从事“地下”工作，为了革命斗争的需要，他们很多人都采用化名和外人打交道。

郭沫若

著名文学家郭沫若在报刊上发表文章时经常用笔名，他在1927年2月冒着生命危险，从江西九江到南昌去找朱德。当时他已经是被国民党通缉的政治要犯，“郭沫若”三个字已经寸步难行，为了顺利到达南昌找到朱德，他化名高浩然。继而，郭沫若又以化名发表讨蒋檄文，蒋介石恼羞成怒，又下令通缉高浩然。郭沫若随后又化名吴诚，闯关过隘，东渡日本，使蒋介石的通缉令成了一纸空文。

抗日战争胜利后，蒋介石更是搞起了独裁，一心想把共产党领导的八路军一举歼灭。1947年3月，蒋介石调集胡宗南所部20万正规军，进攻中共中央总指挥部所在地延安。在敌强我弱的情况下，毛泽东主席采用敌进我退的战术，决定暂时撤离延安。当时的形势十分严峻，敌特密探四处活动，搜寻毛泽东和党中央的踪迹。那时候，如果有人还和平常一样叫毛主席，领导的行踪和革命的力量就会泄露。为了迷惑敌人的耳目，毛泽东、周恩来等中央领导人都使用了化名。蒋介石延安“扫共”损兵折将，以失败告终，中共领导人当时采用化名的作用是无可估量的。

上面的例子是出于革命需要而取化名，化名当然不是局限于革命者使用，如《红楼梦》里就有非常多的化名。

10.假名

假名近似于笔名和化名，但也有区别：笔名多为文人使用，化名多为政治需要，假名多为犯罪分子使用。

笔名大多围绕原名的字意、字形、因果关系、文章内容而取用，而且真名依然同时使用。如鲁迅（周树人），用了100多个笔名，其中鲁迅的“鲁”姓是他母亲的姓。假名则不然，假名完全隐匿原名，无规律、无原则地随意乱取，今天在甲地称张三，明天到乙地改叫李四，后天去丙地又变成了王五，甚至把其他人的真实姓名盗为已用。这类人采用假名的目的大多是为了逃避惩罚或打击，在没有被抓捕之前，他的真名是不想让别人知道的。

11.字名

在古代，很多人都有“名”有“字”，这里的“名”又叫“本名”，是指婴儿出生后由长辈取的名字；而“字”则称“表字”，是除本名之外另取一个与本名有所关联的名字。古时候，男子在二十岁（成人）行冠礼时取字，女子则在十五岁行笄礼时取字。古代时，人的名与字是有区别的，人们常自称其名以表示谦称，称人之字以表示对人的尊称。

古人的名和字一般在意义上都存在一定的联系，概括起来有以下几种：

第一，字与名的含义相同或相近，彼此能起解释的作用。这是取字最常见的方法。例如，屈原，名平字原，《尔雅·释地》中解释为“广平曰原”；曹操，字孟德，操和德都是品行，故有德行、操行；刘备字玄德，备为有，玄德是高深、幽潜的德行，备有玄德，以字补充名；孙权，字仲谋，权为变通之意，而谋为计策，多变而能谋，另权谋有多变、深沉的谋略；诸葛亮，字孔明，“亮”与“明”的含义非常接近；周瑜，字公瑾，“瑾”“瑜”都是美玉，《左传·宣公十五年》中说“瑾瑜匿瑕，国君含垢”。

第二，字与名的含义正好相反或相对。例如，唐宋八大家之一的韩愈，字退之，愈的含义是“痊愈、越来越好”；宋朝著名理学家朱熹，字元晦，“熹”是明亮之意，而“晦”则是昏暗的意思。

第三，由此及彼，于联想中识雅趣。如三国时期蜀国大将关羽，字云长，由鸟儿的羽毛联想到天空的浮云；张飞，字益德，益为溢之本体，有涨

屈原

唐宋八大家之一韩愈

出、漫出之意，而飞有上升、散发之意；赵云，字子龙，取自《周易》“云从龙，风从虎”，就是云由龙所生，风由虎所造。

在“名”之外还有“字”，可能是我们中国人，尤其是中华人民共和国成立前人们特有的姓名习俗文化之一，这种习俗外国人很难理解。比如毛泽东同志，有许多民主党派人士习惯称其“润之”，润之就是毛泽东的字，这个字甚至传到了远在欧洲的苏联。1949年初，中国革命即将取得全面胜利的前夕，党中央驻扎在西柏坡，苏共中央政治局派米高扬前往西柏坡访问中共中央领导人。见面之后，米高扬问毛泽东谁是毛润之，毛泽东笑着说：“毛润之就是我毛泽东啊！”米高扬听了感到很奇怪，不解地说：“你们中国人怎么这么多名字啊？我们只知道毛泽东！”

三、姓名与文化

文化一词，原本指一种文化现象，是人类在历史的长河中进行生产劳动和生活实践，不断总结和创造出来的产物。随着科学社会的不断进步，文化同样也在不断演变和发展。比如从甲骨文到文言文，再到现在的白话文，也是经历了一段漫长的历史，经过“实践——理论——创造——进化——演变”而来的。真正常用的汉字只有3000多个，但经过排列组合之后，却可以表达无数个含义——就像0~9这10个阿拉伯数字一样，它们本身只有10个数字，可它们组合成的数字就不是几千几万、几亿的数字了；又如，音乐简谱的1、2、3、4、5、6、7七个音符，能组成各种优美动听的乐曲——由此可见汉字用途之广，作用之大。

人的姓名本身就属于文化范畴，姓名与文化的关系是不可分割、紧密相连的。文化在不断地发展进步，姓名也随之在不断发展，二者互为交叉、互为补充、互为完善，这种相互关系还将不断地延续下去。

本书将从以下几个方面来概述姓名与文化的密切关系。

1.姓名与文学

姓名与文学早在很久之前就结下了不解之缘。当人们在古今小说里读到一种社会现象时，必然会联想到人类和文化的发展过程。小说中刻画的人物有板有眼，正是真人真事的写照，如《东周列国志》《三国演义》《杨家将》等历史小说，因为描述的都是我国历史上确曾有过的事情，涉及的人物也基本存在，如《东周列国志》里的姜子牙，《三国演义》里的曹操、诸葛亮，《杨家将》里的杨延昭等。经过作者的精心刻画，书中人物变得活灵活现，名字也与历史紧密相连。这些作品受到后人喜爱，有的更是被拍成了电影和电视剧，在人们心中留下了不可磨灭的印象。

还有些小说中刻画的人物更是别具一格，它可以离开事实，创造人物，虚构内容，如《红楼梦》一书，表面反映的是“贾、史、王、薛”四大家族的兴衰经过，实则影射明、清两朝的斗争史。书中刻画的人物都不是真名实姓，是迄今为止假名最多的小说。隐匿的姓名用得文静雅致，如“葫芦僧”暗指“糊涂僧”，“贾雨村”暗指“贾愚蠢”，“卜世仁”则暗指“不是人”。此外，《水浒传》虚构的姓名又是一种创造，这本书讲的是108位走投无路被逼上梁山的武艺高强的好汉，他们的名字大都取得威武动听。用现在的话来说，他们从某种意义上讲是一个我行我素、天不怕地不怕的团伙。宋江、李逵、鲁智深，这些人姓名古怪，绰号更加古怪：宋江绰号及时雨，李逵绰号黑旋风，鲁智深绰号花和尚，别具一格。这类虚构小说故事虽假，姓名不真，却让后人兴趣盎然，阅读得津津有味，成为流传后世的名著。

2.姓名与迷信

迷信虽不能与我国现代科学文化相比，但它在人们的社会生活中依然广为流传，尤其是命理学说，更是被一些人捧得神秘莫测。从前，从建房定位、嫁娶定日，到生辰定位定日，死后安葬的定位定日，都得请个风水先生，选个合适的方案。姓名也不例外，有的人家生了一个孩子，想给他取个好名字，怕自己水平有限把不准脉，于是便要请算命先生。这个“先生”必不以科学为依据，而是以“阴阳五行”“生辰八字”“天干地支”“生肖属相”“五格剖象”等封建迷信的标准进行推测，之后再命名。命理学说认为，一个人的姓名是好是坏，关系到一个人一生的吉凶祸福。命理学说对于不信者无任何影响，信者则以为神乎其神。其实，人的名字客观上并没有吉凶祸福，但在特定的环境和时代背景下，可能会因为名字而出现一些“戏剧性”的遭遇，所以才使得人们把姓名与吉凶祸福联系起来。

3.姓名与信仰

我国是一个经历了漫长封建礼教的多民族国家，我国宪法也规定人们有信仰的自由。现实生活中存在着佛教、道教、天主教、基督教等宗教，从1949年中华人民共和国成立以来，绝大部分人开始相信科学，相信唯物辩证法，信仰马列主义。

人的信仰不同，在给子女取的名字上也会带有不同的信仰色彩。如信仰马列主义的家族，子孙中男性多用昌、纬、杰、志、强、刚、勇、军、家、胜、利、勤、俭等字命名，以表达豪情壮志，有勇往直前、刚强伟大、昌杰永胜之意，女性则多用颖、丹、花、莲、琴、慧、秀、娟、英等字命名。

教会则以法、智、道、僧、慧、具之类的字取名，示意仁慈道德善恶有果，以人为本从心造世，然而，世上却存强弱、是非、黑白、正邪，斗争复杂，知易行难。

4.姓名与辈分

从我国的文化发展历史来分析，人类的进步促进了文化的发展，而文化的发展让人类产生了姓氏，之后姓氏发展成望族，后代繁衍生息又编造出字辈。宋末元初时期，字辈（又称字派、辈分、派号）开始规范化，形成了家族制度。据史书记载，我国在唐朝末期就已有近亿人口，到了宋、元期间，各大姓氏人口迅猛增多，宗族制度高度发达，同姓的人员之间联系日渐频繁。为了区分本族中的长幼，部分氏族在修家谱时统一采用五言诗或七言诗的字来排列辈分，本族后人命名时论字排辈进行取名。据说较早采用字辈的孔家，宗谱的字辈是“希言公彦承，宏闻贞尚衍，兴毓传继广，昭宪庆繁祥，令德维垂佑，钦绍念显扬，建道敦安定，懋修肇益常，裕文焕景瑞，永锡世绪昌”。时至今日，使用“昭宪庆毓祥令德”这几个字辈的人在孔姓人名中仍然十分常见。采用类似上面五言诗来统一字辈的并不只是孔姓，还有颜姓（孔子弟子颜回）、曾姓（孔子弟子曾参）、孟姓（亚圣孟子），这四个姓都是儒家学派的，可以称为一家，也就是大家说的“孔、严、曾、孟四姓无二排”，这四姓在全国是统一的排行，而且海外的孔姓、颜姓、曾姓、孟姓四姓华人也完全一样，姓名用字和排辈都如出一辙。至于其他各大姓，也有各自不同的排行。

孔子

颜回

姓氏的字辈形成后，上至皇室，下至黎民百姓都于姓之后名之前沿用。中华人民共和国建立后，字辈大有在人的姓名中隐去之势，如取单名的无法采用字辈制，取双名的也以其他字取而代之。

曾参

孟子（孟轲）

5.姓名与幽默

幽默意为好笑，这里讲的姓名幽默指的是某个人取的名字与姓加在一起与某一官一职一事谐音相近，而传为一种笑话。

其一，皇犬子之说。相传，南朝刘宋年间，皇宫内有一位听差小吏，姓皇名太子，一起当差的人都叫他皇太子，因此经常被不知内情的人误认为他是当朝皇帝的长子（一般长子立为太子，称皇太子）。后来，宋孝武帝知道了此事，心中很是不悦，便给他改了名，把“太”字下面的一点移至上面，“太”便变成了“犬”，这个小吏的名字“皇太子”就变成了“皇犬子”。

其二，郭海之说。郭海这个姓名本身没有什么值得可笑之处，有姓、有名，郭姓在百家姓中排在第十八位，“海”在取名时也是很好的一个字。海阔天空、四海升平、海阔凭鱼跃等都是好词。那么，郭海这个名字好笑在哪里呢？中国的文字游戏幽默复杂，下面就给读者讲这个笑话。据说在中华人民共和国前夕，福建厦门有一个初入妓院的少女，接了三次客，第一个嫖客姓高，第二个嫖客姓李，第三个嫖客姓陈。妓院解散后，这个少女便怀了孕，生下一子。中华人民共和国后实行人口管理制度，此女为其子申报户口，不知取什么姓名。户籍登记员问其小孩的姓名时，此女只得把怀孕前的经过说了一番，户籍登记员思索了一下便说，孩子应姓郭名海。此女问及意义是什么，登记员便说：“你因与高、李、陈三人发生过关系，又不知哪个是孩子的父亲，因而孩子只有姓郭，用高姓的上部‘点横口’，李姓的下部‘子’，陈姓的偏旁‘阝’合组一个姓‘郭’；名‘海’，海字由三点水做偏旁，人字下面一个母字组成，每人注了一点水给你这个做母亲的人才有这个孩子，因此我给你的孩子取名‘郭海’是最恰当的。”那少女本不识字，更不理解其义，只觉得登记员讲得有理，也就同意了，之后这个小孩就叫郭海。当然，这只是当时的一个笑谈，请读者不要对号入座。

其三，在20世纪60年代初期，我国在广大农村进行了一次“社会主义教育运动”，简称“社教”，从军队和地方抽调了大批人员进驻农村。某部队的一位正营长带领一名通讯员投入到此项“社教”运动中，这位正营长的通讯员名叫郑云长，郑与正同音，云与营同音，长与长谐音，连在一起叫郑云长，即正营长，在“社教”期间大家都叫郑云长，而不叫正营长，因此以为真正的正营长是位副营长或通讯员，弄得两人之间非常尴尬。后来，这位正营长只得调换一名通讯员，才“官复原职”。

6.姓名与地名

我们的姓很多从地名而来，名更不例外，许多人的名字都来自于地名，这种姓名以地名取名的做法过去有之，现在更多，将来仍会存在。在此我们不举历史上的例子，单举现代几例便知。比如，原籍京外人员在首都北京生下孩子，给孩子取名“京”字的比比皆是，有直呼北京的，如张北京、李北京、王北京；有取名京生的，如张京生、李京生、王京生；有取名带京字的，如张敬京、李厚京、王宏京；还有联姓加原籍（省的简称）再加京的，如山西人取名张晋京，河南人取名李豫京，江西人取名王赣京等。此外，省名、市名、县名、乡名、镇名、村名、名胜古迹、有趣的标识等均曾用于取名之中。

7.姓名与时代

自古以来，中国人都有把自己孩子的姓名与当时出生的时代紧密相连的情况。

日本入侵中国时期出生的人，取名抗日、反日、卫国、保国；日本投降后出生的人，取名复兴、太平、胜利；1949年中华人民共和国成立前后出生的人，取名解放、建国、立国、国庆；抗美援朝时期出生的人，取名援朝、支朝、抗美、反美，这些名字不仅反映了一种精神，也和他们出生的时代相匹配。

第二章　百家姓探源

我国是一个历史悠久的、多民族多人口（占世界总人口五分之一）的古老大国，也是世界上姓氏最多的国家之一。据说很早以前就有人探讨我国姓氏的种类，公认的说法是有近万个姓，号称万姓，后普遍认为我国有3000多个姓氏。宋朝年间编写并流传至今的“赵钱孙李”《百家姓》也收录了438个常见姓。百家姓并不是说只有一百个姓氏，因为“百”在这里是“多”的意思，我们这本书探源的百家姓也只是超过1000万人口以上的大姓。从中华人民共和国建立以来，国家每隔8～10年就进行一次全国人口普查统计，俗称“人口普查”，但由于我国地广人多，流动性大，普查统计的数字也不十分准确。2018年，公安部户政管理研究中心依托人口信息系统，采用大数据技术，对公安机关登记的全国姓氏和新生儿姓名用字情况进行了统计分析。据统计，目前全国在用姓氏共计6150个。传统意义上的“百家姓”，占全国户籍人口总量的近85%。根据这次最新人口统计调查可知，王、李、张、刘、陈这五大姓占据头五把“交椅”，全国共有23个姓氏户籍人口数量超过1000万，其中王姓、李姓户籍人口数量均超过1亿。王姓户籍人口数量仅比李姓多61万人，王姓和李姓的第一大姓之争仍将延续。因此，民间流传的“李王张刘陈，天下一半人”的俗语不能说完全没有道理。

中华姓氏涉及历史、地名、人名、社会、民族等多种学科知识，其来源也浩繁庞杂，有一姓多源，也有多姓一源，编辑百家姓氏也是一门值得研究的学问。

宋朝年间编写的《百家姓》“赵钱孙李”，之所以以赵姓为首，是按当时的官爵顺序编排的。中华人民共和国建立后我国历届党代会、人代会等的姓名编排是以姓氏笔画为序排列，这是一种较为公正的编排方法。本书的

“百家姓”是以公安部2018年采集的人口信息数据为基础，按照百家大姓人口相对多少进行编排。事实上，王、李、张、刘、陈这五大姓的排序时有变动，特别是王、李、张三姓，都曾有排在首位的时候。对于百家大姓之外的姓氏，本书因受版面限制无法编入，请多见谅。

1.王姓 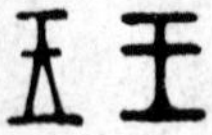

王姓在宋版《百家姓》中排名第8位，现在是我国第一大姓，总人口超过1亿，是历史上影响最大的姓氏之一。王姓人口分布广泛，从西往东，从北往南，从国内到国外，人丁兴旺，繁荣发展，遍布世界各地，有“‘王’不出头谁作‘主’”之说。

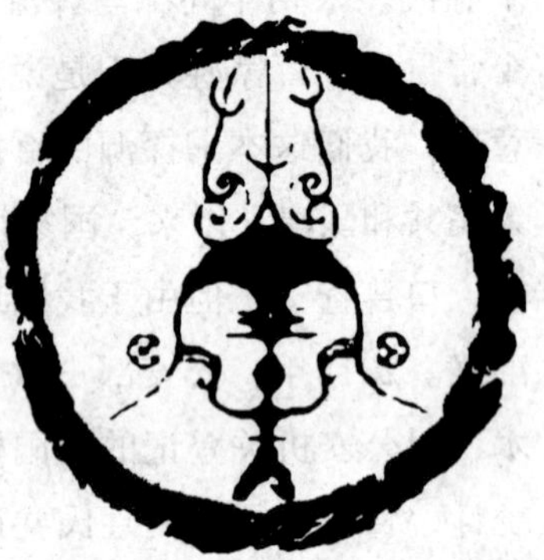

王姓图腾

王姓在先秦、汉晋时期一直以华北地区为主要活动地区，而且繁衍发展迅速。到了隋朝，王姓各支派向各地迁播之外，最重要的事件是河南固始人王审知南迁福建，建立闽国，成为五代十国之一，他也是福建王姓的总开山祖，史称开闽王氏。明朝永乐年间，这支王姓开始进入中国台湾地区。

王姓之所以成为中国第一大姓，一个重要原因是姓源众多，正如宋代史学家郑樵所说：“王氏，天子之裔也。所出不一，有姬姓之王，有妫氏之王，有子姓之王，有虏姓之王。……以其所出既多，故王氏之族最为蕃盛云。”由此可见，王姓并非一人而传、一支而发，它的来源非常复杂，是一个源头众多、族派纷繁的姓氏，因此这里只介绍其主要来源。

其一，姬姓之王。姬姓是黄帝嫡系子孙，传说黄帝有子二十五人，其中得姓者十四人，十二姓，姬姓居其首。姬姓之王是王姓诸源中最重要的一支，大多数王姓族人皆出于此。

姬姓之王又源出有二，一是源出毕公高，一是源出周灵王太子晋。据史书记载，毕公高，原名姬高，周文王第十五子，周武王之弟，受封于毕（今陕西咸阳北），以封国为姓，史称毕公高。春秋时，其裔孙毕万在晋国任大夫，因功受封于魏，以封地为姓，故改姓魏，为魏姓始祖。战国末年，魏被秦所灭，子孙散处各地，时人称为“王家”，遂以王为姓。也有传说，周文王少子毕公高之后，封于魏，至魏昭王生公子无忌，封信陵君。无忌生间忧，承袭信陵君。魏被秦所灭之后，间忧子卑子逃难于泰山，汉高祖时召为中涓，封兰陵侯。时人以其故王族，谓之“王家”，遂改姓王。

毕公高

姬姓之王影响最大的一支源于周灵王太子晋。太子晋，名姬晋，史载其聪敏博学，大度谦恭，十五岁便以太子身份辅佐朝政，但是后来以直谏废为庶人，其子宗敬为司徒，时人号曰王家，因以为氏。琅琊王氏和太原王氏的族人尊奉太子晋为王姓始祖。

其二是妫姓之王，源于三皇五帝之一的舜帝。武王灭商后，封虞舜的后代妫满于陈，史称胡公满，即陈姓先祖。春秋时，陈国内乱，陈厉公之子陈完避难到齐国，改姓田氏。田完五世孙田乞任齐国大夫时，深得民心。田乞曾孙田和，废齐王自立，即历史上有名的“田氏代齐”。战国末年，秦灭齐后，齐王田建之子田升、田桓由田姓改为王姓。这支王姓以北海和青州为郡望，西汉末王莽就出于这一支派。

其三是子姓之王，源于殷王子比干，是王姓诸源中最早的一支。殷商末年，纣王无道，比干犯颜直谏被杀。因为他是王子，其子孙遂以王为姓。

其四是虏姓之王，也即古代少数民族改姓王氏的通称。《通志·氏族略》记载“以爵为氏”：河南王氏，出自代北鲜卑族；冯翊王氏，本是钳耳族，即关中羌族；营州王氏，本高丽族；安东王氏，出自回纥阿布思之后。除上述鲜卑、羌族、高丽、回纥之外，其他少数民族如匈奴、契丹、女真、蒙古、满族等，改姓王氏的例子也不胜枚举。

由于王姓来源比较复杂，除以上来源之外，还有出现时代较早，但家族世系不明，或因种种原因而改姓王氏的，都可归入杂姓之王。这些王姓人均在妫姓后裔和毕公高后裔、周灵王太子晋后裔称王姓之前，但他们不是王姓的主要源头。

据《集韵》记载，王姓有21个望族：太原王氏、琅邪王氏、北海王氏、陈留王氏、东海王氏、高平王氏、京兆王氏、天水王氏、东平王氏、新蔡王氏、新野王氏、山阳王氏、中山王氏、辛武王氏、东荣王氏、河东王氏、金城王氏、广汉王氏、长沙王氏、沈邑王氏、河南王氏，王姓的后代大都由这21支繁衍而来，其中最著名的是太原王氏、琅玡王氏和京兆王氏。

王姓名人

在历史的发展长河中，王姓创造了辉煌的家族文化，诞生了无数政治名人、文学名人、艺术名人、科技名人。历史上，王姓皇后多达36位，这在中华姓氏中仅此一姓。汉朝至唐朝末年，王姓涌现出92位宰相，这也是各大姓氏中绝无仅有的现象。

王姓名人的杰出代表有春秋战国时期道家代表人物、纵横家创始人王诩，也就是著名的鬼谷子；战国时期秦国著名军事家王翦。

西汉时期著名丞相王陵；西汉末年，首位王姓君主王莽称帝，改国号为新，在位16年。

王翦

王诩（鬼谷子）

东汉时期唯物主义哲学家王充。

东晋王朝建立功臣王敦、王导，扶助司马睿偏安江南，王氏势力之大达到“王与马共天下”，著名书法家和政治家王羲之，其子著名书法家王献之。

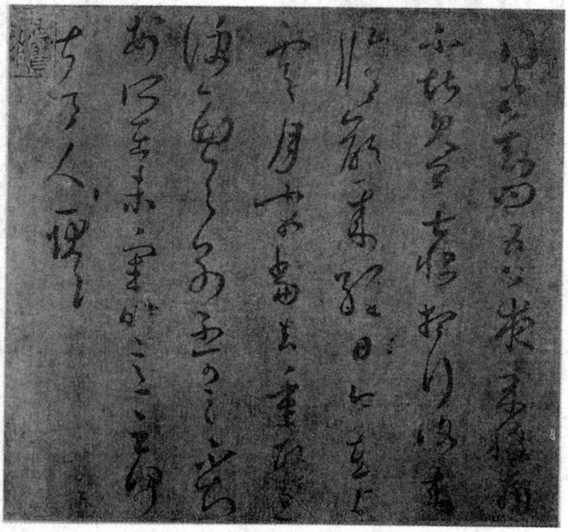

王羲之和他的书法

隋朝末年，有著名的“瓦岗寨”王伯当为军事将领。

唐代著名文学家、“初唐四杰”之一、《滕王阁序》作者王勃，著名诗人王昌龄、王维、王之涣；唐朝末年农民起义领袖王仙芝。

五代十国时期，王建在成都自立称帝，国号为“蜀”，史称前蜀，在位共12年。

五代十国时期，王审知建立闽国，自称帝，在位共17年。

北宋时期，杰出的政治家、文学家、思想家王安石，著名宰相王旦；农民起义领袖王小波；金代全真教始祖王重阳。

元代，戏曲作家王实甫；画家王冕、王蒙。

明代最著名的思想家、哲学家、文学家和军事家王守仁（王阳明），陆王心学之集大成者，精通儒家、佛家、道家，而且擅统军征战，是中国历史上罕见的全能大儒，其“知行合一”的哲学思想泽被后世，影响深远；还有内阁首辅王锡爵；明末清初杰出的思想家王夫之，与黄宗羲、顾炎武并称明末清初“三大儒”。

王安石

王阳明

王夫之

清代，刑部尚书、诗人王士祯，状元名臣王杰，关东才子、清代第一人王尔烈；还有白莲教起义军首领王聪儿。

近现代，有甲骨文发现者王懿荣、国学大师王国维，无产革命家王若飞、王尽美，将军王树声、王弼，科学家王淦昌、王选等。还有美籍华人王赣骏，是当今世界第一位华裔“太空人”，既是学者，又是著名的科学家。

此外，我国汉代历史上著名的四大美女之一王昭君，不仅是以美女著名，而且以“昭君出塞”名闻天下，成为令人敬仰的巾帼英雄。

2.李姓 

李姓在宋版《百家姓》中排名第4位，现为我国第二大姓，也是当今世界第二大姓，总人口超过一亿。李姓人口分布甚广，不仅在国内各省、直辖市、自治区有分布，韩国、越南、新加坡、马来西亚、印度尼西亚、菲律宾、泰国、缅甸、美国、英国、德国、加拿大、澳大利亚、毛里求斯等国家和地区都有李姓子嗣，可以说李姓已遍布世界各地，无处不在。

李姓图腾

李姓来源非常复杂，主要出自四种：一

是官职，二是木子，三是赐姓，四是改姓。

其一，官职来源。相传李氏原为嬴姓，其始祖皋陶是黄帝孙颛顼的后裔。皋陶在尧帝时担任“大理”之官，主管司法，并制定“五刑”，他断案公正严明，从未出过差错，成为有名的大法官。此后，子孙世袭其职，历虞舜、夏、商三代，以官职为姓，人称“理”氏。

颛顼帝

皋陶

其二，木子来源。皋陶在尧帝时担任“大理”之官，主管司法，并主持制定了五种刑罚，史称“五刑”。据说皋陶能驱使一头名为獬豸的独角兽，这头怪兽极富灵性，能辨别善恶真伪，见了有罪之人就会用独角去冲撞，见人说假话就发怒。在它的帮助下，皋陶断案从未出过差错，成了远近闻名的大法官，后其子孙世袭其职。到商朝末年，他的裔孙理征因为忠贞耿直不容于商纣王而被处死，理征的妻子契和氏携子利贞一起逃难到伊侯之墟（今河南省淮阳地区）。在逃难途中，母子二人饥渴难忍，又无食粮，只得采摘路边木子（木本植物之果）充饥，得以保全性命。后来，利贞生子昌祖，任陈国大夫，子孙慢慢壮大起来。木子，“李”也，“理”“李”又属同音，因此契和氏为感激“木子”救命之恩，自利贞开始将“理”姓改为“李”姓。

其三，赐姓李氏。唐朝大规模赐姓，是李氏宗族庞大的转折点。据史书考证，李姓在先秦时期还较为沉寂，十六国时期李暠在西凉建国，相传李暠是李渊的远祖，李暠为李姓的发展和李渊建立唐朝奠定了基础。大唐王朝延续近300年，其繁荣昌盛闻名中外。李渊建唐之后，受唐朝赐姓者，见诸史籍之人颇多。据《唐书·宰相世系表》所载：徐氏、邴氏、安氏、杜氏、胡氏、弘氏、郭氏、麻氏、鲜于氏、张氏、阿布氏、阿跌氏、舍利氏、董氏、罗氏、朱邪氏，皆以立功被赐国姓李氏。由于这一原因，李姓从原来一个影响力相对较小的姓一跃成为中国前两大姓。

其四，改姓。三国时，诸葛亮平哀劳夷后，赐当地少数民族赵、张、杨、李等姓。北魏鲜卑族有复姓叱李氏，北魏孝文帝迁都洛阳后，实行汉化政策，改为汉字单姓李氏。以后历朝历代也有回族、苗族、壮族、瑶族、白族、畲族以及犹太人改李姓的情况。

李姓名人

春秋时期，著名的思想家、道家创始人李耳（即老子）。

秦朝政治家李斯。

西汉时期名将李广。

唐朝时，李氏统治天下近300年，是我国历史上最有影响力的强盛王朝之一，涌现出了许多著名的李姓名人。其中李世民更是一代封建明君，是我国历史上一位功勋卓著的皇帝。此外，还有把唐诗推向顶峰的著名诗人、文学

老子

唐太宗李世民

李白

李靖

家李白，诗人李商隐，史学家李延寿，一代名将李靖、李光弼、李朔等。

宋代，有著名词坛女杰李清照，抗金名将李纲，一代名将李显忠。

明代，有杰出的中医药学家李时珍，思想家、文学家、泰州学派一代宗师李贽。

清代，有著名理学名臣李光地，数学家李善兰，晚清名臣李鸿章。

近现代，有中国共产党创始人之一、党的早期领导人李大钊。

当代则有著名地质学家李四光，获得诺贝尔物理学奖的美籍华人李政道，获得诺贝尔化学奖的美籍华人李远哲，英国首相丘吉尔颁发的“雷达博士”奖获得者英籍华人李昌云，新加坡前总理李光耀，著名企业家李嘉诚等。

3.张姓 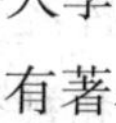

张姓在宋版《百家姓》中排名第24位，现在是我国人口第三大姓，总人口约9000万，遍布全国各地及海外。民间有“张王刘李陈，五姓一半人”之说，把张姓列为五大姓之首的确意义不明，但张姓的确自汉代之前就已是人口众多的大姓，在唐代名列十大姓之一，当代更是在五大姓中列第三位。

张姓图腾

张姓起源相传有四种：

一是挥公说。《世本》为我国第一部研究姓氏的著作，该书成于战国或秦初，原书早散佚，现存有清代辑本。其中著名姓氏研究者张澍的辑本载："挥作弓。挥自黄帝子也，挥以弧矢命世。"东汉应劭《风俗通义·姓氏篇》载："张氏，黄帝第五子挥始造弓弦，实张网罗，世掌其职，后因氏焉。"唐林宝所著的《元和姓纂》载："张氏，黄帝第五子青阳生挥，为弓正，观弧星始制弓矢，主祀弧星，因姓张氏。"清王仁骏所辑的《姓名考略》载："黄帝子挥，始造弓矢，受封于张，其后遂为弓氏和张氏。"根据以上史料记载，挥所观之"弧星"，即弧矢星，共九颗，在天狼星东南，其中八星如弓形，一星像矢，在大犬、船尾两星座内，很像上弦的弓箭。挥经过多日的观察，由其弓形受到启发，发明创造出弓箭，这在当时对国家和社会是一大贡献，因此被赐姓张。张由弓、长组成，与其官名"弓正"密切相关，从此挥的后代都以张为姓。

二是解张说。这支起源于春秋时期，宋人郑樵《通志·氏族略》记载：晋有解张，字张侯，自此晋国以后，张侯的后裔便姓张。

三是赐姓张氏。据《读史方舆纪要》载，三国时期魏、蜀、吴鼎立天下，蜀国占领了大西南一带（今四川、重庆、云南、贵州等），世居云南的南蛮酋长龙佑那在蜀国的大军威势之下不战而降，因归顺有功，于是被蜀国丞相诸葛亮赐为张姓，其后代便以张为姓。

四是外族改姓说。据《三国志·魏志》记载，三国时，曹魏名将张辽，改聂姓为张姓。另有韩、姬等姓人士和鲜卑、匈奴、契丹等众多少数民族改姓张姓。据著名姓氏文化研究专家袁义达编著的《中华姓氏大辞典》统计，历史上有影响的改姓有25种之多。

张姓繁衍昌盛，人丁兴旺，支脉众多，我国姓氏中郡望堂号最多的就是张姓，有43望之多。然而，今天的张姓则习惯称16望，即清河、南阳、吴郡、安定、敦煌、武威、范阳、犍为、沛国、梁国、中山、汲郡、河内、高平、百忍、金鉴。其中，最后两个是堂号，其余14个全是郡望。

诸葛亮

张良

张姓名人

张姓自古英才辈出，战国时期有著名纵横家、外交家和谋略家、魏国人张仪。

西汉最著名的张姓人物有汉高祖刘邦的谋臣张良、出使西域的名臣张骞。

东汉最杰出的张姓名人有科学家、文学家张衡和著名医学家张仲景。还有在四川创立道派，被称“张天师”的张道陵；创立太平道，率领“黄巾军”起义的张角、张梁、张宝；创立天师道的张修、张鲁。

三国时蜀国大将张飞、魏国大将张辽。

西晋时期文学家张华。

唐朝有著名宰相张说、张九龄，他们也是文学家；唐代名将张巡，书法家张旭，小说家张读，诗人张若虚、张继、张志和。

南宋大将张宪、张俊。

元代大将张弘范。

明代著名政治家张居正，医学家张景岳，著名道士张三丰，农民起义领袖张献忠。

清代有“天下第一清官”张伯行，捻军首领张宗禹，洋务派首领张之洞。

近代有北洋军阀张作霖、张敬尧、张宗昌等，爱国将领张学良。

海外张姓华人杰出代表有美国林肯大学校长张道行、哈佛大学教授张光直、宇航员张福林、华盛顿世界银行总会计师张展成、遗传生物学家张觉明、著名画家张玉良、航空与太空总署宇宙航空高级总工程师张云樵、香港十大富翁之一张荣发等。

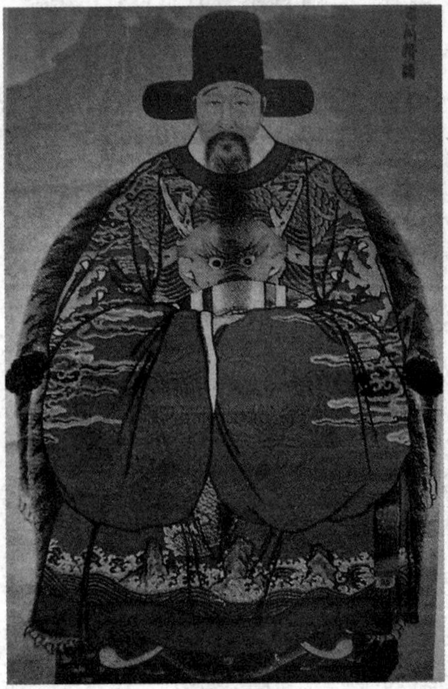

张居正

张之洞

4.刘姓 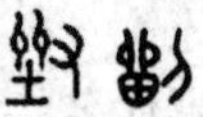

刘姓在宋版《百家姓》中排名第252位，现为我国第四大姓，总人口7000万以上，俗称“张王李陈遍地刘”，意为处处都有刘姓人。在中国历史上，刘姓称王称帝者众多，先后建立了西汉、东汉、蜀汉、汉、前赵、南朝宋、南汉、后汉、北汉、大齐等王朝或政权，是中国建立封建王朝最多最久的姓氏。刘姓掌握政权时间久，享有特权，也是其人口能够得到大发展的一个重要原因。现在刘姓不仅遍布全国各地，同样也分布在世界许多国家和地区。

刘姓图腾

刘姓的来源主要有五种：

一是相传为古帝尧之后。帝尧又称陶唐氏、伊祁氏、伊耆氏，传说尧的子孙有一支为祁姓，受封于刘（今河北省唐县），后裔便以刘为氏。夏朝时，这一支的后代刘累，为夏帝孔甲养龙，因技术不佳饲养不善，四条龙被弄死一条，于是举家逃往鲁县（今河南省鲁山县）隐藏起来，其子孙就以刘为姓。到商代，刘累的后代称豕韦氏，到周代称唐杜氏。周成王时，在唐地（今山西省翼城县西）的唐杜氏叛乱被周公讨平，奔逃至杜（今陕西省西安市西南），世称杜伯。周宣王时，周灭杜，杜伯之子隰叔逃往晋国，在晋国任士师之职，其孙士会以“士”为氏。晋襄公死后，士会被晋国大臣赵盾派往秦国，打算拥立在秦国的晋公子雍为君。但赵盾随即改变主意，转而立晋襄公幼子夷皋，从而挑起晋秦之战，秦军战败，士会过了若干年才归国复职，留在秦国的子孙又恢复祖先姓氏，仍姓刘。“刘”与“留”同音，也含有留下来的意思。

帝尧

二是出自姬姓。周成王封王季之子于刘邑（今河南省偃师县南），子孙遂以邑名为氏。

三是周大夫刘康公之后。康公是周顷王之季子，周定王的同母弟，食采于刘，死后谥康，故称刘康公，其子孙亦为刘氏。

四是赐姓。公元前202年，汉高祖刘邦在长安登基称帝后，接受戍卒娄敬定都关中的建议，把国都从洛阳迁至长安（今陕西西安）。娄敬荐策有功，刘邦赐娄敬姓刘；同时刘邦又赐项伯之族也姓刘，他们被赐姓刘后，其子孙后代都以刘为姓。此外西汉初年匈奴部族强盛，汉高祖刘邦采取和亲策略，以皇室宗女嫁给匈奴首领冒顿为妻，冒顿本姓挛鞮，但按匈奴习俗，后代从母姓，因而挛鞮氏的子孙便为刘姓，如十六国前赵的建立者刘渊便是匈奴挛鞮的后代。

五是改姓。北魏时，孝文帝从大同迁都中原洛阳，将鲜卑族的独孤氏改为刘姓。

此外，还有冒姓刘氏。比如五代时期，北汉开国君主刘知远，原为沙陀部族人，冒姓刘。

刘氏望族繁衍众多，有彭城、沛郡、弘农、河间、中山、梁郡、顿丘、南阳、东平、高平、东莞、平原、广陵、临淮、琅玡、兰陵、东海、丹阳、宣城、南郡、高堂、高密、竟陵、长沙、河南等二十五望。其中以彭城、弘农、河间三望最为著称。

刘姓名人

在中国古代历史中，刘姓是称帝人数最多、统治年限最长、创建帝国最多的姓氏。在刘姓的历史长河中，一共出现92位皇帝，约占中国历史总皇帝数的七分之一（中国历史上称帝人数有600余人），统治时间长达1009年之久（含重叠年限），故民间有“刘天下，李半边”之说。在中国历史上，刘姓曾被称为帝王之姓，《古今图书集成·民族典·卷三四三》载：“大约得姓之尊，称帝之贵，无过于刘。”甚至民间戏称刘姓霸气，是皇帝专业户，92位刘姓皇帝，统治了中国1009年！

刘姓涌现的人才也非常多。除了西汉高祖刘邦、汉武帝刘彻、东汉光武帝刘秀、蜀汉先帝刘备等著名帝王之外，还有以下名人：

西汉时，组织宾客数千人编写《淮南子》的淮南王刘安；经学家、目录学家、文学家刘向、刘歆父子，他们被誉为“中国目录学之祖”；训诂学家刘熙；东汉有书法家刘德升。

魏晋南北朝时，有魏国哲学家刘劭，数学家刘徽，西晋将领、诗人刘琨，“竹林七贤”之一刘伶，东晋勇将刘牢之，南朝梁代的文学理论家、文学批评家、《文心雕龙》作者刘勰。

隋代，有经学家刘炫、刘焯，农民起义领袖刘元进。

汉高祖刘邦

汉武帝刘彻

汉光武帝刘秀

汉昭烈帝刘备

唐代理财家刘晏，史学家刘知几，文学家、哲学家刘禹锡，诗人刘长卿，散文家刘蜕。

北宋史学家刘恕；南宋词人刘过，画家刘松年；金朝文学家刘迎。

元代学者刘因，红巾军首领刘福通。

明清时期，画家刘钰，诗人刘体仁，小说家刘鹗。

近现代有诗人刘大白，文学家、语言学家刘半农，中国无产阶级革命家刘少奇、刘伯承、刘志丹，共产党员刘胡兰，等等。

5.陈姓 

陈姓在宋版《百家姓》中排名第10位，在我国当代百家姓中排第五位，同样享有“李王张刘陈，天下一半人”之美称。陈姓人口也有5800万以上，主要分布于广东、四川、福建、江苏、浙江五省，其次为河南、湖南、安徽、湖北、中国台湾等省、市、地区。全国以长江为分水岭，陈姓形成南多北少的布局，故而在闽、粤、中国台湾地区有“陈林半天下，黄蔡满街走”的说法。经过漫长的绵延发展，陈姓已成为一个生齿甚众、名门巨族的大姓。

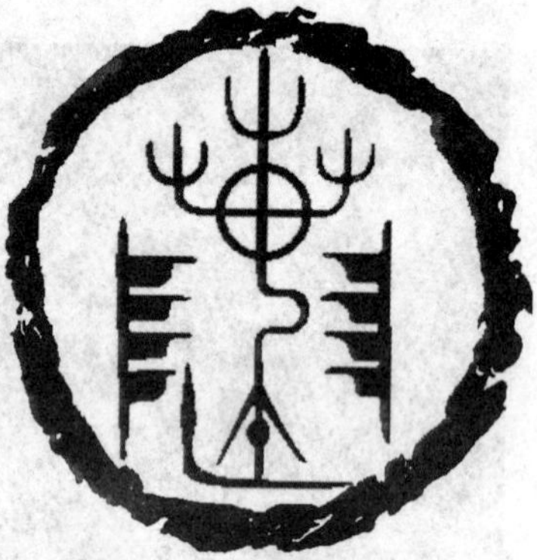

陈姓图腾

陈姓来源也不单一，也有赐姓改姓陈的现象，其主要来源有二支：

一是黄帝后裔舜的后裔。据传，黄帝的后裔舜幼年丧母，后母不慈，对舜另眼看待，经常虐待甚至毒打舜，但舜逆来顺受，仍非常孝敬父母。由于舜好学义友，才学出众，名声远扬，帝尧末年不但把自己女儿嫁给舜，还把帝位传给了舜。舜帝执政时期，天下大治，国泰民安，因而深受臣民拥戴。至舜去世，约35代传到胡公满。周武王灭商建立周朝以后，封胡公满于陈（今河南淮阳），建立陈国，屏卫王室。传至陈闵公时，陈被楚灭亡，亡国后的陈国子孙便以原国名为姓，于是有了陈姓。

二是少数民族改姓陈。北魏孝文帝自大同迁都洛阳后，鲜卑贵族侯莫陈氏随同前往洛阳，并将侯莫陈氏改为单姓陈，从此他们的后代便都姓陈。

陈姓历来有“太丘德望，颍水渊源”，后发展成颍川、江州、汝南、下邳、广陵、河南等几大望族。

陈姓名人

纵览古今，陈姓在中国历史和其家族史上留下了辉煌历程，名人辈出。

舜帝

陈武帝陈霸先

春秋时期，孔子弟子之一陈元。

秦末农民起义领袖、开创中国历史上农民起义先河的陈胜。

西汉初期，辅佐汉高祖刘邦建立大汉政权的功臣、丞相陈平；西汉后期，曾多次出击匈奴的陈汤；东汉末年“建安七子”之一的大文学家陈琳。

三国时陈登，曾与父合谋，离间吕布与袁术。

晋朝，《三国志》作者、史学家陈寿。

南北朝时期，南朝陈的建立者陈武帝陈霸先；名将陈庆之、陈伯之等。

唐朝时期，陈姓也是名家荟萃，如政治上有名相陈叔达、陈希烈、陈夷行；在文学诗歌方面，有陈子昂、陈鸿、陈陶等；此外，还有高僧玄奘（俗家姓名陈祎）、名将陈玄礼；唐末农民起义军女首领陈硕真。

宋代，陈姓名人有与宦官斗争的陈禾、刚正不阿的陈俊卿；文学方面有陈彭年、陈师道、陈与义；此外，还有思想家陈亮，画家陈居中；农民起义领袖陈峒、陈三枪等。

元代末年，红巾军将领陈友谅。

明代，散曲家陈铎，文学家陈继儒，旅行家陈诚、陈忱，明末抗清名将陈子龙。

清代，乾隆年间东阁大学士陈宏谋；思想家陈建、陈献章、陈确；画家陈洪绶等；鸦片战争中壮烈牺牲的陈化成；太平天国青年将领陈玉成。

近现代有民主革命家陈天华，早期共产党领导人陈独秀，无产阶级革命家陈潭秋、陈毅、陈赓、陈云等；史学名家陈寅恪、陈垣，著名学者陈望道，数学家陈景润，著名诗人陈三立等。

此外，陈姓还有许多著名的华侨人物，如造福桑梓的陈宜禧、爱国实业家陈嘉庚、孙中山先生密友陈友仁等。

6.杨姓 

杨姓在宋版《百家姓》中排名第16位，在当今百家大姓中排在第六位，即王、李、张、刘、陈之后，仅次于五大姓，是我国有名的大姓，总人口也有4600多万，分布于全国各地和海外许多国家和地区，是一个族望丁兴的大姓。

杨姓图腾

唐叔虞

杨姓来源主要有四：

一是出自姬姓。这一支又有三种说法，其一源于西周宣王之子尚父。周宣王的小儿子名尚父，在宣王时未能获得封爵，直到周幽王时才被封于杨，史书称杨侯，建立杨国，后为晋兼并，其子孙以封邑为姓。其二源于西周唐叔虞次子杨杼。周灭唐（今山西翼城西）后，周成王把唐封给弟弟姬虞，史称唐叔虞。唐叔的儿子燮继位，改唐为晋，唐叔成为晋国始祖。晋武公（唐叔虞十一世孙）时，封次子于杨，称杨侯，即杨姓的受姓始祖。其三源于晋国太傅杨肸。晋平公时的著名政治家、太傅叔向（又称叔肸），因功被封于杨氏邑（今山西洪洞东南），其子伯石（字食我）以邑为氏，称杨氏。公元前514年晋国发生六卿之乱，杨氏遭灭顶之灾，食我之子南逃至华山仙谷中，遂居华阴（今属陕西）。其后开基各地，不断地繁衍发展，成为杨姓的最大来源，史称杨氏正宗。是为山西杨氏。据说杨姓90%以上的人都出自这一支。

二是出自姞姓。据说历史上曾经存在一个“姞”姓杨国，位于今山西省洪洞县附近。周宣王灭狄，同时灭姞姓杨国，封尚父为杨侯。春秋时，晋献公灭杨，封晋悼公之弟于杨，号杨干。晋平公时，杨又成为叔向的采邑，叔向子羊舌石以邑为氏，改姓杨氏。

三是赐姓转姓和改姓。三国时，诸葛亮平定湖南、贵州的少数民族后，赐当地少数民族赵、张、杨、李等姓。隋代杨义臣，本姓尉迟氏，被隋文帝赐予皇室姓氏。还有唐末五代时期非常盛行的从其养主而转姓杨的情况。唐代安史之乱后，藩镇势力不断膨胀，一些藩镇的主帅出于政治野心或为了自保，纷纷招兵买马，并将一些勇猛将士认为假子，这些假子都随藩主姓，风气一时大盛。另据《姓氏考略》记载，有从少数民族中改姓杨氏的；《晋书》记载，胡姓和卢姓人中也有改姓杨氏的，其后世子孙也都姓杨。

四是少数民族杨姓。我国一些少数民族中不乏杨姓，比如白族杨氏，在唐代、元代、明代都是白族的主要姓氏，人口最多。今天的云南喜洲地区是白族杨氏的聚居地。此外，满族、纳西族、苗族、回族、侗族、朝鲜族、蒙

隋文帝杨坚

隋炀帝杨广

明代杨士奇、杨荣、杨溥等九位内阁大臣在杨荣府邸杏园聚会

古族也均有杨姓。

杨姓从华阳落籍，在漫长的历史发展中形成了天水、四知、栖霞等几大郡望，现已分布甚广，丁兴族旺。

杨姓名人

战国初期，伟大的思想家、哲学家杨朱。

东汉名臣、“关西孔子”杨震。

隋文帝杨坚、隋炀帝杨广父子。

唐代名相杨炎，“初唐四杰”杨炯，唐玄宗贵妃杨玉环。

北宋俗有“赵家天子杨家将”之说，杨业、杨延昭、杨文广祖孙三代保卫宋朝不受北方辽国的侵扰；哲学家、文学家杨时，世称“龟山先生”，先后学于程颢、程颐，同游酢、吕大临、谢良佐并称“程门四大弟子”。南宋有杰出的爱国诗人杨万里。

明代大臣、内阁首辅杨士奇，与杨荣、杨溥同辅政，并称“三杨”；著名文学家、“明代三才子”之首杨慎；明朝中期将领杨洪。

清末太平天国将领杨秀清、杨辅清。

近现代有毛泽东夫人杨开慧、东北抗日联军将领杨靖宇；国民党西北军司令、爱国将领杨虎城；中国人民解放军“三杨”将军杨勇、杨成武，杨得智；第一个进入太空的宇航员杨利伟；美籍华人诺贝尔物理奖获得者杨振宁。

7.赵姓 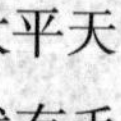

宋代编制的《百家姓》中，赵姓被列为首姓，即“赵钱孙李”。此百家姓按官爵排列，当时赵氏的人口并不是最多，但也是百家大姓之一。赵姓现

为我国第七大姓，人员分布海内外。

赵姓主要来自嬴姓部落，是一个与三皇五帝时代的帝王少昊有关的姓氏。相传，少昊裔孙造父在周穆王时任驾车大夫，曾在华山得到八匹千里马，周穆王本是一个喜欢遨游的人，因此造父将千里马全部贡献给了周穆王，周穆王大喜。有一次，穆王巡狩到昆仑山，在瑶池见到西王母，被美貌所吸引，结果流连忘返，把国事抛在一边。几年之后，周朝东南部徐国偃王联合30多个诸侯国进攻周朝都城，周穆王这才慌了手脚，乘千里马急速归国平乱。由于造父这次驾车有功，获得周穆王封赏，被赐以赵城（今山西洪洞县北）作为食邑，造父的子孙世居于此，并把自己的食邑称为姓氏，从此有了赵姓。这是赵姓最早的一支脉源，造父哺育了赵姓，当今天下绝大多数赵姓人都尊造父为自己的祖先。

赵姓图腾

此外，赵姓还有源于帝王赐姓或外族改姓的。比如，先后有匈奴、女真、党项、鲜卑族中的李姓、穆姓、隆姓、宇文姓、拓跋姓被赐姓赵，如汉代赵安稽（匈奴人）、五代赵国珍（牂牁酋长的后裔）。

赵姓的迁徙线路很清楚，先是在中原地区，包括今山西、山东、河北、河南，然后到了湖北和甘肃天水，一个往南一个向西。三国时候，赵姓开始大规模南迁。赵姓起源于洪洞（赵国），发迹于陇西（甘肃）天水，成为大族，故赵氏以“天水”为堂号；后又发展了南阳赵氏、闽安赵氏、颍川赵氏、敦煌赵氏等望郡。现在，赵姓已是一个姓大丁旺的中华大姓。

少昊

宋太祖赵匡胤

赵姓名人

春秋时期，赵衰辅佐晋文公定霸，赵氏子孙世代为晋国大夫；春秋末期，赵氏和韩、魏“三家分晋”，成为战国七雄之一。

战国时期，赵武灵王（赵雍）进行胡服骑射改革，成为著名政治家、改革家；门下食客上千的平原君赵胜；一代名将赵奢，因功被封马服君。

秦汉时期，南越国王赵佗，统治岭南81年，被誉为“岭南开发第一人”；汉朝建立屯田制度的营平侯赵充国。

三国时，浑身是胆的蜀汉五虎上将之一赵云。

唐代，宰相赵憬；被大文豪韩愈聘为士子师的“天水先生”赵德。

宋代，赵匡胤发动陈桥兵变，黄袍加身，建立赵宋帝国；以半部论语治天下的一代名相赵普。

元代，大书画家赵孟頫。

近现代有东北反日游击队哈东支队司令赵尚志，抗日英雄、爱国将军赵登禹，著名作家赵树理，语言学家赵元任，社会活动家、书法家赵朴初。

8.黄姓 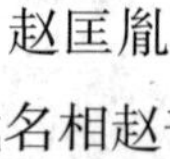

黄姓在宋版《百家姓》中排名第96位，现在为我国第八大姓，人员分布在全国各地和海外部分地区。黄姓来源有三种说法，其中前两种一般认为与黄河或大禹治水有关。

黄姓图腾

一种传说黄姓是少昊的后裔，少昊的生母名为皇娥，常常白天乘船云游，夜晚挑灯纺织。有一次她来到穷桑（今山东曲阜），遇到一位自称是白帝之子的俊美少年，两心相恋，结为夫妻，一年后生下少昊。少昊长大后有大才，做了东夷部落首领，去世后数传至皋陶，在虞舜时任大理之官，其子伯益娶舜之小女为妻，生大廉。夏禹时，伯益帮助禹治水有功，其子大廉被封于黄（今河南潢川县），建立黄国，其子孙以国为氏称为黄姓。

第二种传说同样是黄姓为伯益后裔，不过与第一种有些出入。在帝舜时代，东夷部落首领伯益是帝颛顼的后裔，帮助帝舜治水有功，被舜赐姓嬴氏。伯益后裔有14支，其中一支便是黄氏，大约在商末周初时期在今河南潢川建立黄国，后被周朝封为子爵，又称黄子国。春秋时期，南方的楚国称霸，黄国进行反抗，认为楚距黄千里之遥，不会有什么危险。楚国责备黄国不向其纳贡，出兵攻打，结果当年夏天黄国被楚灭亡。黄国亡国后，子孙以国姓为氏，后裔均姓黄。

第三种传说，黄姓远祖可追溯到远古掌火之官吴回（祝融）之子陆终。陆终的后裔在周代时被封于黄，建立黄国。黄国后来被楚所灭，其后代子孙分散到各地，以国名为氏，称黄姓。

黄姓以上三支来源不论是出自少昊，还是出自伯益或吴回，归根结底最终统一到一点，即以黄国的国名为姓氏，子孙后代都姓黄。

黄国被楚国灭后，大部黄姓人迁至湖北，今黄冈、黄陂、黄安、黄梅均是黄姓在湖北发展成望族的基地。

此外，黄姓来源还有源自官位，以官职称谓为氏。这一来源有两种说法：一是出自远古伏羲的属官黄龙师。黄龙师，亦称黄龙、黄师、黄中官、龙师等，是伏羲设置的官名。黄龙师的后裔子孙，有以先祖官称为姓氏者，称黄龙氏，后简称单姓黄氏、龙氏。二是出自远古黄帝的属官黄云。黄云，

伯益

黄庭坚

也是黄帝设置的官名。黄云的后裔子孙，有以先祖官称为姓氏者，称黄云氏，后简称单姓黄氏、云氏。

黄姓来源还有改姓。其中有其他汉姓改为黄姓，比如上古时候，黄、王同音，故有的王姓改为黄姓；还有其他原因改姓黄的，如陆姓、巫姓、吴姓、金姓改黄姓等。还有回族、满族等少数民族改黄姓的。

黄姓名人

黄姓作为我国人口第八大姓，名人辈出。据《中国人名大辞典》统计，历代黄姓名人613人，占名人总数的1.35%，排在名人姓氏第12位；其中著名文学家占中国著名文学家总数的1.7%，排第9位；著名医学家占中国历代医学家总数的1.96%，排第11位。

“战国四公子”之一的楚国大臣、春申君黄歇。

秦末汉初黄石公，道家代表人物，思想家、军事家，他传授给汉初名臣张良《太公兵法》。

西汉丞相黄霸；东汉名臣黄香。

三国时期，吴国名将黄盖；蜀汉名将黄忠。

唐末时期农民起义领袖黄巢。

黄宗羲

宋元时期，有北宋著名诗人、江西诗派开创人黄庭坚；宋末元初音韵训诂学家黄公绍；元代著名女纺织技术专家黄道婆，画家黄公望。

明代书画家、抗清英雄黄道周；明末清初杰出的思想家黄宗羲，与顾炎武、王夫之并称明末清初“三大儒”。

清代画家黄慎，岭南武术宗师黄飞鸿，诗人兼外交家黄遵宪。

近现代，革命家黄炎培，军事家、平江起义领导人之一黄公略，外交部部长黄华，特技战斗英雄黄继光。

9.周姓 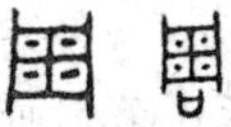

周姓在宋版《百家姓》中排名第5位，现在按人口数在我国百家姓中排位第九，人口已达2500多万，人口分布在全国各地和海外部分地区。

周姓历史悠久，来源复杂，主要有三种：

周姓图腾

一是出自周昌之后。周昌是远古时期黄帝属下的一位著名将领，其后裔以周为姓。

二是源于周朝。据唐宋时期谱牒学家考证，认为周姓源于姬姓，周文王姬昌以及其子周武王姬发均是黄帝的后裔。公元前256年周被秦国所灭后，其中有相当一部分周宗室子孙及周朝遗民以周为氏。

三是其他姓氏改姓周氏。如唐玄宗时，有姬氏因避皇帝名讳而改姓周。元时，有苏氏改姓周。北魏时，魏献帝的第二个哥哥原姓普，后改姓周；代北复姓贺鲁氏自北魏孝文帝迁都洛阳后，改姓周氏。当然，也有赐姓周的，如唐末有叫成纳的，后梁时赐姓周。但这些在周姓中只占少数。

周姓的发展主要是前两支。当今周姓人绝大多数出自周昌和周文王姬昌之后裔。周武王姬发继承文王父志，请来姜太公，联合诸侯，攻灭商朝，建立周朝。在周朝数百年的统治下，周姓高速发展，周室的王子王孙在全国各地封侯任职，由此发展出许多郡望，著名的有汝南、庐山、寻阳、临川、陈留、沛国、泰山、河南、武功等，尤其汝南周氏，在历史上曾创造过辉煌业绩，是当今周姓人口最多的一个郡望。

周姓名人

周公姬旦，西周初期杰出的政治家、军事家和思想家，被尊为儒学奠基人，周文王姬昌第四子，孔子最崇敬的古代圣人之一。

西汉开国功臣、绛侯周勃；名将周亚夫，以治军严整闻名于世。

三国时吴国名将周瑜，联合刘备共同抵抗曹操数十万大军，火烧赤壁，大败曹军。

晋朝周处，改恶从善的典型人物，官至御史中丞。

唐朝武则天时酷吏周兴，官至秋官侍郎、尚书左丞；著名画家周昉，擅长肖像、佛像画。

五代南唐时画家周文矩，擅长人物画。

北宋著名哲学家周敦颐，被理学大师朱熹推崇为理学开创人；周邦彦，

周公

周勃

周瑜

周敦颐

著名词人，创作了许多新词调，开南宋格律词派之先河。

元代著名音韵学家周德清，北音韵书的创始人，著有《中原音韵》。

近现代有伟大的文学家周树人（鲁迅）及周作人、周建人三兄弟；周璇，一代影后，又有“金嗓子”的雅号，曾拍摄过《喜盈门》等影片。

中华人民共和国第一任总理周恩来，为了党和人民的事业，鞠躬尽瘁，无私地奉献一生。

10.吴姓 

吴姓在宋版《百家姓》中排名第6位，现在按人口在我国排第10位，是我国主要大姓之一，人员分布在国内大江南北，以及海外诸多国家和地区。

吴姓图腾

吴姓来源主要是出自姬姓，为黄帝轩辕氏之后裔。吴姓先祖太伯，与仲雍及周文王姬昌之父季历同为兄弟，都是商朝时周族（姬姓）首领古公亶父（即周太王）之子，据《史记·周本纪》和《吴太伯世家》记载，周的首领周太王生有三子，长子太伯，次子仲雍，三子季历（即周文王之父）。周太王本应把王位传给长子太伯，但太伯、仲雍知道父亲特别喜欢小弟季历，加上季历的儿子姬昌（即周文王）从小颇有才华，聪贤超人，是栋梁之材，因此太伯、仲雍主动把王位继承权让给小弟季历，由此传为佳话。周文王继位后，果然没有辜负长辈的期望，把部落管理得很好，深得民心，为推翻商纣王的统治打下了牢固的基础。商纣王无能，周文王之子姬发（周武王）举兵大破商朝，建立了周朝。

太伯、仲雍兄弟二人让贤后，趁其父古公亶父患病之机，以为父采药为由，远奔东南沿海吴越地区，不再返回商周部落。当时东南沿海还不发达，他们从陕西带来了先进的生产技术和优良品种，深得吴越地区百姓的拥护。百姓们推举太伯为领袖，建立了姬姓吴国。太伯无子，死后由弟仲雍继位。

周武王建立周朝后，得知仲雍之后传袭四代至周章，因而封周章为吴子。太伯、仲雍的后代子孙便以国为氏改姓吴。

周朝时期，吴姓在苏州建立了吴国，又有周武王封号吴子，因此在东南沿海迅速发展，逐步扩展到浙江、福建、江西、湖南等沿海地区和大江南北。其中尤以吴鸿在江西婺源的一支吴姓繁衍最为迅速，在鄱阳、浮梁、乐平等地形成多支郡望，使得吴氏人才辈出。

吴姓另一来源是出自虞氏或有虞氏。仲雍的后代受封于虞国，后被晋国

吴太伯

吴起

所灭，其子孙以国为氏，称虞氏。又相传上古时期，有部落叫有虞氏，帝舜就是这一部落的领袖。在金文中，虞和吴相通，因而其子孙也有吴氏。

吴姓名人

战国初期著名政治家、军事家吴起，著有《吴子》，与孙武的《孙子》合称《孙吴兵法》。

秦末农民起义领袖吴广，在大泽乡揭竿起义，和陈胜一同发动反秦斗争，建立张楚政权。

西汉初期，长沙王吴芮。

东汉开国名将、军事家吴汉，云台二十八将第二位。

唐代著名画家吴道子，被人们称为“吴带当风”，后世尊为“画圣”。

南宋名将吴玠、吴璘兄弟，抗击金军，保全蜀地。

明朝开国功臣、淮阴侯吴良；其弟靖海侯吴祯，明初著名军事将领；杰出小说家吴承恩，四大名著之一《西游记》的作者。

明末清初著名政治军事人物吴三桂，引清兵入关，康熙年间发动全国性叛乱、建立政权，是一个非常具有争议性的历史人物。

清代著名小说家吴敬梓，著有《儒林外史》，是我国文学史上一部杰出的现实主义章回体长篇讽刺小说；篆刻家、书画家吴昌硕。

全国人民代表大会常务委员会原委员长吴邦国。

11.徐姓 

徐姓在宋代《百家姓》中排名第150位。根据最新的国家统计局数据显示，按人口排序，徐姓在中国列第十一位。徐姓虽不在十大姓之列，但也人丁兴旺，人员分布遍及全国各地及海外部分国家和地区。

徐姓图腾

徐姓来源主要有三种：

一是源于嬴姓，以国名为氏。徐姓远祖可追溯到五帝时代金天氏少昊（嬴姓）。少昊重孙为伯益，伯益辅助大禹治水有功，禹封伯益的儿子若木于徐（今安徽泗县北），建立徐国。徐国历夏、商、周三朝代，一直活跃在江淮之间，史称徐戎，也称徐夷或徐方。到周穆王时期，徐偃王以仁义而得民心，周边三十六国诸侯也前来朝贡。有一次，徐国疏导河道时挖出一副红色弓箭，认为是天赐祥瑞，是取代周天子之兆，于是徐偃王产生野心，从此自称徐王，率领本国和周边三十六国举兵反周。周穆王得知后立即令楚国出兵，并调集兵马亲自出征。徐偃王兵败，逃到彭城（今江苏徐州）一带深山之中。徐军败后，周穆王了解到徐偃王在当地很得人心，复封其子宗为徐子，让他继续管理徐国。公元前512年吴国兴起，吴王阖闾出兵灭掉徐国，随后越国灭吴，至楚国灭越，徐国的版图归入楚国。徐国的子孙遂以国名为氏，散居于江淮之间。

二是源于嬴姓，以部落为氏。周朝初期，周公平定殷侯武庚和三监叛乱之后，裂分殷商遗民六个氏族与鲁公，其中有徐氏族。

三是他姓改徐姓。北魏时，居住在今宁夏贺兰山地区和甘肃庆阳地区的氐族中有徐姓人。元朝至清朝，又有蒙古族、满族、朝鲜族等部族改徐姓。

徐姓得姓后在各个历史时期不断发展，其中最著名的郡望是东海郡，资历最老，影响最大，人口最多；此外，高平、高宛、东营、琅琊、濮阳等徐氏也是丁兴族大的郡望。

徐姓代代相传，人才辈出，在我国是一个影响较大的姓氏。

徐姓名人

战国时期墨家子弟徐弱，墨家巨子孟胜弟子，为守义与老师孟胜同死于阳城。

秦代著名方士徐福（也作徐市），相传他在海中发现三座神山，上书始皇派人占领，请得数千童男童女乘船入海一去无返，后来的日本就是这些人在那里发展繁衍建立的国家。

东汉时期江南名士徐稺，世称“南州高士”，屡次被朝廷及地方征召，终未出仕。

三国时期，文学家、“建安七子”之一徐擀；东吴名将徐盛；魏国名将徐晃。

唐代三位著名宰相，相太宗徐世勣（唐朝开国将领、凌烟阁二十四功臣之一）、相懿宗徐商、相昭宗徐彦若；徐世勣之子徐敬业，反对太后武则天

徐世勣

徐达

临朝称制而起事的领导者。

五代十国时期，南唐画家徐熙。

宋代精通星命之学的徐子平，创造“四柱”方法，运用人生八字推算人的命运；抗金名将徐徽言，衢州第一位武状元。

元末长江中下游红巾军首领徐寿辉，曾一度被拥立为帝，国号天完。

明朝开国军事统帅徐达；三朝宰相、内阁首辅徐阶；地理学家、旅行家和探险家徐霞客；科学家、农学家、政治家、军事家徐光启；文学家、书画家徐渭。

清代文学家徐常遇，广陵派创始者；清末北洋海军左营守备徐希颜，甲午海战战死。

皖系将领徐树铮，著名诗人徐志摩。

近代无产阶级革命家、教育家徐特立，也是毛泽东的老师；中国人民解放军大元帅徐向前；中国人民解放军著名将领徐海东，获大将军衔；原中国工程院院长徐匡迪。

12.孙姓 

孙姓在宋代《百家姓》中排第3位，现在按人口数量排第12位，是我国百家大姓排名较靠前的姓氏，孙姓成员遍布全国各地以及海外部分国家和地区。

孙姓历史悠久，姓源较杂，有以名为姓，有以字为姓，有赐姓，还有改姓等多种来源。现主要介绍三支来源，也是当今大多数孙姓的来源。

孙姓图腾

一是出自姬姓。据《元和姓纂》记载，周文王第八子姬叔，最初封于康（今河南禹州北），至周成王时调封于卫（今河南卫辉）。姬叔的八世孙是卫武公。此后武公生惠孙，惠孙生耳，耳生武仲。武仲为纪念祖父，便以祖父名中的“孙”字为氏，其后裔世居汲郡，是为河南孙氏。

二是出自芈姓，为春秋时期楚国令尹孙叔敖之后。《新唐书·宰世表》记载，楚国是以芈为姓的国家。楚王生子芮章，芮章四代曾孙艾猎，即孙叔敖。孙叔敖任楚国令尹时，为官清廉，政绩卓著，后裔为了纪念孙叔敖，便以他的字“孙”为姓。

三是出自妫姓。据《古今姓氏书辩证》记载，周灭商后，周武王封舜帝的直系后裔妫满于陈国。春秋时，陈厉公之子陈完因事逃奔齐国，改姓田。齐景公时，田完七世孙田书因伐莒有功，齐景公赐姓孙氏。后来齐国内乱，孙书的后人逃往吴国。吴国名将孙武，就是孙书的后世子孙。是为山东孙氏。

孙氏三支延续至今，以赐姓一支影响最大，人口繁衍最多。因为孙书有统兵之策，仅传了两代，便出了享誉中外的大军事家孙武，他撰著的《孙子兵法》是世界公认的军事名著。从孙武再传至孙膑，也是一位大军事家，他的《孙膑兵法》影响同样深远。特别是到东汉末年，孙武22世孙孙权在江东建立孙吴政权，与曹魏、蜀汉三国鼎立，把这一支孙姓的影响推向顶峰。这支孙姓在元、明两朝，迁居福建、广东一带，民国临时大总统、中国民主革命先行者孙中山先生正是这一支的后裔。

孙姓在繁衍发展中形成的郡望主要有汲郡、陈留、太原、乐安、东莞、富春、吴郡，以及富阳、清河、洛阳等重要支派。

孙武

孙膑

孙姓名人

孙姓历来人才辈出，为我国的军事、政治、水利、科技发展等做出过重大贡献。

春秋时期，楚国人孙叔敖辅佐楚庄王称霸，主持修建了我国古代最早的水利工程；齐国人孙武，中国古代著名军事家，著有《孙子兵法》；善相马者孙阳（伯乐），以伯乐相马而闻名于世；战国时齐国人孙膑，著名军事家，著有《孙膑兵法》。

东汉末至三国，孙坚、孙策、孙权父子据有江东；东晋文学家孙绰，玄言诗的代表作家。

唐代著名医学家孙思邈，著有《千金方》，被尊为“药王”。

明末清初理学大家孙奇逢，与黄宗羲、李颙并称“三大儒”。

清代孙毓汶，曾任总理各国事务、刑部、兵部尚书等职；孙星衍，著名经学家、金石学家、校勘学家，被袁枚称为“天下奇才”；孙诒让，著名经学家、文学家。

孙权

13.胡姓

胡姓在《百家姓》中排名第158位，在我国当今百家大姓中以人口数排第13位，分布广，约占全国汉族人口1.31%，是中国人口超过1%的19个大姓之一。胡姓人口分布在全国各地，其中有一些生活在少数民族地区，海外也有一部分胡姓人居住。

胡姓图腾

胡姓来源主要有三支。

一是源于妫姓，出自舜帝33世后裔妫满。西周初年，武王灭商，访求前代帝王的后裔，找到舜帝的嫡裔妫满，把长女嫁给他，封于胡（今河南柘城胡襄镇），建立陈国，迁都宛丘（今河南淮阳），谥号胡公，因此又称胡公满、陈胡公。陈国的公族后裔以先祖谥号为姓氏，或以封地为氏，称胡氏。陈姓的其中一支与胡姓的这支都来源于胡公满的后代。

二是以国为氏。周武王姬发灭商，封同姓为侯，在今河南郾城西建立胡子国，春秋末年被楚国吞并。周朝还有一个归姓胡国，在今安徽阜阳，在鲁定公时被楚国灭掉。这两个胡子国亡国之后，王族子孙都以原国名为姓，又形成两支胡氏。

三是源于官位。西周与春秋战国时期有官吏胡史，亦称簋史、胡簋史，掌管君王贵胄饮食及祭祀大典的牺牲，其后裔有以先祖官职为姓者。西汉武帝时设置胡骑校尉，掌管驻扎在池阳（今陕西咸阳）的胡骑军队，军队将士中多有以军队称制为姓者，称胡氏。

四是少数民族中改为胡姓的后裔。据《魏书·官氏志》记载，北魏献帝时，“七分国人，使诸兄弟各摄领之，乃分其氏。”献帝的大哥为纥骨氏，在孝文帝迁都洛阳后，改为胡氏，其子孙后代便姓胡。

胡姓始于西周初年，历史悠久，人口发展迅速，族盛丁兴，人才辈出，历史上主要有安定、新蔡两处郡望，后又繁衍于陕西、山东、江西、江苏等黄河和长江流域，也分布于欧、美、非等洲。

胡林翼

胡适

胡姓名人

西汉教育家胡安，其得意门生有司马相如。

北宋抗金英雄胡松年；理学家、思想家及教育家胡瑗；南宋政治家、文学家胡铨，曾撰文斩秦桧；提倡修身为学，主张经世致用的学者胡安国；理学名家胡宏，胡安国之子，人称“五峰先生”。

元代史学家胡三省。

明代开国功臣、丞相胡惟庸，中国历史上最后一个丞相；开国功臣胡大海；政治家、军事家、抗倭名将胡宗宪；理学家胡居仁；文学家胡应麟。

晚清中兴名臣之一、湘军将领胡林翼；清末红顶商人胡雪岩。

近现代有国民党右派首领胡汉民；越南无产阶级革命领袖、现代越南国父胡志明；著名学者胡适；文学家胡也频；民国陆军一级上将胡宗南、胡琏。

14.朱姓 

朱姓在宋版《百家姓》中排名第17位，现在按人口排序列第14位，约占全国人口的1.2%，总人口约1500余万。朱姓人员主要分布在江、浙、皖地区及海外许多地区，是一个历史悠久的大姓。

朱姓来源主要有以下几种情况：

一是源于朱襄氏，以先祖名字为氏。相传朱襄氏是伏羲的大臣，被封于朱（今河南商丘柘城），以赤心木朱为图腾，其后代以朱为姓氏。

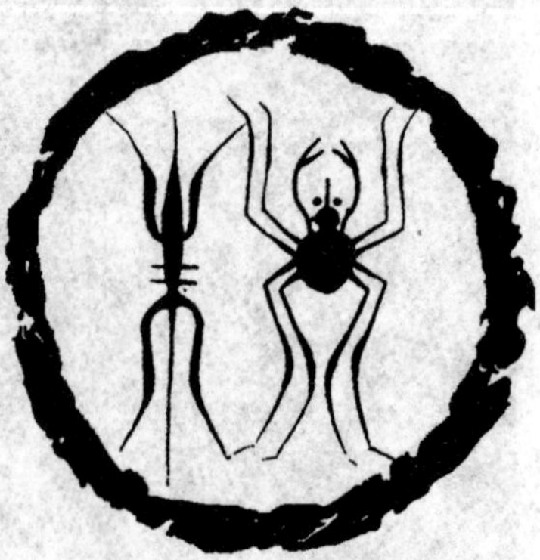

朱姓图腾

二是源于曹姓，以国名为氏。上古帝王颛顼的玄孙陆终有六个儿子，第五子曹侠。周武王灭商建周，封曹侠于邾国。因为国家小，附庸于强邻鲁国，战国中叶被楚国所灭。邾国被灭后，其国人为纪念国家，去掉耳旁改姓朱。这一支因得姓始祖是曹挟，所以该支也被认为是源于曹姓。邾国被楚灭后，朱姓人大部南迁至江苏吴县。西汉时，吴县有个名叫朱买臣的人，少时家中贫穷，以打柴为生。此人聪明好学，受人喜爱，一次偶然的机会随本郡官府的人进京进言，结识了汉武帝身边的宠臣严助，严助把他引荐给汉武帝，汉武帝发现朱买臣是个贤才，当天就官拜中大夫。朱买臣是邾国被灭后第一个出类拔萃的朱氏人。

三是源于子姓，以先祖名字为氏。出自宋国君主微子启的后裔公子朱之后。西周初期，周成王封商纣王庶兄微子启于商丘，建立宋国，以奉商祀。微子启的后裔公子朱死后，其子孙后代以其名字为氏，称朱氏。

四是源于祁姓，以先祖名字为氏。源自帝尧之子丹朱，以丹朱为开姓始祖，是帝尧的嫡传后裔。帝舜打败丹朱后，丹朱的后裔一支以丹朱的名字为氏，向西南迁徙，繁衍生存下来，成为今日朱氏大家族的重要支派。

五是源于改姓。北魏孝文帝迁都洛阳后，推行大规模的汉化改革，改北方民族复姓为汉族单姓，其中就有大量的北方少数民族将复姓改为汉姓朱氏。元朝和清朝时期，蒙古族许多部族也改为汉姓朱氏。

另外，明朝建立后，还有赐他姓为朱姓以示恩宠的。一是赐外族夷蛮为朱氏，以示笼络和怀柔；或者赐姓臣下以示褒奖和恩宠。

朱姓名人

战国时期著名勇士、魏国人朱亥，力大无穷，勇气过人，凭借40斤重的铁锤，在信陵君窃符救赵时表现英勇，退秦、救赵、存魏，立下了汗马功劳，保存了情势危急的赵国。

西汉大臣、辞赋家朱买臣，早年穷困潦倒，后出任会稽太守，因功升主爵都尉，位列九卿。

东汉大将朱儁。东汉末年，董卓迁都长安后，朱儁密谋诛卓，后征为太仆。

三国时，东吴名将朱桓，曾大败魏国名将曹仁、曹休，以勇烈著闻。东吴名将朱然，曾与潘璋生擒关羽，后率军与陆逊一起抗击刘备，取得“火烧连营七百里”的辉煌战绩。镇守荆州重镇江陵时，打败曹魏军队连续半年的围困和进攻，威名远扬。

东晋名将朱序。在著名的淝水之战中，暗助晋军，大败前秦王苻坚率领的军队，后领兵大败西燕皇帝慕容永。

唐朝大臣、政治家、史学家朱敬则，历仕高宗、则天、中宗三朝，为官清廉，迁凤阁鸾台平章事，执行宰相职务。

宋朝著名理学家、思想家、哲学家、教育家朱熹，儒学集大成者，世尊称为朱子，享祀孔庙。

明太祖朱元璋，明朝开国皇帝，在位期间努力恢复生产，整治贪官，史称“洪武之治”。明成祖朱棣，五次亲征蒙古、收复交趾，巩固了南北边防，多次派郑和下西洋，编修《永乐大典》，疏浚大运河。

朱姓名人在现代影响巨大，其中包括著名作家、民主战士朱自清；伟大的马克思主义者，无产阶级革命家、政治家和军事家朱德，是党和军队、共和国的主要缔造者和领导人之一，中华人民共和国十大元帅之首；著名美学家、文艺理论家、教育家朱光潜；国务院原总理朱镕基；画家、木刻版画家、漫画家与美术活动家朱宣咸；中国科学院院士，中国工程院院士、原院长朱光亚。

朱熹

朱自清

15.高姓 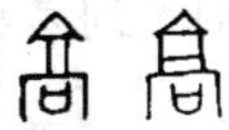

高姓在宋版《百家姓》中排第153位，现为我国人口百家大姓第15位。高姓人员分布在全国各地及海外许多地区，是一个历史悠久的姓氏。

高姓来源，传说主要有三种。

一是源于姜姓，出自炎帝之后。相传炎帝17世孙伯夷辅佐大禹治水有功，受封吕侯，其子孙以吕为氏。吕侯伯夷第37代孙姜尚（字子牙，即姜太公，又名吕尚、吕望），辅佐周文王、武王灭商，因功受封于齐。齐国传至太公8世孙文公，文公次子受封于高邑，称公子高。依照周朝贵族礼仪，其孙傒以祖名为氏，称为高傒。高傒在齐国为上卿时，迎立公子小白为齐君，就是后来春秋五霸之首的齐桓公。高傒成为著名的渤海高氏始祖。姜姓高氏族人大多尊奉高傒为得姓始祖。

高姓图腾

二是出自周王族周公之后的高姓。史称周公之子伯禽封于鲁国（今山东曲阜县），数传至鲁惠公，有子名祁字子高，史称公子祁或公子高，其后裔便以公子高的字“高”为姓。

三是少数民族改为高姓。据《魏书·官氏志》记载，北魏孝文帝推行汉化改革，迁都洛阳后，将鲜卑族楼氏改为高氏。另据《通志·氏族略》记载，高丽族羽真氏改为高氏。《北齐书》记载，北齐皇帝高洋曾赐元景安、元文遥为高氏。清朝光绪年间到民国初年，满族姓氏出现了大量改用汉姓的变化，有的以满姓字头音译为汉姓，高佳氏就改为高氏。

高姓在悠久的历史发展过程中，形成了渤海高氏、辽东高氏、广陵高氏、河南高氏、渔阳高氏等众多郡望，在当代百家大姓中也是一个人才辈出、族旺丁兴的大家族。

高姓名人

春秋时齐国人高柴，孔子品学兼优的七十二弟子之一。

战国末期燕国人高渐离，擅长击筑。荆轲刺秦王前，到易水送行，击筑与荆轲和歌。在筑内暗藏铅块扑击秦始皇，不中被杀。

北齐文宣帝高洋，东魏权臣高欢次子，代东魏建北齐，在位初期，励精图治，重用贤才，有圣主气范；北齐大将高长恭，勇武善战，封为兰陵王，是中国古代四大俊男（嵇康、周瑜、高长恭、杨华）之一。

隋朝第一谋臣高颎，隋朝著名政治家和军事家。

五代十国时南平政权开国君主高季兴。

唐朝著名边塞诗人高适，擅长描写边塞风光、士兵生活和人民疾苦，代表作有《燕歌行》，与岑参齐名，并称“高岑”。

北宋初期著名将领高怀德，曾跟随宋太宗消灭北汉。

著名元末明初著名诗人、文学家高启，学识渊博，擅长诗赋，与刘基、宋濂并称“明初诗文三大家”，又与杨基、张羽、徐贲并誉为“吴中四杰”“初明四杰”；宰相高拱，明中叶有才干的政治家之一；高攀龙，与顾宪成在无锡东林书院讲学，时称“高顾”，东林党首领之一。

清代“扬州八怪”之一高翔，擅长山水，画梅风格疏秀；文学家高鹗。

高拱

高攀龙

现代著名科普作家高士其；中国人民志愿军一级战斗英雄高成山；奥运冠军、著名跳水运动员高敏。

16.林姓 

林姓在宋版《百家姓》中位列第147位，现在大陆林姓人口约为1400多万，排在第16位。林姓在中国南方人丁众多，比如福建省林姓人口近500万，占全省总人口的14.8%，排第一位；广东省林姓300多万，浙江省近200万，台湾省约200万。林姓成员分布在全国各地及海外许多国家和地区，是一个历史悠久的姓氏。

林姓的来源主要有四种。

林姓图腾

一是赐姓林氏，源于子姓。商朝贵族、子姓殷商王族比干的后裔。比干是商朝末年国之重臣，是商纣王的叔父。商纣王治国无能，荒淫无道，残害忠良，杀害周文王姬昌等诸侯，众臣因为畏惧纣王残暴而不敢劝谏，唯有比干不忍生灵涂炭，于是冒死入宫强谏，纣王不见。比干一连三天三夜不离宫廷，纣王见状便起杀念。纣王对比干说，听说忠臣贤圣的心有7个孔，你否也是同样，说完便叫人把比干杀害。比干之妻陈氏有孕在身，听说比干被杀，为逃避纣王追杀之祸，躲到牧野（今河南卫辉洪县一带）深山老林的石室隐藏下来，生下一子，取名坚，字长思。周武王姬发起兵灭商建周后，母欲其子归周。由于比干和周文王共朝称兄，关系密切，周武王得知坚是比干之子，其母为躲避纣王追杀而在林中出生，便赐长思为林姓，名坚，并委以重用。林坚的子孙后代从此以林为姓，繁衍绵延至今。

二是源于姬姓。姬姓出自周朝文王姬昌、武王姬发的族姓。东周初期，周平王姬宜咎生子名叫林开，林开的后裔中一部分人以祖辈的名字为姓，也即姓林。

三是源自官位，出自西周时期的官吏林衡，属于以官职称谓为氏。西周

比干

林则徐

中期，设置林衡（又称林人），掌管林木养护和浇灌等，其后人以祖先官职为姓。

四是少数民族改姓林姓。南北朝时期，北魏孝文帝把都城从大同迁到洛阳，并命鲜卑人将复姓改成汉族单姓，代北的丘林氏改为林氏。中国台湾的高山族、清代满族也有改为林姓的情况。

林姓在历史发展中曾形成过西河林氏、南安林氏等郡望，是一个名人辈出、族盛丁旺的大姓。

林姓名人

东晋将领林禄，在五胡乱华之际，奉敕守晋安郡，迁家居晋安，为林姓开闽始祖。

被尊为圣母或妈祖的林默娘，东南沿海及中国台湾等地民众尊奉的保护神。

隋末南方农民起义首领林士弘，在鄱阳湖大败隋军后在江西赣州称帝，国号楚。

北宋末年，被逼上梁山的“豹子头”林冲，曾担任八十万禁军教头。

清朝道光时期大臣、民族英雄林则徐，在广州虎门销烟，留名青史，同时主张学习西方先进技术，是近代中国睁眼看世界的第一人。

近代民主革命烈士林觉民，1911年春参加广州起义（黄花岗之役），后从容就义，史称“黄花岗七十二烈士”之一；民主革命家林森，爱国爱民，清正廉洁，深受赞誉。

林纾，被公认为近代中国翻译界开山祖师；著名文学家林语堂，享誉海内外的文化名人；中国首位女建筑学家林徽因，也是现代诗人、作家，被胡适誉为“一代才女”。

著名的无产阶级革命家、教育家林伯渠，党和国家重要领导人之一，与董必武、徐特立、谢觉哉、吴玉章并称“延安五老”。

中华人民共和国十大元帅之一林彪，著名的军事家，被誉为“战神”。

著名羽毛球运动员林丹。

17.何姓

何姓在宋版《百家姓》中排名第21位，目前以人口数排列在百家大姓中第17位。何姓在南方各省区中人口占比都超过了1%，其中人口最集中的当属四川、广东、湖南三省，约占全国何姓人口的44%。何姓现分布在全国各地及东南亚、欧美等一些国家和地区，是一个古老的姓氏。

何姓图腾

何姓的来源有多种说法，既有少数民族改姓何，又有赐姓何，但这些都不能形成何姓的主流，何姓的主要来源是姬姓，是从韩姓分出来的。

西周初期，周武王姬发次子叔虞受封于唐（今山西翼城，故又称唐叔虞），后子孙移封于晋（今山西太原市），建立晋国。其后数传到山西曲沃县，唐叔虞十一世孙韩万受封于韩，其子孙以封号为姓，便为韩氏。战国末年，韩国被秦国所灭，子孙散居陈楚、江淮等地，在避难途中遇到秦国官吏的盘问，当时正值寒冷之季，加之又在河边，秦吏盘问时，韩姓中有一位名叫韩瑊的人对秦吏含糊地回答韩的谐音（寒），秦吏对韩、寒、河谐音同音分辨不清，因当时都站在河边，秦吏误认为是姓河，于是避难的韩姓人将错就错。只是韩瑊略作纠正，告所秦吏，他们的姓是“人”旁之“何”，不是“水”旁之“河”。就这样，这一批韩姓人侥幸躲过了盘查。为了纪念这次化险为夷的经历，韩姓人此后便将“韩”姓改为“何”姓，子孙后裔从此都姓何。这支何氏早在汉代便在庐江形成了郡望，后又繁衍出东海、陈郡等郡望。

也有人指出，何姓可能是韩氏在口音变化下讹传出的姓氏。由于韩氏后人分散于江淮各地者居多，在江淮地区，“韩”“何”两字就是谐音，加上古代地方的音变，随着历史的变迁和时代的发展，人们逐渐把“韩”读成了“何”。

何姓族盛丁旺，名人辈出，为我国的繁荣发展做出了重要贡献。

何姓名人

西汉御史大夫、大司空何武。

东汉经学家何休，董仲舒四传弟子；水利学家何敞；东汉末年大将军何进。

三国时玄学家何晏，魏晋玄学的主要创始者之一。

东晋重臣何充，身居宰相，以国家兴旺为己任，深受世人敬重。

南朝宋天文学家何承天，精天文律历，对后世历法影响很大。

何休

何叔衡

八仙之一何仙姑，传说中的女仙。

明朝文学家何景明，一代大家，明史载文苑传。

辛亥革命元老何子渊，中国现代教育奠基人，同盟会嘉应州主盟人；无产阶级革命家何叔衡，中共一大代表，中国共产党创始人之一；中国民主革命的先驱何香凝；国民政府军政部长何应钦，曾任黄埔军校总教官，抗战任总参谋长，中国战区陆军总司令，1945年代表中国政府接受日本政府代表冈村宁次投降。

澳门特别行政区行政长官何厚铧。

何姓奥运冠军有女子体操队队员何可欣，女子蹦床队队员何雯娜，跳水队队员何冲、何姿。

18.郭姓 

郭姓在宋版《百家姓》中排第144位，当代郭姓人口约1500万，是中国人口第18大姓。郭姓主要分布在河南、河北、山东、湖北四省，占全国郭姓人口的39%，其次是四川、广东、山西、辽宁、安徽、吉林，这六省占全国郭姓人口的30%。

郭姓是一个历史悠久的姓氏，郭姓的来源有三种传说。

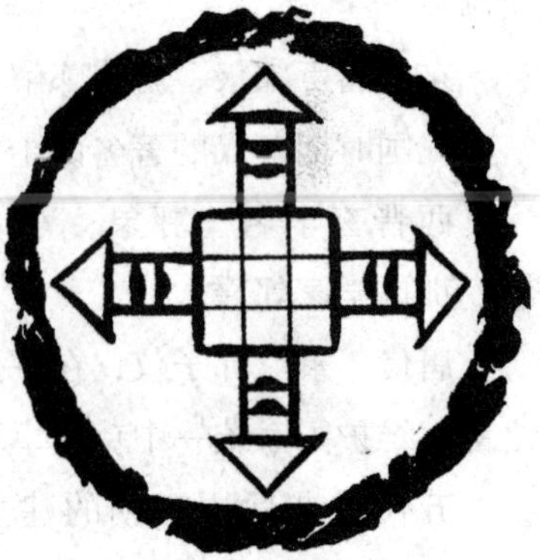

郭姓图腾

一是源自夏朝郭支、商朝郭崇。“禹乘二龙，郭支之驭”，相传大禹有两个护卫驭手叫郭哀和郭支，他们是有史记载的最早的郭姓人。《姓氏考略》记载：“夏有郭支，见《抱朴子》。商有郭崇，见《三一经》，此郭氏之始。”因此，郭姓早在夏朝和商朝就有了。不过，郭支、郭崇二人的血统源流至今无法考证，他们的后代都以郭姓繁衍至今。

二是以居住地为姓氏。据《风俗通》所载，姓氏取自“城、郭、园、池”等居住地，“郭”即出自东郭，而东郭又出自“城郭”。古代黄河以北广大地区的“国家”和县府以上所在地都有城墙四面包围，目的是抵御外来进攻，保卫城内安全（如今各县政府所在地都称县城，但已经没有城墙了）。古代外城的墙叫郭，比如东郭、西郭、南郭、北郭。传说一个住在东郭的人颇有文才，被尊称为东郭先生，因而其子孙便姓东郭，后去掉“东”改姓为郭，是为郭姓。

三是以西周王室封邑为姓。据《新唐书》记载，周武王姬发建立周朝之初，周文王之弟、周武王之叔姬仲支持武王灭商有功，被封于虢（今河南荥阳东北一带），建立虢国，因为“虢”与“郭”同音，因此姬仲的后裔便姓郭。这一郭姓来源的说法最真实，血缘明确，来源清楚，这支脉源也是当今郭姓人员发展最快、最多的支派。郭姓先祖姬仲之子孙在虢国得姓后，因当时虢国贫弱，加之管理不善，至西周末年已经衰落不堪，经常受以楚国为首的列强欺辱。周平王东迁时，把姬仲的后裔姬序转迁到阳曲（今山西阳曲县），之后姬序的族人及子孙在阳曲、太原、华阳、中山、昌乐、冯翊、汾阳等地繁衍发展成多支郡望。

郭氏得姓于虢国，光大于太原，发展于各大郡望，现已是一个名人辈出、族盛丁旺的大姓，屹立于中华百家大姓之林。

郭姓名人

战国时期燕国大臣郭隗，辅佐燕昭王招贤纳士，为燕国的兴起作出了贡献。

东汉名臣郭伋，游侠郭解玄孙，光武帝时被征召为太中大夫。

三国时期曹操的著名谋士郭嘉。

西晋玄学名士郭象；东晋文学家、训诂学家郭璞。

唐代军事家郭子仪，在平息安史之乱，维护国家统一中功绩卓著。

五代时期后周王朝的建立者郭威，在位时推行改革，为赵宋王朝的建立奠定了良好基础。

宋代著名画家、文字学家郭忠恕；书画评论家郭若虚；音乐家、琴家、浙派创始者郭沔。

郭子仪

元朝文学家、水利学家、数学家郭守敬，《授时历》的编撰人之一；元末起义军郭子兴。

清代驻英大使郭嵩焘，曾任广东巡抚、兵部侍郎等职。

民国时期北洋奉系将领郭松龄。

郭威

现代著名历史学家、剧作家、考古学家、古文学家、社会活动家郭沫若，著有《女神》等著作；军事学家郭化若；著名空气力学家，我国导弹、核武器奠基人郭永怀；诗人郭小川；著名歌唱家、艺术家郭兰英；马来西亚华人企业家郭鹤年，曾被推选为亚洲十大富豪之一；奥运冠军、著名跳水运动员郭晶晶。

19.马姓 

马姓在宋版《百家姓》中列第52位，现为我国以人口排列的百家大姓中的第19位，总人口约1200万，是一个历史悠久的姓氏。

马姓的来源有三种。

马姓图腾

一是以官爵为氏。西周时期设有马质，专职掌管马匹的征收，并负责检验马匹的质量。马质的后裔子孙把先祖的官职作为姓氏，称“马质氏”，后来简化为马氏，绵延流传至今，是我国历史久远的古老姓氏。

春秋时期楚国设有巫马，专门负责给马匹治病。巫马的后裔子孙把先祖的官职作为姓氏，称“巫马氏”，后来简化为马氏、巫氏，成为相传至今的古老姓氏。此外，春秋时期鲁国、齐国、晋国、燕国、秦国等设有廋人，全称马廋人，掌管饲养和训练马匹，并负责教导军吏骑马。马廋的后裔子孙把先祖的官职作为姓氏，马姓成为古老的姓氏之一。

西周至秦汉时期，设有司马，是王朝重臣六卿之一，主管军事。司马的后裔子孙以先祖的官职为姓，称“司马氏”，后简化为单姓马氏，相传至今。

金朝时，西域人习礼吉思任凤翔府路兵马都总管判官，很有名气，受人崇拜，其子孙按照汉人习俗，为纪念他，以他的官名为姓，从此姓马。

又据《姓氏考略》载，元代礼部尚书月乃和，因祖父当过金朝的马步指挥使，为纪念祖父而改姓马，名祖常，其子孙后裔以马为姓流传至今。

二是源于改姓。汉朝有个大司徒马宫，本复姓马矢氏，后改单姓马氏，其后裔子孙繁衍相传至今。也有他姓改马姓的情况，如两晋之后大量的司马氏改为马姓；元末明初在阿拉伯传教士哈木则巴巴的影响下，东乡（现甘肃东乡县坪庄乡哈木则岭村）部分少数民族改姓，如东乡县贾家村贾姓少数民族人改姓马，因此贾家村如今已无贾姓人，而只有马姓人。

此外，回族的马姓，则是马姓的一个重要来源。回族中马姓之所以这么多，主要与阿拉伯、波斯人名的音译有关。由于马、穆谐音，明清两代许多著述都将穆译作马，加上马姓是皇帝赐姓，所以很多回族人选用了马姓。

三是出自嬴姓，帝颛顼裔孙伯益之后马服君赵奢，属于以居邑名为氏。嬴姓是上古时期帝颛顼的后裔伯益的子孙，史称伯益的后裔在战国时建立了强大的赵国，历代世袭王位。其中一位赵王之子赵奢，初期在赵惠文王期间任田税官，不畏权势，严格执行税律。一次他到平原君赵胜家收租税，平原君认为自己是赵国贵族，不予理会。赵奢以法治罪，先后查办了九个抗税的人，并评论说“赵家王朝，赵氏不护，国之亡矣”，此举赢得了赵惠文王称赞，升任赵奢管理国赋。后秦国攻打赵国，赵国守军难以抵抗。赵奢主张援兵抗秦，赵惠文王令赵奢率军救援。赵奢指挥有方，一举打败秦军，惠文王大喜，封赵奢于马服（今河北邯郸西北）。后来，赵奢的子孙以其封地为姓。赵奢成为这一支马氏的始祖，也是当今马姓的主流支脉。

马氏得姓后发展迅速，在邯郸等地形成郡望，名人辈出，是一个族盛丁

马服君赵奢

伏波将军马援

旺的大族，跻身我国百家大姓之列。

马姓名人

东汉开国名将马援、马武和马成，其中马援任伏波将军，马武和马成是云台二十八将，分别任捕虏将军、扬武将军；著名哲学家马融。

三国时期蜀汉官员马良（马谡之兄），与四个弟弟均是当时才子，人称白眉马良，有“马氏五常，白眉最良”的赞誉；蜀汉名将马超、马岱；曹魏著名机械制造家马钧。

西晋名将马隆，兵器革新家。

隋代禁军骁果军将领马文举，参与发动江都兵变，害死隋炀帝。

唐朝开国名将马三宝；贞观朝名相马周；唐中期名将马璘，在平定安史之乱及与吐蕃交战中立下战功；马燧，唐德宗三大名将之一；马炫，马燧之兄，博学工文；马异，唐朝中期诗人；马总，唐朝中期大臣、学者，撰有《意林》；马植，唐宣宗时宰相。

五代十国时期，马楚政权的建立者马殷；文士马缟，著有《中华古今注》。

宋朝天文历法家马依泽，在宋太祖时编制《应天历》；史学家马令；南宋宰相马廷鸾，宋亡后拒绝蒙元授予的官职；全真道人马钰，王重阳弟子，入仙宫羽化，号丹阳顺化真人；南宋绘画大师马远，擅画山水，被誉为“南

马远《踏歌图》

明太祖马皇后

宋四家”。

元代著名杂剧和散曲作家马致远，“元曲四大家”之一；马琬，元末明初画家。

明太祖朱元璋的马皇后，被誉为贤后；航海家马欢，多次参加郑和下西洋航行，著有《瀛涯胜览》；马士英，弘光朝东阁大学士兼兵部尚书、都察院右副都御史，人称马阁老。

近代马姓名人：民主爱国人士马叙伦；资产阶级民主革命家、教育家马君武；著名京剧演员马连良；相声表演艺术家马三立；马步芳，民国时期军阀马家军重要人物；马本斋，抗日战争时期八路军冀中军区回民支队创建人；马占山，抗日英雄；杨靖宇（原名马尚德），东北抗日联军的主要创建者和领导人之一；马寅初，经济学家、教育家。

当代马姓名人：马识途，著名作家；马季，著名相声大师，表演艺术家；马云，阿里巴巴创始人，阿里巴巴集团董事局主席；马化腾，腾讯主要创始人，腾讯公司控股董事会主席兼首席执行官；马未都，收藏家、古董鉴赏家，观复博物馆创办人及馆长。

20.罗姓 

罗姓在宋版《百家姓》排第75位，当代罗姓人口1300多万，以人口数排第20位。罗姓人员遍布中国及东南亚等国家和地区，是一个古老的姓氏。

罗氏是一个非常典型的多民族、多源流姓氏。罗姓来源主要有三：

罗姓图腾

一是网罗鸟雀部落得姓，源于妘姓，以国名为氏，据说出自颛项帝之孙祝融氏后裔。传说早在原始社会时期，人类以果畜为生，在河南罗山一带，活动着一个以织网捕鸟为生的罗部落，这个部落便是罗姓的最初先民，后形成罗国。据史书记载，周武王灭商后，分封诸侯，其中一位异姓诸侯被封于罗国（又称罗子国，初封宜城，今湖北宜城）。公元前690年，罗国被楚武王熊通所灭，失国后的罗国人迁往湖南长沙、江西豫章（今南昌）等地，后代为纪念自己的国家而以国为姓。

二是他族改姓。北魏孝文帝推行汉化改革，下诏代北复姓改汉族单姓，其中叱罗氏改姓罗。唐代时，有西域斛瑟罗氏改为罗氏。

三是少数民族罗姓。我国少数民族众多，其中很多民族有罗姓，如苗族、布依族、彝族、土家族、瑶族、蒙古族、满族、土族、白族、侗族、回族、壮族、朝鲜族等均有罗姓。

罗姓主要来源是第一种，现在大多数罗姓成员都出自罗子国，奉颛顼或祝融为他们的祖先。罗姓得姓后主要在湖北、湖南、江西发展，并成望族，如枝江罗氏、长沙罗氏、汨罗罗氏、豫章罗氏等郡望，江西南昌（古为豫章）地区还有罗家集、罗家亭等古老的集镇罗姓人。

罗姓名人

汉武帝时大司农罗居厚。

东晋罗含，思想家、哲学家、文学家、地理学家，中国山水散文的创作先驱；政治家罗企生及弟罗遵生，兄为官刚正，弟为人忠孝，被誉为“忠孝一门”。

唐初名将罗士信，作战勇猛，曾力撼双牛，两战来护儿，活捉魏文通，力擒伍天锡，生擒裴元庆，战功显赫；军事家罗通，为唐抗击外敌立下赫赫战功，“罗通扫北”佳话流传至今；文学家罗隐；诗人罗邺。

北宋名臣罗适，为官清正，体察民情，被誉为“罗青天”；理学家罗从彦，号豫章先生，“闽学四贤”之一。

元末明初杰出小说家罗贯中，其代表作《三国演义》是中国四大古典名著之一；明代理学家罗洪先、罗伦。

明末清初著名画家罗牧，“江西画派”的创始者；清代著名画家罗聘；湘军重要创始人之一罗泽南；罗大纲，太平天国奋王。

近现代罗姓名人有：罗章龙，老一辈无产阶级革命家、政治家，中共早期领导人之一；罗亦农，无产阶级革命家，曾领导上海工人第三次武装起义；罗隆基，近代著名政治活动家，中国民主同盟创始人之一，也是最终没有得到正式平反的六位右派之一；罗荣桓，军事家，政治家，中华人民共和国元帅，中国人民解放军创建人和领导人之一；罗瑞卿，中国人民解放军早期著名领导人之一，后被授予“大将”军衔；罗盛教，中国人民志愿军英雄；罗炳辉，杰出军事家，是中华人民共和国成立后中央军委认定的解放军36位军事家之一；罗豪才，中国现代行政法学的开拓者、奠基人；罗京，中国中央电视台《新闻联播》著名主播；罗大佑，华语流行乐著名歌手。

21.梁姓 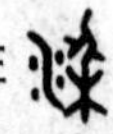

梁姓在宋版《百家姓》中排第128位，现在以人口数在我国百家大姓中排第21位。梁姓成员分布于全国各地，是一个历史悠久的姓氏。

梁姓的来源主要有四种。

一是源于嬴姓，出自帝颛顼裔孙伯益之后裔的封地夏阳梁山，属于以国名为氏。伯益后世孙有个叫非子的人善于养马，得周孝王重用，并被赐姓嬴，受封于秦邑，称为秦嬴。非子的曾孙秦仲，官居周宣王大夫，

梁姓图腾

奉命征讨西戎，不幸兵败被杀。秦仲有五子，立志为父报仇，请求周宣王拨给他们兵马再次西征，宣王同意了他们的请求，拨付七千精兵。兄弟五人同仇敌忾，一举打败西戎，大获全胜。班师回朝后，周宣王大喜，赏赐兄弟五人。秦仲的小儿子秦康被封于梁（今陕西韩城南），建立梁国，称梁康伯。后来秦灭梁，亡国后的梁国子孙大部分逃到晋国，以国名为姓。该支由黄帝长子少昊-伯益-非子-秦仲-梁伯，一脉相承，在春秋时期形成梁氏。至后唐天平节度使梁惟忠举族定居山东东平，这支梁氏在宋朝时成为科甲鼎盛的望族。

二是源自姬姓，出自东周时期周平王之子唐的封地南梁，属于以封邑名称为氏。据史书记载，东周初期，周平王封儿子姬唐于南梁，建立梁国（今河南汝州），其后裔便以国为氏姓梁。宋代学者邵思在《姓解》中认为，这支梁氏直接由姬姓演变而来，是黄帝的正宗传人。

三是从少数民族改姓梁。北魏时，鲜卑人有拔列氏部落，在孝文帝汉化改革时改姓梁。五胡十六国时期，后秦有一位著名将领梁国儿，出自匈奴族孤独部，其后裔子孙以先祖得赐之姓为氏，是为陇西天水梁氏。北宋神宗时期，一名骨伤外科医者从古波斯（今伊朗）来华，被朝廷聘为御医，神宗赐汉名梁柱，后人称其“梁接骨”。到了明朝，回族梁氏接骨术传至第九代，子孙后裔分布在江苏、河南、安徽、湖北等地。此外，羌族、氐族、蒙古族、朝鲜族也有改姓梁氏的情况。

四是源于职业。这一梁姓出自围梁以鱼的渔民，属于以职业称谓为氏。这里的“梁”，指的是河堤、围堰。《诗经》中说：“毋逝我梁，毋发我笱。”这里的“梁”就是指“鱼梁”，即在河边筑起矮堰，站在堰边可以用竹编器具捕捞鱼虾。地处黄河古道上的开封城，史称“大梁”，之所以这么称呼，并不是因为这里有高大的桥梁，而是因为有许多大的矮坝堰，人们在这些坝堰中可以捕鱼为生。因此，古代在河流湖泊边上以捕鱼为生的渔民，有许多人以梁为氏，其人数远远超过嬴姓、姬姓梁氏。

梁姓在历史发展中，形成了安定、天水、河南等郡望，繁衍为当今我国百家大姓之一，名人辈出，族盛丁旺。

梁姓名人

西汉梁丘贺，今文易学“梁丘学”的开创者。

东汉桓帝时权臣梁冀，汉质帝当面称其“跋扈将军”而被毒杀；隐士梁鸿；书法家梁鹄，作品曾受曹操称赞。

唐代天文仪器制造家、画家梁令瓒；文学家梁肃。

北宋权知开封府梁颢；南宋女将梁红玉，名将韩世忠之妻，我国古代杰出的女军事家，在抗金斗争中多次立功；抗金义军首领梁兴；画家梁楷。

明代戏曲家梁辰鱼，创作了以昆腔演唱的《浣纱记》，对昆腔的发展和传播有很大影响。

清代诗人梁佩兰；东阁大学士掌翰林院学士梁诗正；东阁大学士兼军机大臣梁国治；书法家梁章钜、梁同书。

梁启超

梁实秋

近现代名人有梁士诒，曾于1921年出任北洋政府国务总理；思想家、政治家梁启超，戊戌变法（百日维新）倡导人之一；建筑学家梁思成；考古学家梁思永；文学家梁实秋，著有雅舍系列作品；教育家、社会活动家、爱国民主人士，国学大师梁漱溟；中国香港特别行政区前行政长官梁振英。

22.宋姓 

宋姓在宋版《百家姓》中列第118位。当代，宋姓总人口1100多万，按照总人口数排第22位。宋姓人员遍布全国各地及港澳台等地区，是一个历史悠久的姓氏。

一是出自子姓，以国名为氏。微子启是商王帝乙的长子，纣王的同母兄。纣王统治无道，残害忠良，微子启逃亡在外。武王灭商后，封纣王之子武庚于殷，利用他统治殷民；同时武王又在殷都附近分封三位同姓兄弟管叔、蔡叔、霍叔，建立邶、鄘、卫三国，以监视武庚，史称“三监”。两年后武王病逝，年幼的成王继位，武王弟周公旦摄政，引起管叔、蔡叔及诸弟的疑忌，武庚趁机拉拢发动叛乱。周公率军东征，诛武庚，杀管叔，流放蔡叔，将霍叔废为庶民。在平定三监之乱时，微子启参与平叛有功，被周公封于商丘，建立宋国，以奉商祀。到春秋时期宋襄公时，宋国成为诸侯盟主，曾是春秋五霸之一。公元前286年，宋被齐灭，宋国公室子孙遂以国为氏。这一支来源是宋姓正宗，在宋姓人口中占绝大部分，尊微子启为宋姓的得姓始祖。此后，宋姓向全国各地迁徙，形成了京兆、西河、广平、敦煌、河南、扶风等众多郡望。二是出自姬姓，以祖名为氏。春秋时期，郑国有贵族大夫姬宋，字子公，又称公子宋。其后裔子孙有以先祖的名字为姓氏者，称宋氏。

宋姓图腾

三是源于改姓。1276年，元攻灭南宋，宋太祖赵匡胤次子燕王德昭的后裔、皇族赵昶从临安逃至山东成武，并改为宋姓，融入当地宋氏，隐迹部鼎。该族尊赵昶为一世祖，已经流散至各地，留在当地的人数不多。此外，还有少数民族改宋姓的情况，例如唐末五代时期湖南土家族、西夏国党项族、元末明初蒙古族、清末民初满族，都有改汉姓或赐姓宋氏的情况。

宋姓名人

战国时楚国人宋玉，文学家，屈原的弟子，工于辞赋，擅长音律，代表作有《招魂》等。

东汉初大臣宋弘，任大司空，入仕前曾娶有家室，深得光武帝欣赏，想把自己的姐姐湖阳公主嫁给他。他不愿攀龙附凤，对光武帝说：“贫贱之交不可忘，糟糠之妻不下堂。”这句名言至今仍被传颂。

唐代著名宰相宋璟，与姚崇并为名相，对开元盛世贡献卓越；唐文宗时

微子

宋濂

宰相宋申锡；诗人宋之问，对唐代律诗的形成和发展颇有影响。

北宋文学家、史学家宋祁，与兄宋庠并称“二宋”；北宋末年农民起义领袖宋江；南宋著名法医学家宋慈，所著《洗冤集录》是世界第一部法医学专著。

明初著名政治家、文学家、史学家、思想家宋濂，与高启、刘基并称为“明初诗文三大家”，又与章溢、刘基、叶琛并称为“浙东四先生”，被明太祖朱元璋誉为“开国文臣之首”，曾主修《元史》，学者称其为太史公、宋龙门；科学家宋应星，所著《天工开物》是我国古代手工业和农业生产技术的综合性科学巨著；书画家宋钰，擅画山水，尤擅画松树；书法家宋克，与宋王遂、宋广并称“三宋”；明末李自成起义军的军师宋献策。

清初著名诗人宋琬，与安徽施润章齐名，时称“南施北宋”；诗人宋湘。

近代民主革命家宋教仁，曾帮助改同盟会为国民党；宋蔼龄、宋庆龄和宋美龄三姐妹及兄弟宋子文。

中央电视台体育评论员宋世雄；著名影视演员宋丹丹。

23.郑姓 

郑姓在宋版《百家姓》中列第7位，现为我国人口百家大姓中第23位，人员分布于中国以及东南亚、美国、加拿大等国家和地区，是一个历史悠久的姓氏。

郑姓图腾

郑姓来源，一是以国为氏。具体又分为三支：

源于姬姓。出自周朝王族宗室。周朝末年，周宣王封弟姬友于郑（今陕西华县东），郑国成为西周最后一个诸侯国，姬友亦即郑桓公。周幽王时，得知郑桓公在郑国很有建树，深得民心，便召其入朝任司徒，主管教化。郑桓公入朝后，经过一段时间的观察和了解，发现周幽王无道，有亡国之危，便向太史伯讨教自保之计。太史伯说："在洛水以东，黄河济水以南的虢、郐两诸侯之间有一片大好土地，道路便利、土地肥沃、物产富饶，可把家小先安置于此，然后再寻机离朝，控制这片地域。"郑桓公依计行事，将部族、家属等东迁，可他没有机会离朝，没过多久便遭"犬戎之难"，被昏君周幽王杀害。此后郑桓公之子郑武公继位，在今河南新郑地区建立了新的郑国。郑桓公因此被认为是姬姓郑氏始祖。公元前375年，郑国被韩国所灭。郑国灭亡后，散居于河南各地的郑国人相继改姓为郑，郑姓由此出现。

源自子姓。出自商王武丁之子子奠之后。子奠也称奠侯，负责主持祭奠用酒，故得名，是商朝的方国之一。周武王灭商之后，子姓郑国随之灭亡，周朝将子姓郑人迁往渭水上游，约在今陕西宝鸡附近。

源自姜姓。出自姜太公之后。武王灭商后，封姜太公少子井叔于郑，以统治子姓郑人，史称西郑。到周穆王时，夺西郑为下都，姜姓郑国灭亡，国人为了纪念，改姓奠井氏，或郑井氏，亦即郑氏。

二是源于地名，以居邑名称为氏。古褒国有一个附庸邑南郑。战国时期，韩国灭郑之后，郑国王族、国民逃往陕西汉中，以故国之名再建郑国，史称南郑，并以故国名为姓氏，称郑氏。

三是源于改姓。如朝鲜半岛在新罗国第三代国王朴儒理执政时期，仿汉制分封授姓，其中珍支部被封郑氏。在中国，明朝中期，哈尼族人在与汉族的交往中，受汉文化的影响，改姓郑姓；清朝中叶以后，蒙古族正讷鲁特氏所冠汉姓即为郑氏；裕固族增斯恩氏，简化成汉姓郑氏；满族也有多个姓氏改姓郑姓，如济礼氏、郑佳氏、弼噜氏，冠汉姓为郑氏。

郑姓得姓后在河南、郑州、新郑、荥阳等地发展成众多郡望，后迁徙全国各地，族盛丁旺，名人辈出，现已屹立我国百家大姓之林。

郑姓名人

战国时期水利家郑国，在秦国建成郑国渠。

西汉武帝时大臣郑当时；大将郑吉，降服匈奴日逐王，威震西域，成为第一任西域都护。

东汉经学家郑兴、郑众父子；经学家郑玄；大臣郑崇、郑弘。

唐代有郑綮、郑珣瑜、郑余庆、郑覃、郑涯、郑朗、郑从谠、郑畋、郑延昌九位宰相；诗人郑虔、郑谷。

宋代史学家、目录学家郑樵。

元代杂剧家郑光祖，戏曲作家郑廷玉。

明代航海家郑和；收复中国台湾的民族英雄郑成功。

清代诗人、书画家郑板桥。

郑玄

郑成功

近现代民主革命人士郑士良；抗日英雄郑少愚；著名作家郑振铎。

中国人民解放军北京军区原司令员郑维山。

24.谢姓 

谢姓在宋版《百家姓》中排第34位，现为我国人口数百家大姓第24位，人员分布在中国以及东南亚、大洋洲、美洲、拉丁美洲等国家和地区，是一个古老的姓氏。

相传，谢姓来源于炎帝、黄帝二帝后裔之姓。

谢姓图腾

一是相传出自姜姓申伯，为炎帝的后裔。史料记载，申伯是周宣王的舅父，率兵平定猃狁之乱有功，被封于谢邑（今河南南阳、唐河一带）。申伯的子孙在当地繁衍发展。春秋时期，谢地被楚国吞并，申伯的子孙为纪念封邑，改为谢姓。出自申伯之后的这一支派，后来成为中国谢姓的主流。

二是出自任姓，为黄帝的后裔。《世本·氏姓》篇记载："谢，任姓，黄帝之后。"黄帝之子二十五宗，得姓者十四人，为十二姓（即12胞族）。其中第七姓为任姓，任姓后建有十国，其中第一国为谢国，谢国势力较弱，默默无闻。直至西周末期，谢国王申伯是周宣王的舅父，被封于谢，谢国从此重新振作，国人后改为谢姓。

以上二支谢姓来源，不论是出自炎帝还是黄帝，都与申伯有关，因此谢姓人都尊申伯为始祖。

另一支谢姓由北朝齐国鲜卑族直勒氏改姓而成。据《旧唐书·文苑列传》载，谢偃，卫县人，本姓直勒氏，其祖父孝政在北齐为官，改姓谢氏。

谢姓早在河南唐河、南阳、信阳、汝南、罗山等地繁衍发展，形成郡望后迁徙全国各地，族盛丁旺，名人辈出，屹立于我国百家大姓之林。

谢姓名人

先秦时期，墨家思想家谢子。

谢安

谢玄

谢灵运

秦朝尚书、武德将军谢武；西汉初，谢武之子谢秉槐任儒林郎、尚书太尉；谢秉槐之子谢堂，在汉文帝、汉景帝年间任将军；谢堂之子谢瑛，汉武帝年间任中郎将，抗击匈奴屡立战功。

东汉以后，谢氏成为望族，世称“崔卢王谢”，是“四海大姓”之一，有名士谢甄、谢廉、谢弼、谢该等。

南北朝时期，谢氏大放异彩。东晋时期，宰相谢安、都督谢石、名将谢玄均出自一门。著名的淝水之战，就是由谢家三杰领导，在中国军事史上以少胜多的著名战争。此外，还有著名诗人谢灵运、才女谢道韫等一大批名人。

明朝开国功臣谢赐荣；诗人谢绩、谢榛、谢三宾；文学家谢肃、谢文瓘、谢声鹤；状元谢迁（三朝重臣）、谢一夔等。

清代作家谢俨；文学家谢济世；航海家谢清高；书画家谢昌年等。

“延安五老”之一、著名法学家和教育家谢觉哉。

羽毛球世界冠军谢杏芳。

谢氏在海外主要分布在东南亚、欧美、大洋洲等地。印度尼西亚有兰芳共和国（加里曼丹）第八任大总统谢桂芳、谢建隆、谢建智、谢建友等名人。美国有著名学者谢益谦等。澳大利亚有祖籍广东的飞艇发明家谢缵泰。

25.韩姓 

韩姓在宋版《百家姓》中排第15位，现在以人口数在我国姓氏中排第25位，其人员遍布中国以及东南亚、欧美等国家和地区，是一个古老的姓氏。

韩姓的来源既古老又多源。根据最古老的传说，韩姓人是黄帝的后裔，黄帝之子昌意有个儿子叫韩流，韩流的子孙便以其名字中的“韩”字为姓，这也是韩姓最古老的姓氏，但其后裔支源的发展历史记载不详。

韩姓图腾

韩姓的主要来源出自周朝，武王封韩国而得姓。据《古今姓氏书辩证》记载，周武王举兵灭商后，封有功的庶子为韩侯，在韩城（今山西河津县城）建立韩国，因国少势弱，不久被灭，韩国贵族便以国为姓。公元前678年，晋武公率戎御大夫韩万征讨翼国，韩万立下大功，因此班师后武公封韩万于韩原（今陕西韩城）。韩万在此重新建立韩国，其子孙在此繁衍200余年，韩姓人也迅速发展壮大，这是韩姓人的主要来源。

韩姓也有一些从少数民族改姓而来。根据《魏书·官氏志》记载，北魏孝文帝从平城迁都洛阳后，把鲜卑姓氏中的三字姓改为汉姓中的单姓，其中就有大汗氏改为韩氏。这支改韩姓的韩姓人，因人数少而发展缓慢，在韩姓人口中难显威势，影响相对较小。

韩姓早在颍川（今河南许昌）、南阳等地发展形成郡望，后迁徙全国各地，族盛丁旺，名人辈出，屹立于我国百家大姓之林。

韩信

韩世忠

韩姓名人

战国末期思想家、法家代表人物韩非子。

汉代名将韩信，与萧何、张良合称“汉初三杰”。

唐宋八大家之一韩愈。

南宋时期抗金名将韩世忠。

元末农民起义领袖韩山童。

近代国民党山东省主席韩复榘。

中国人民志愿军抗美援朝副司令员，福州、兰州军区司令员韩先楚，曾任中国人民解放军总参谋部副总参谋长，是中国人民解放军陆军上将。

26.唐姓 

唐姓在宋版《百家姓》中列第64位，现在中国大陆按照人口数排列第26位。唐姓成员遍布全国各地以及东南亚等国家和地区，是一个古老的姓氏。

唐姓来源较为复杂，并非出于某一支血脉。祁姓和姬姓是唐姓两支主要来源，其共同点是均出自国名。

一是出自祁姓。相传帝尧姓伊祁，号放勋，谥号尧，是一位圣明天子，深受百姓拥戴，在做天子前曾被封于唐（今山西翼城西）。执掌天下后，尧立国为唐，史称陶唐氏，亦称唐尧。尧老后，将帝位禅让给舜。尧死后，舜封尧的儿子丹朱为唐侯。至西周初，唐被周公所灭，此后唐侯裔孙开始有人以唐为姓。

唐姓图腾

二是出自姬姓。周武王姬发灭商，把弟弟叔虞封于唐，改封原唐侯的直系子孙于杜（今陕西西安以东），因此这支唐姓人又被称为唐杜氏。叔虞封唐后，称唐叔虞。唐叔虞的子孙虽分封他地，但留居于唐的后裔也以封地为姓，便为唐氏。另外还有一支也是出自姬姓，是较小的唐姓来源。春秋时期，姬姓诸侯在今湖北随州西北一带建立唐国，后被楚国灭亡，这一地区的唐国人为纪念自己的国家，后裔都姓唐。

帝尧和叔虞得唐姓后，逐渐发展繁衍，成为最主要的两支唐氏，后来在晋阳、北海、鲁国等地形成郡望，迁徙全国各地，历来族盛丁旺，名人辈出。

唐姓名人

唐朝大臣唐俭，凌烟阁二十四功臣之一；宰相、名将唐休璟。

宋代名医唐慎微，编著有《经史证类备急本草》。

明代画家唐寅（唐伯虎）；儒学大师唐顺之，著名军事家、抗倭英雄。

清末维新派唐才常，和谭嗣同创办南学会，积极宣传变法。

现代著名心理学家唐钺，历史学家唐长儒，文字学家唐兰，散文家唐弢，话剧演员唐槐秋等。

唐寅（唐伯虎）

羽毛球世界冠军唐九红；著名电影表演艺术家唐国强。

27.冯姓 

冯姓在宋版《百家姓》中列第9位，现在以人口数排列我国大陆百家姓第27位。冯姓成员现分布于全国各地以及海外部分地区，是一个历史悠久的姓氏。

由于冯姓来源较多，因此冯姓人有各自不同的尊祖，十分复杂，但据传主要出自毕公高和冯简子两支。

出自毕公高的源流：相传毕公高（姬高）是周文王第十五子，毕公高的后裔毕万之子受封于魏，其后人魏长卿受封于冯城（今属甘肃管辖），他们的后裔便以冯为姓氏。

冯姓图腾

出自冯简子的源流：据《世本·氏姓》篇记载，春秋时郑国有大夫冯简子，因封邑在冯而得氏，冯姓就是冯简子的后裔。冯简子是春秋后期郑简公时人，史书载冯简子能断大事，很有才能，当时郑国由子产执政，很多重大事情都同冯简子商议。因郑国建都于今河南新郑，他的后裔便以冯简子的“冯”字为姓，是为冯氏。

冯姓中还有史记来源不明的，如上党冯氏、京兆冯氏、河间冯氏等众多郡望，在现今的冯姓人口中也占有很大比例。但是，上述第一和第二支冯姓来源是当今冯姓人的主要来源，他们后来发展成多处郡望，迁徙全国各地繁衍。现如今，冯姓已成为族盛丁旺、名人辈出的大姓。

冯姓名人

战国时期，齐国人冯谖，“战国四公子”之一齐国孟尝君田文门下食客，在历史上留下“冯谖客孟尝君”的千古佳话。

西汉名臣冯唐，历仕汉文帝、景帝两朝，有“冯唐易老”典故流传至今；名将冯奉世，冯唐之孙。

五代时期宰相冯道

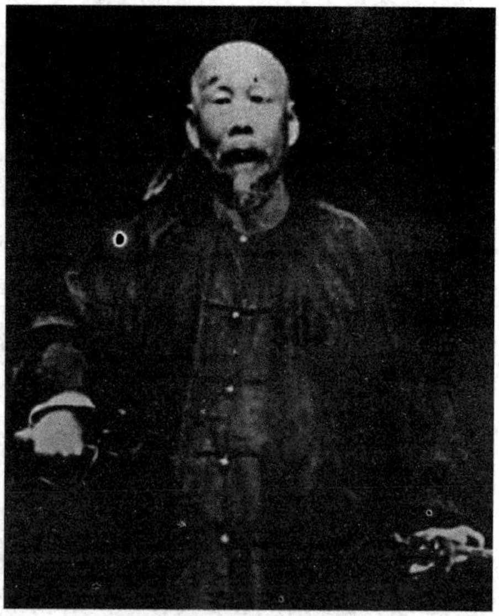

抗法名将冯子材

东汉开国名将冯异，军事家，云台二十八将第七位。

五代时期宰相冯道，在后唐、后晋、契丹、后汉、后周时历任宰相等，成为历史上少有的历事五姓人物。

北宋大臣冯京，宋仁宗皇祐元年（1049）己丑科状元，宋朝最后一位三元及第的状元。

明朝开国大将冯国用；文学家、戏曲家冯梦龙。

清末爱国名将冯子材，70岁高龄时大败法军于镇南关；太平天国领导人之一冯云山，封南王。

近现代冯姓名人有直系军阀冯国璋；爱国将领冯玉祥；著名哲学家冯友兰；中国第一位飞行家和飞机设计师冯如；著名红学家冯其庸；作家冯骥才；著名小品演员、国家一级演员冯巩。

28.于姓 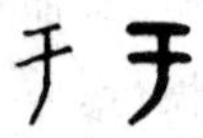

于姓在宋版《百家姓》中排第82位，现在以人口数排列我国大陆百家姓第28位。于姓人员分布于全国各地及海外部分地区，是一个历史悠久的姓氏。

于姓来源主要出自远祖炎帝之后和西周王族姬姓邘叔之后。

于姓图腾

一是出自炎帝之后。相传，于姓出自复姓淳于氏。淳于氏的远祖是炎帝，两周时被分封在淳于（今山东安丘），奉祀炎帝香火，此后便以地名为姓氏，姓淳于。到唐代中叶，806年，唐宪宗李纯（本名李淳）继位，因淳于氏的“淳”字与宪宗名中的“纯”同音，淳于氏人为避讳，便省去“淳”字，改姓“于”，其后裔便以于为姓。

二是出自西周王族姬姓邘叔之后。周武王姬发举兵灭商，建立周国，史书记载周武王把他的第二个儿子邘叔封在邘（今河南泌阳西北邘台镇），在邘台建立邘国，他的后代便以国为姓，姓于或姓邘。“于”“邘”是同音，他们都出自一脉。邘叔之后，这支于姓人中一部分在两晋十六国时迁徙到东海郡（今山东郯城）发展，后来又有部分从东海随鲜卑族北迁，改姓万忸于氏。鲜卑人在北魏孝文帝时从北南下迁都洛阳时，万忸于氏又随鲜卑人南下中原，并且恢复了原来的于姓。这支出自河南的于姓人，不论是东迁北上还是南下的变迁，始祖都是周朝王族姬姓邘叔。

如今，于姓已发展成为族盛丁旺、名人辈出的大姓。

于姓名人

西汉丞相于定国，担任廷尉时，秉公断案，天下悦服。

东汉末年道士于吉，著《太平经》，信民太众，为孙策猜忌杀害。

三国时期魏国名将于禁。

唐代高宗朝宰相于志宁。

明代名臣于谦，土木堡之变、明英宗被俘之后，临危受命任兵部尚书，率军坚守北京，抵御瓦剌入侵获胜；万历朝内阁首辅于慎行。

清代名臣于成龙，曾任两江总督，以卓著的政绩和廉洁刻苦的一生，深得百姓爱戴，被康熙帝誉为“天下廉吏第一”。

近代著名教育家于右任；东北军抗日爱国将领于学忠；天津五四运动杰

于谦

于成龙

出的领导者之一于方舟；话剧表演艺术家于是之；京剧表演艺术家于魁智；古文字学家、训诂学家于省吾；核物理学家、中国“氢弹之父”于敏，国家最高科技奖获得者。

29.董姓

董姓在宋版《百家姓》中排第127位，现在以人口数排列我国百家大姓第29位。董姓人员现分布于全国各地、南洋及欧美等一些国家和地区，是一个古老的姓氏。

董姓图腾

一是帝王赐姓，源于董姓，出自帝舜赐予颛顼后裔飂之子的姓氏。颛顼帝后裔飂叔安（亦称廖叔安），生子父。父擅长养龙，被舜帝任命为豢龙氏，专门负责养龙。在董父的精心驯养下，许多龙学会了表演各种舞蹈，舜赐以董氏，并封为鬷川侯（今山东定陶），他的后代就是董氏，世代相传至今。

从传说可见，董姓是我国非常古老的姓氏之一，史称董氏正宗。董氏族人大多尊奉董父为得姓始祖。

二是以官职称谓为氏，源于姬姓，出自春秋时期周朝大夫辛有的儿子。春秋时期，周朝大夫辛有的两个儿子都在晋国任太史，据《左传·昭公十五年》记载："辛有，周人也。其二子适晋为大史，籍黡与之共董督晋典，因为董氏。"也就是说，辛有的儿子在晋国负责董督晋国的典籍史册，以官名称为董督。这两个董督的后代世袭晋国史官，担任晋国的太史令，其后裔子孙遂以先祖的官称为姓氏，称董氏，世代相传至今。其中董狐为晋侯史官时，不畏强权，坚持原则。晋国贵族赵盾族弟赵穿弑晋灵公后，董狐以"赵盾弑其君"记载此事，留下"董狐直笔"的典故，开创了我国史学秉笔直书传统之先河。

三是以居邑名称为氏，源于己姓，出自颛顼帝曾孙吴回的后裔。据《元和姓纂》记载，重黎是一氏族首领，被颛顼帝任命为专门管理火的"火正"。颛顼去世，帝喾继位，重黎为"祝融"。后来，共工氏作乱，重黎多次奉命出征不胜，被处斩，重黎的弟弟吴回接替重黎之职。吴回的儿子终，受封于陆乡（今山东平原），所以叫陆终。陆终有子名参胡，因住在董地（今山东濮城），其后裔子孙就以居邑名称为姓氏，称董氏，世代相传至今。

四是以居邑名称为氏，但源于地名，出自汉朝时期董泽。据《后汉书·郡国志》记载："文喜邑有董池陂，古董泽。"文喜邑即今山西运城地区，先秦时期这里还是一片巨大的湿地，水中盛产董蕖（莲藕），故称"董泽"。在董泽周围生活的住民，有些以居住地名为姓氏者，称董氏，世代相传至今。

五是源于少数民族，如明朝初期，蒙古族呼勒都古德氏即有取汉姓为董氏、胡氏者，清中叶以后，大多数族人冠汉姓为董氏，世代相传至今。清朝时满洲八旗董鄂氏、栋鄂氏、珠格氏、朱胡氏、佟佳氏、珠赫勒氏等全体族人改汉姓董。

董姓在陇西、济阴形成郡望，现在的董姓大都出自前二支繁衍的后裔。如今董姓族盛丁旺，名人辈出，屹立于我国百家大姓之林。

董姓名人

西汉儒家代表人物董仲舒，提出"罢黜百家，独尊儒术"，为汉武帝采纳，开此后两千余年以儒学为正统的先声；西汉内史董安国；汉哀帝宠臣董贤。

西汉大儒董仲舒

东汉初大臣董宣，秉公执法，廉洁奉公，被称为“卧虎令”“强项令”；东汉末年董卓，少帝、献帝时权臣，凉州军阀。

三国时期蜀国大臣董和，与诸葛亮共事多年，深受赞誉；董允，董和之子，在诸葛亮去世后主持蜀国内政，深得民心；董奉，董允之孙，一代名医，治病不取利，患者愈后使之种杏，久成杏林，后来董奉的杏林成为医家尊奉的称号。

金朝戏曲家董解元，根据唐代元稹的《莺莺传》创作了《西厢记诸宫调》，为元代曲作家王实甫创作《西厢记》准备了条件。

明代著名画家董其昌。

清代秦淮河名妓董小宛，著名文学家冒襄之妾；著名画家董邦达；八卦掌创始人董海川。

近现代董姓名人有：中国共产党创始人之一、伟大的无产阶级革命家董必武；中国工农红军杰出将领之一、宁都起义领导人之一董振堂；董其武上将；全国著名战斗英雄董存瑞，在解放隆化县的战斗中，舍身炸碉堡，是舍生取义的典型代表。

董姓名人中，不乏两院院士，其中中国科学院院士有岩石学家董申保、计算机软件专家董韫美；中国工程院院士有空间结构工程学家董石麟、作物种质资源专家董玉琛、中医内科学家董建华、化工材料专家董海山。

香港首任特别行政区行政长官董建华；央视著名主持人董卿；珠海格力电器股份有限公司董事长董明珠。

30.萧姓 

萧（肖）姓在宋版《百家姓》中排名第99位，现为我国人口数百家大姓第30位。萧姓人员分布于全国各地，是一个古老的姓氏。

萧姓图腾

萧氏得姓始祖名叫大心。春秋时期，宋国有一员猛将叫南宫长万，在攻打鲁国时被俘，囚禁在鲁侯的后宫，几个月后才被放回。一天，宋闵公同南宫长万在后宫博戏，旁观的除了几位大臣，还有闵公的几个宠姬。南宫长万看见这些宠姬说：“还是鲁宫的美女漂亮啊，天下诸侯再也没有比做鲁君更快乐的！”闵公向来以这几个宠姬的姿色而自矜，当下心生不悦，讥讽南宫长万说：“你这阶下之囚，怎么会欣赏美与不美？”此话一出，南宫长万立即被激怒，他恼羞成怒，一拳打死了宋闵公，然后干脆起兵反叛，杀死大夫仇牧和太宰华督，另立公子游为宋君。宋国公子纷纷逃往萧邑（今安徽萧县）避难。萧邑大夫正是宋国始祖微子启的后裔，名叫大心。面对南宫长万叛乱，大心率王族弟子及随从组建军队，诛杀南宫长万，平息了叛乱，并拥立宋闵公之弟御说继位，即宋桓公。宋桓公论功行赏，封大心于萧地，建立萧国，称大心为萧君，人称萧叔大心。公元前597年，萧被楚所灭，其子孙以国为氏，称为萧姓，大心也被后人尊为萧姓得姓始祖。

萧姓另一来源，是古代嬴姓部落首领柏裔之后作士于萧，便以“萧”为姓，叫萧孟亏。其后沿袭姓萧。

在漫长的时间里，萧氏后裔逐步发展出了东海、兰陵、广陵、河南等多处郡望，以及“芳远”等堂号，名人辈出，已成为中国百家大姓之一。

萧（肖）姓名人

汉初政治家萧何，汉高祖时丞相，和张良、韩信并称“汉初三杰”；经学家萧望之，汉代《鲁论语》的知名传人。

南朝齐高帝萧道成；南朝梁武帝萧衍；历史学家萧子显，有《南齐书》传世。

唐朝萧氏十宰相萧瑀、萧至忠、萧嵩、萧华、萧复、萧免、萧邺、萧寘、萧仿、萧构。

明代礼部尚书萧云峰；布政使萧良干。

清朝太平天国起义领导人之一萧朝贵。

中国共产党早期青年运动领导人之一萧楚女；中国人民解放军著名将领萧克、萧华、萧劲光；著名作家肖复兴。

萧何

31.程姓 

程姓在宋版《百家姓》中排第193位，现为我国人口百家大姓第31位。程姓人员遍布全国各地、东南亚及欧美等国家和地区，是一个古老的姓氏。

程姓来源主要有三支：

一是出自风姓，以国为姓，出自重黎后裔。重和黎是同胞兄弟，他们是颛顼帝的曾孙。帝喾统治时，人们发明了取火，开始以火加工食物。由于当时火种非常宝贵，帝喾便派重黎兄弟掌管火种，为“天地之官”，后来重黎的子孙相继世袭此职。至商代，重黎的裔孙被封于程（今河南洛阳地区），建立程国，为伯爵，称为程伯，从此他们的后代便以国为姓。到周宣王时，重黎的裔孙休父（时称程伯休父）被周宣王召入朝任大司马，不再担任天地之官。周宣王考虑到洛阳距周都长安太远，来往不便，便把他移封于咸阳附件，仍称程

程姓图腾

伯，程伯休父的子孙仍以程为姓，这就是程姓的主要来源。

二是以地名为姓。据《左传杜预注》记载，春秋时期，晋国由韩、赵、魏、中行、智、羊舌、荀等大夫分掌朝政，其中荀氏至荀林父时，其胞弟荀驩被赐采邑（今山西新绛县东北部），也称程。后来，荀氏在朝廷内斗中被击败，族人沦落为民，他们为纪念封邑，都改为程姓。是为山西程氏。

三是出自商、周之际的伯符之后。据资料记载，伯符是程姓始祖，他是重黎的后裔，生活在商、周之际。商朝末年，纣王无道，周武王起兵，在牧野打败商纣王的军队，纣王自焚而死。为了统治原商朝的广袤土地和众多民众，武王推行分封制度，将同姓、功臣和古代圣王的后代封在各地。伯符是古圣贤重黎的后裔，因而被封在广平。后来，伯符向周王敬献“泰山之车、井中之玉和双穗之禾”等三种祥瑞有功，得封程国，后世子孙以国为氏，称程姓。

程氏的后裔在安定、广平等地发展成郡望，族盛丁旺，名人辈出，已成为百家大姓之一。

程姓名人

春秋时期晋国人程郑，晋国六卿之一；程婴，晋国义士，与公孙杵臼设

程颐

程颢

计营救赵氏孤儿，报仇后自杀殉友。

秦代程邈，隶书的创造者，将篆书发展成隶书，中国文字从此定型，贡献巨大。

西汉初大工商主程郑，《史记》记载他因鼓铸铁器致富；大将程不识，长期屯兵驻守雁门关，是与李广齐名的一代名将。

三国时期，东吴大将程普，曾与周瑜大破曹操于赤壁，功勋卓著，人称“程公”；程昱，曹操主要谋士，深受曹操赞赏。

唐朝开国大将程知节（咬金），凌烟阁二十四功臣之一；唐宪宗宰相程异，理财家，“安史之乱”后筹措大量资金，平定淮西军阀吴元济之乱。

北宋宰相程琳，妥善处理民族交往，为缓和民族矛盾、稳定边疆起了很大作用；理学家程颐、程颢兄弟，宋明理学奠基人，世有“二程”之称。

清朝书画家程伟元，曾续写《红楼梦》；海军将领程璧光。

爱国将领程潜，国民革命军一级上将，中华人民共和国成立后曾任全国人大常委会副委员长、国防委员会副主席等职；著名京剧表演艺术家程砚秋，四大名旦之一，创立程派艺术，日本侵华时罢演；核武器技术专家程开甲，中国科学院院士，两弹一星元勋。

32.曹姓 

曹姓在宋版《百家姓》中排第26位，现为我国以人口数排列的百家大姓第32位。曹姓人员遍布全国各地及海外部分地区，是一个历史悠久的姓氏。

曹姓图腾

曹姓得姓历史古老而悠久，也较为复杂，有的支源还颇有传奇色彩。

来源之一，源于官位。《元和姓纂》记载，帝颛顼后裔陆终娶鬼方之女为妻，怀孕三年之后，一胞产出六个儿子，第五子名安。大禹治水时，安佐禹治水有功，被赐曹官。安后来以官为氏，这是曹姓得姓之始，曹安即曹姓得姓始祖。周武王时，改封曹安的后裔曹挟于邾国（今山东省邹城境内）。战国时，邾国被楚所灭。之后，邾人有的以国为氏，改为朱氏；有的仍以曹为氏，是为曹氏。

来源之二，起于黄帝姬姓的后代。周武王灭商建周后，把弟弟曹叔振铎封于曹（今山东定陶西南），建立曹国，成为曹氏的受姓始祖，其子孙以国为氏，便为曹姓。曹参、曹操即该支后人。

来源之三，古代曹国人来中国后以曹为姓。北朝时，原居住在乌兹别克撒马尔罕一带的康居国人分支曹国人迁居我国内地，后都改为曹姓。盛唐时期，管辖的境内有曹国（现为乌兹别克斯坦共和国地区），他们到唐都时，就称自己为曹氏，其后代定居下来，并传之后世。

来源之四，少数民族改姓。《晋书》记载有匈奴改曹姓；此外，满族、蒙古族、藏族、阿昌族等也有改曹姓情况。

曹氏的后裔在繁衍发展中形成了谯国、高平、彭城、巨野等郡望，族盛丁旺，名人辈出，现已屹立于我国百家大姓之林。

曹姓名人

春秋时期鲁国名将曹刿，著有我国最早的兵书《曹沫之陈》，因大败齐师而千古留名。

西汉名臣曹参，在萧何之后担任丞相，不改萧何定规，史称“萧规曹随”。

汉相曹参

魏武帝曹操

东汉末年著名政治家曹操，挟天子以令诸侯；其子曹丕废汉献帝，称帝，开启三国鼎立局面；曹植，曹操嫡三子，三国著名诗人，以诗文著称于世；魏国大将曹仁、曹洪、曹真、曹休。

魏文帝曹丕

唐代杰出画家曹霸，擅画马；唐懿宗时宰相曹确；诗人曹唐、曹松。

北宋初年名将曹翰；大将曹彬。

明代著名学者曹端，被推为“明初理学之冠”；正统年间内阁首辅曹鼐；抗倭英雄曹顶；崇祯朝名将曹文诏，号称第一良将。

清代文学家曹寅，其孙曹雪芹，即《石头记》（《红楼梦》）作者。

曹锟，北洋直系军阀首领；曹汝霖，曾任清政府外务部副大臣，晚年拒绝与日本人合作，坚守晚节；曹学楷，鄂豫边红军和根据地创建人之一。

现代文学翻译家、散文家曹靖华；著名作家曹聚仁；心理学家曹日昌；中共中央军事委员会原副主席曹刚川，曾任国防部部长；儿童文学作家曹文轩；著名作家曹乃谦。

曹姓在科学研究领域名人众多，其中有中国科学院院士、核化工专家曹本熹、高分子化学家曹镛、鱼类生物学家曹文宣、腐蚀科学与电化学专家曹楚南、材料科学家曹春晓；中国工程院院士、水工结构专家曹楚生、免疫学专家曹雪涛。

33.袁姓 

袁姓在宋版《百家姓》中排第59位，现为我国以人口数排列的百家大姓第33位。袁姓人员遍布全国各地以及新加坡、印尼、东南亚等一些国家和地区，是一个历史悠久的姓氏。

袁姓图腾

袁姓来源清楚，脉源统一。据《古今姓氏书辨证》记载，“袁”出自妫姓，是帝舜的后代。周朝时，帝舜的裔孙胡公满被封于陈（今河南淮阳），建立陈国，谥号为陈胡公，故又称陈胡公满。陈胡公11世孙名诸，字伯瑗，伯瑗孙涛涂因功受封阳夏（今河南太康），成为卿士，就以祖父的字为氏，形成爰姓。上古时期，爰、袁、辕、溒、榬、援同音通用，后来因传写不同，于是出现一姓分为六家的情况，爰姓也作袁、辕、溒、榬、援姓，相互混用。辕涛涂的玄孙辕颇徙居郑国，至秦末，辕颇裔孙辕告的儿子辕政于西汉初去掉“车”旁，开始以袁为氏。这就是瑗演变成袁姓的历史渊源，唐宋时期的姓氏书，对此均有详细记载。

袁姓是帝舜后代，其血脉发展据《新唐书·宰相世系表》记载：“陈胡公满生申公犀侯，犀侯生靖伯庚，靖伯庚生季子惛，季子惛生仲牛甫，仲牛甫生圣伯顺，圣伯顺生伯他父，伯他父生戴伯，戴伯生郑叔，郑叔生仲尔金父，仲尔金父生庄伯，庄伯生诸（字伯爰）。”伯爰孙爰涛涂，又称辕涛涂，辕涛涂玄孙辕颇，辕颇裔孙辕告，辕告生子辕政。辕政把辕改成袁，从此以袁为氏。

袁姓另一支源于姬姓，出自轩辕黄帝居所辕邑，属于以居邑名为氏。轩辕氏又称玄袁氏，是少典氏之子，因其族善制作大车辕，驾车周流天下，故称轩辕氏。其居住地又因黄帝轩辕氏而得命轩辕之丘。黄帝初建都于有熊之墟（今河南新郑），在所居之地，有族人以“辕”称其邑，后称袁邑。上古时期，爰和袁、辕、榬、溒、援都是同音同义字。黄帝战胜炎帝成为天子，其后裔以邑为氏，世代相传姓袁，后衍迁河北，是为河北袁氏。

袁姓得姓后，后裔在繁衍过程中，早在三国以前就形成了汝南、陈郡（今河南太康）、彭城（今江苏徐州）三大郡望，现已族盛丁旺，名人辈出，在中国百家大姓中占有一席之地。

袁姓名人

西汉大臣袁盎，敢言直谏，汉景帝时吴楚七国叛乱，奏请斩晁错以平众怒，叛乱平定后封楚相。

东汉时期，袁氏家族的袁安、袁敞、袁汤、袁逢、袁隗都曾担任过司徒、司空，时称“四世五公”；袁绍，东汉末年割据称霸河北；袁术，割据称霸淮南。

东晋文学家、史学家袁宏。

唐初玄学家、天文学家袁天罡；袁姓三宰相袁智弘、袁恕己、袁滋。

南宋时期史学家袁枢。

元代文学家袁桷，五朝翰林，多次担任科举考官，为天下举子所熟知。

明朝时期，文学家袁宗道、袁宏道、袁中道三兄弟，人称“公安三袁”；思想家袁了凡，所著《了凡四训》闻名于世；书画家、诗人袁枢；兵部尚书、军事家袁崇焕，与袁可立、袁应泰并称“武三袁”。

清代著名画家袁江；文学家袁枚，有《随园诗话》传世。

袁枚

著名京剧表演艺术大师袁世海；“世界杂交水稻之父”袁隆平，中国工程院院士；前中国女排主教练袁伟民，率领中国女排在世界排坛上首次取得“三连冠”。

34.邓姓 

邓姓在宋版《百家姓》中排第180位，现为我国以人口数排列的百家大姓第34位。邓姓是一个古老的姓氏，其人员分布在全国各地以及海外部分地区，国内主要分布在中原地区、长江流域及沿海一带，其中江西、湖南、河南为最，四川、广东、福建、江苏次之。

邓姓来源较为复杂，传说有出自夏禹之后代的邓氏、出自商王族之后代的邓氏，以及由李姓改姓而来的邓氏之说，这是邓氏主要的三大脉源。

邓姓图腾

其一，出自夏禹之后代的邓氏。传说大禹的儿子启建立了中国第一个王朝夏朝，启传位太康，太康传位仲康。仲康封其庶出之子于邓（今河南邓州地区），建立邓国，在此存续800多年。到商王武丁时代，也即商朝中兴时期，武丁对夏的属国和部落大举征伐，邓国被灭。亡国之后的邓人大多以国名为姓，也即邓氏。

其二，出自商王族后代的邓氏。汤灭夏建商后，传位至高宗武丁，武丁把叔父曼季封于邓，史称邓国（今湖北襄阳邓城），属于以国名为氏。商周时期，邓国是南方较为重要的诸侯国，强盛时周边疆域约150余里。春秋时期，邓国在大国争霸的纷战中采用联姻的策略求得生存，如楚国武王、郑国庄公，皆娶邓国贵胄之女为妻，使得国与国之间发展成甥舅关系，邓国也得以存续发展。公元前703年，楚与巴会师围鄾时，邓国派兵救援，因此得罪楚国，被楚灭掉。亡国之后的邓侯子孙，为纪念故国，便以国名为氏，称邓氏，史称邓氏正宗，亦称曼姓邓氏。

其三，出自李姓改姓的邓氏。据《安化邓氏谱序》记载，五代十国时期，南唐中主李璟封其第八子李从镒为邓王。南唐被宋太祖赵匡胤灭亡后，李从镒之子李天和为躲避宋廷杀戮，南逃至安化（今湖南）避难，为隐藏身份而以其父封号为姓氏，改为邓姓，保住了性命，其子孙便改为邓氏。

邓姓得姓后，在南阳、安定、高密发展成三大郡望，其他邓氏族人大都从这三大郡望迁徙繁衍，终成百家大姓之一。

邓姓名人

西周开国功臣邓九公，死后封神青龙星，甘肃天水市秦州区邓家门村祖神庙有其画像，被当地邓姓尊为祖神。

西汉富商邓通，当时蜀中以邓氏钱遍天下而闻名。

春秋时期郑国大夫邓析，思想家，与子产同时，名家学派代表人物。

东汉开国名将邓禹，跟从光武帝刘秀平定天下，功勋显赫，云台二十八将之首；大将军邓骘，邓禹之孙，汉和帝和熹皇后邓绥之兄，提倡节俭，并辟召杨震等名士，被誉为定策勋臣。

三国时期蜀国名将邓芝，领军赏罚分明，是历史上著名的清明廉洁的将领；魏国名将邓艾，率军灭蜀汉。

东晋名臣邓攸，晋元帝南迁后名满朝野的大臣。

明朝开国名将邓愈，深受明太祖朱元璋赏识，曾评价说“友德镇守八

东汉开国名将邓禹

明朝开国名将邓愈

州，有功无过”；抗倭名将邓子龙。

晚清名臣邓廷桢，历任两广总督、闽浙总督，鸦片战争时率军阻击英舰于厦门；海军名将、爱国将领邓世昌，在1894年黄海战役中，率致远舰奋勇作战，全舰官兵壮烈殉国。

到近现代，邓姓更是群星闪耀，名人辈出：邓中夏，马克思主义理论家，工人运动领袖；邓恩铭，中国共产党创始人之一，中共一大、二大代表；邓发，中国共产党前期领导人之一，工人运动领袖；邓小平，中华人民共和国主要领导人之一，中国社会主义改革开放和现代化建设总设计师；邓颖超，周恩来总理的战友、妻子，无产阶级革命家；邓拓，杰出新闻工作者、政论家；邓子恢，无产阶级革命家、政治家，农业工作的卓越领导人；邓力群，马克思主义理论家，宣传战线杰出领导人；邓稼先，中国著名核物理学家，中国科学院院士；邓亚萍，奥运冠军，乒乓球大满贯得主；邓丽君，著名歌唱家。

35.许姓 

许姓在宋版《百家姓》中排第20位，现为我国以人口数排列百家大姓第35位。许姓人员遍布全国各地及海外部分地区，是一个古老的姓氏。

许姓来源之一出自姬姓。帝颛顼后裔吴回生陆终，陆终生子六人，长子曰樊，封于昆吾，为昆吾氏。帝尧在位的时候，昆吾氏首领许由，为当世大贤，率领许姓部落在今行唐县许由村一带活动。帝尧见到许由之后，想传位给许由，许由认为这是对他的羞辱，便跑到颍水河洗耳朵。许由死后，葬于箕山。后来昆吾为商汤所灭，后人迁徙至河南许昌一带繁衍发展，尊许由为始祖。

许姓图腾

许姓来源之二出自姜姓，以国为氏，是炎帝神农氏后裔。许氏是伯夷之后，由姜姓发展而来。商朝时，姜姓和姬姓结成联盟，和商族（子姓）并行发展。至商朝末年，因纣王无道，姬姓（以武王姬发为代表）和姜姓（以太公姜尚为代表）为主组成的联军打败商纣王，建立了姬姓国家周朝。周成王时，大规模分封宗室同姓和功臣，其中姜姓文叔被封于许国，故又称许文叔。春秋时期，许国成为楚国附庸，战国初期被楚所灭。亡国之后的许国子孙以国为氏，称许氏，史称许姓正宗。该支许氏族人以高阳（今河北高阳旧城）为郡望。

许姓出于炎帝，得姓于许由，繁衍于许昌，后又发展了容城（今河南鲁山）、高阳（今河北徐水）、汝南（今河南）等多处郡望，成为一个大姓。

许姓名人

战国时期楚国人许行，思想家，农学家，先秦时代农家代表人物。

西汉著名经学家、数学家许商，大小夏侯学派传人之一，弟子众多，曾四度官至九卿；东汉经学家许慎，文字学家，著有《说文解字》。

三国时期，魏国名士许劭，好评论人物，每月更换一名，时称汝南“月旦评”；猛将许褚，负责曹操的护卫工作，被曹操誉为“此吾樊哙也”；谋士许攸，官渡之战时从袁绍阵营投靠曹操，并献计偷袭袁绍在乌巢的屯粮，最终曹操在官渡大败袁绍。

许敬宗

唐朝宰相许敬宗，秦王府十八学士之一，唐高宗时支持“废王立武”，是武则天当上皇后的重要支持者；名将许远，许敬宗玄孙，安史之乱时坚守抗敌，兵败被杀；诗人许浑，晚唐最具影响力的诗人之一，其诗作有“山雨欲来风满楼”之句为世人传唱。

金末元初著名理学家、教育家许衡，百科全书式的通儒和学术大师，与郭守敬主持研订《授时历》；七朝重臣许有壬，主张以民为本。

近现代许姓名人，有著名作家许地山，代表作《落花生》；许广平，鲁迅夫人；中国人民解放军开国大将许光达、开国上将许世友；美籍华裔学者许烺光，行为科学家，心理人类学创始人之一；英语教育专家、语言学家许国璋；国家射击队教练许海峰，中国奥运会冠军第一人。

36.傅姓 

傅姓在宋版《百家姓》中排第84位，现为我国以人口数排列百家大姓第36位。傅姓人员分布全国各地及海外许多地区，是一个历史悠久的姓氏。

傅姓来源主要有出于傅说和出于大由两支，这是傅姓的二大支脉，傅姓人大多尊奉傅说为始祖。傅姓来源具体如下：

源流一，源于姬姓，出自黄帝裔孙大由的封邑，以国名为氏。相传大由是黄帝裔孙，被封于傅邑（今山西平陆），建立了古傅国。大由的一部分后裔子孙有以国名为姓氏者，称傅氏，发展繁衍至今，是最古老的傅氏一族。1955年文字简化改革时，该支傅氏有的改成了付氏。

傅姓图腾

源流二，源于姚姓，出自舜帝后裔所建傅阳国，以国名为氏。傅阳（亦称“复阳”）是上古时期的一个诸侯国，故址在今山东枣庄市台儿庄区涧头集镇西南侯塘村。据《国语·郑语》记载，商王朝大彭国君陆终封其第四子到傅阳，建立傅阳国。据说春秋时期，孔子的父亲孔纥（字叔梁）曾在此地作战，孔纥高大威猛，力气惊人，双手托举即将溃落的傅阳城门框，帮助士兵和百姓撤退。公元前538年，傅阳国被楚国所灭；其后该国百姓有以国名为姓氏者，称傅阳氏，后简化为单姓傅氏、复氏、阳氏，世代相传至今。

源流三，出于商朝名相傅说的后裔，以地名为氏。据史书记载，商朝自商王仲丁以后，国势逐渐衰落。高宗武丁继位，决定重振国运，招贤纳士，希望有能人辅佐，可是朝中却找不到能协助他改革的大臣。一天晚上，他在梦中见到一位神仙指点，推荐给他一个弓身驼背、穿着破衣、胳膊上系着绳索，状似囚犯模样的人，并说他能辅佐武丁兴国。武丁信之，派人四处寻贤，很快在傅岩（今山西平陆东南）找到了梦中贤人，原来是一个在山里从事筑土墙工作的奴隶。武丁见后与之交谈，发现此人才深学博，确有政治远见和治国之策，便重用他，把他封为太宰（相当于后来的宰相）。在说的辅

商朝名相傅说

佐下，商朝天下大治，国泰民安，武丁也因此被誉为“中兴明主”。因说曾居于傅岩，所以称傅说，成为傅姓的得姓始祖。在傅说的后裔子孙中，有以先祖名号为姓氏者，称傅氏，繁衍相传至今，史称傅氏正宗。

源流四，源于姬姓，出自春秋末期赖国族人因避难而改姓。赖是周朝时分封的诸侯国，国君为姬姓，子爵，被封在赖地（今河南省息县包信镇），故又称赖叔颖。春秋末期（公元前538年），赖国与傅阳国一起被楚国所灭，赖国君主的族人及国人担心被杀害，便改为罗氏、傅氏、复氏等。故至今仍有赖、罗、傅三家联宗之说。

源流五，源于官位，属于以官职称谓为氏。西周时期，中央和各诸侯均设有太傅，负责教导君王、太子、王族子弟。以后历代，也设有同类职位（师傅、傅、太师、师）。西周时期，还设有傅御，是辅佐王政之官，与冢宰（太宰、宰相）地位相同。西周时期，还设有傅相；到西汉时，由中央王朝向各诸侯王派遣丞相，汉景帝时改称傅相，以与中央王朝的宰相有别。这些官吏的后裔子孙，有以先祖官职称谓为姓氏者，称傅氏。

此外，新莽时期有官职傅丞，当新莽败亡时，在朝为官的傅丞族人纷纷逃难改姓傅；元朝设有傅尉、王傅，在明朝大将蓝玉率军攻灭北元政权后，这些官吏的后裔子孙纷纷改汉姓，因冒汉族，以避兵祸，此后多称傅氏。这也是蒙古族傅氏的重要姓源之一。

上述以官职称谓姓傅的人数来源，甚至多于傅氏正宗，世代相传至今。

傅姓人在后来的繁衍发展中形成了北地、清河二大郡望，人丁兴旺，已经跻身于我国人口百家大姓之列。

傅姓名人

西汉开国功臣傅宽，曾任丞相，汉高祖得天下后定元功十八人，列第十位；名臣傅介子，昭帝时用计斩杀楼兰王，因功被封义阳侯。

东汉文学家傅毅；将领傅燮，曾平定黄巾之乱。

三国时蜀汉将军傅彤、傅佥；曹魏大臣傅巽、傅嘏。

西晋名臣及文学家、思想家傅玄，傅燮之孙；名臣傅咸，傅玄之子。

南朝官员傅亮、傅琰。

唐朝武周时期宰相傅游艺，武则天宠臣，一年四次提升，遍衣青绿朱紫，时人号为“四时仕宦”。

南宋学者傅寅，因讲学于杏溪，世称“杏溪先生”；律学博士傅霖。

明朝开国名将傅友德，被朱元璋称为“论将之功，傅友德第一”；明清之际道家思想家傅山，反清义士。

清朝开国状元傅以渐，一代名相；工部尚书傅继鳞；傅善祥，中国历史上第一位女状元，参加太平天国女科才考试高中鼎甲第一名。

近代傅姓名人有傅作义，抗日爱国名将，解放战争时任华北“剿总”司令，促成北京和平解放；傅抱石，现代画家，美术教育家；傅雷，一代翻译巨匠，文艺评论家；傅斯年，著名历史学家，古典文学研究专家，五四运动学生领袖之一；傅全有，中国人民解放军陆军上将。

37.沈姓 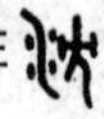

沈姓在宋版《百家姓》中排第14位，现为我国以人口数排列的百家大姓第37位。沈姓人员分布于全国各地以及海外地区，是一个古老的姓氏。

沈姓来源相传有四种，一是出自嬴姓，二是出自少昊之后裔，三是出自姬姓，四是出自楚国王族芈姓，这是当今沈姓人的主要来源。

沈姓图腾

其一，源出嬴姓，黄帝曾孙帝喾之子实沈之后。实沈氏族最初居住在山东曲阜沈犹，与少昊氏部落杂居，逐渐演变成东夷族一支，故为嬴姓。后来因为与亲族阏伯发生纷争，向西迁徙到山西汾、浍之间夏部落（姒姓）聚居之地，建立沈国。夏部落建立夏朝后，夺取了嬴姓沈国，沈人南迁河南固始。商灭夏，嬴姓沈人复国。春秋时期，晋国吞并嬴姓沈国，沈人再次南逃到河南沈丘立国。周昭王南征淮夷时，灭嬴姓沈国。此后，其子民以国名为氏，即沈氏。因此，嬴姓沈氏的历史大约有4500年。

其二，出自少昊后裔的沈姓。少昊裔孙昧，在玄冥时任师保之职，生有二子，次子台骀在颛顼时治水有功，被封于汾水流域（今山西汾河流域）。此后，台骀的后裔在汾水流域发展为沈、姒、蓐、黄四支，又称四国，其中沈国后被封子爵，史称沈子国。公元前506年，北方各国相约伐楚，沈国没有响应，被蔡国灭亡。此后，沈国遗民以国名为姓，姓沈。

其三，出自姬姓，以国为姓。周武王姬发灭商建周后，不久病死，年幼的成王即位，周公旦摄政，发生武庚叛乱。周公率军平叛，文王第十子季载随军出征有功，被封于沈国，古时，聃、冉、沈读音相同，故又名聃国。春秋时，沈国为蔡国所灭，季载之后子逞逃奔楚国，其后子孙遂以原国名命姓，称沈氏。这一支姬姓沈氏，有3000多年的历史。

其四，出自楚国王族，源自芈姓。春秋时期，楚国灭了河南固始的沈国，楚庄王封公子贞于沈鹿（沈邑）。其后遂以封邑名为姓，称沈姓。因此，这支芈姓沈氏也有2600多年历史。

自东汉后，沈姓人基本都出自吴兴武康（今浙江德清），沈氏以吴兴为堂号，几千年来自强繁衍，终成百家大姓之一。

沈姓名人

南朝梁文学家、史学家、声律学家沈约，首创“四声”之说。

唐朝宰相沈君谅，唐睿宗第一次在位、武则天临朝期间任宰相；著名诗人沈佺期，律体开创者，与宋之问齐名，人称“沈宋”；盛唐天宝年间著名诗人沈千运。

沈括

北宋时期科学家、政治家沈括，代表作有《梦溪笔谈》。

元末明初富商沈万三；明代著名画家沈周，吴门画派四家之一；散曲家、画家沈仕。

清代文学家沈复，著有《浮生六记》；晚清名臣沈葆桢，外交家、民族英雄，中国近代海军建设奠基人之一。

爱国民主人士沈钧儒，中国民主同盟创始人之一，曾任全国政协副主席、全国人大常委会副委员长和民盟中央主席等职；革命文学家茅盾，原名沈雁冰，代表作《子夜》《林家铺子》等；著名作家、京派小说代表人物沈从文，代表作《边城》；著名作家、文艺评论家夏衍；书法家沈鹏。

38.曾姓 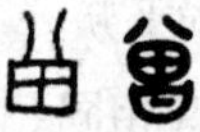

曾姓在宋版《百家姓》中排第385位，现为我国以人口数排列的百家大姓第38位。湖南是曾姓第一大省，四川是曾姓第三大省。曾姓人员分布于全国各地及海外，是一个古老的姓氏。

曾姓图腾

曾姓源自姒姓，来源于曲烈，得姓于太子巫。据传曾氏起源于上古姒姓夏禹，禹的儿子启建立了夏朝。至夏王少康时，封其小儿子曲烈于鄫（今河南省柘城县北），建立鄫国，曲烈的子孙便在鄫国发展。古代习惯以封地为姓，曲烈便从此姓鄫。鄫国历经夏、商、周，直到春秋时期，于公元前567年被莒国灭掉，鄫太子巫逃到鲁国，用原国名“鄫”为姓氏，但去掉了邑旁（阝），表示离开故城不忘先祖，称为“曾”。长久以来，曾姓一脉传自禹的后裔太子巫，是名副其实的四千年前为一家，故有“天下一曾无二曾”的说法。

曾姓始祖太子巫在鲁国不断发展，与鲁国孔氏非常友好。春秋时，太子巫之孙曾点（字哲）师从孔子，成为孔子的高足。曾点的儿子曾参，也是孔子的得意门生，后来成为孔子学说的重要传人，被儒家奉为“宗圣”，成为配享孔庙的四配之一，仅次于“复圣”颜渊。而且孔、曾两姓子孙在修纂宗

曾点

曾巩

谱时，都是采用相同的辈分号，并沿用至今。

曾姓人发展于鄫国，繁衍于鲁国，迁徙于庐陵、武城等地，鲁国、庐陵、武城成为曾姓三大郡望，现为曾姓人识别身份的重要标识。现在，曾姓族盛丁旺，名人辈出，已屹立于我国百家大姓之林。

曾姓名人

春秋时期鲁国人曾点、曾参父子，都是孔子得意门生，曾参被后世儒家尊为“宗圣”。

北宋散文家曾致尧，唐宋八大家之一曾巩祖父；曾巩，北宋文学家和政治家；曾布，曾巩之弟；宰相曾公亮，著名政治家、军事家，与丁度编撰《武经总要》，是中国古代第一部官方编纂的军事百科全书；南宋诗人曾几。

明朝永乐二年状元曾棨，人称“江西才子”，为人如泉涌，廷对两万言不打草稿，曾出任《永乐大典》编纂。

晚清重臣曾国藩及弟曾国荃，其子曾纪泽，清末外交官。

无产阶级革命家曾山；曾庆红；著名学者曾仕强；香港特别行政区前行政长官曾荫权。

39.彭姓

彭姓在宋版《百家姓》中排第47位，现为我国以人口数排列的百家大姓第39位。彭姓人员遍布全国各地、东南亚部分国家及欧美等地，是一个历史悠久的姓氏。

彭姓图腾

彭姓源于黄帝之后，有得姓于国和人名两种说法。

得姓于国的说法，认为彭姓是黄帝裔孙祝融之后，是祝融八姓之一。据《元和姓纂》等史书记载，黄帝之孙颛顼有曾孙名祝融，其后代分为八姓，彭姓便是八姓之一。祝融氏之后有陆终，生子六人，其中第三子名彭祖，名翦，彭姓，封于大彭之墟，即今江苏徐州，建立大彭国，其后裔以国名为氏，为彭姓。

得姓于人名的说法，传说陆终第三子彭祖，名翦，字篯铿，又称彭铿，是一位长寿星，活了800多岁，娶了49个妻子，生了54个儿子，高寿无比，被后人尊为彭祖。传说彭祖年轻时，做过一碗野鸡肉汤献给上帝，上帝吃后感觉十分高兴，就赐彭祖长寿不老，所以彭祖才得以活到800多岁。彭祖的后代都为彭氏，彭姓人大都尊彭祖为始祖。

彭玉麟

彭姓人中还有部分从少数民族改姓而来的，但未形成彭姓的主脉。

彭姓人在发展繁衍中相继形成了淮阳氏、陇西氏、宜春氏三大郡望，已经是我国一个大姓。

彭姓名人

西汉初将领彭越，协助刘邦赢得楚汉之争，与韩信、英布并称汉初三大名将；汉哀帝时大司马彭宣。

南宋时期名臣、文学家彭龟年；南宋金末红袄军将领彭义斌，抗击蒙古入侵的英雄。

明代进士彭孙，工诗，才华横溢，与王士祯齐名，号称“彭王”。

晚清时期湘军首领彭玉麟，曾国藩之股肱，佐曾国藩创建湘军水师。

无产阶级革命家澎湃，中国共产党早期农民运动主要领导人之一，海陆丰农民运动和革命根据地创始人；新四军高级将领彭雪枫；无产阶级革命家、军事家彭德怀，中华人民共和国开国元帅，中国人民解放军创建人和领导人之一；彭加木，生物化学家和植物病毒学家。

40.吕姓 

吕姓在宋版《百家姓》中排名第22位，现为我国以人口数排列的百家大姓第40位，其成员遍布全国各地、东南亚及欧美等国家和地区，历史悠久。

吕姓来源于姜姓，是炎帝的后裔。相传，炎帝裔孙伯夷在帝尧时被任命为“秩宗”，分管制订礼法，管理四方诸侯，号称“太岳”，后来又辅佐大禹治水，因功被封为吕侯，在今河南南阳西部建立吕国。历经夏、商、周三朝，吕国一直都是诸侯国之一，至春秋战乱，大国称霸时，吕国才被楚国灭亡，吕国贵族臣民从此以国为氏，为吕姓，尊伯夷为始祖。这支吕姓脉源，是当今吕姓的主要支流。

吕姓图腾

除此之外，还有一些重要的吕姓支流。春秋时，晋国大夫魏武子为吕姓，史称吕锜，他的后代都姓吕；北魏时孝文帝从大同迁都洛阳，把姓比吕氏的鲜卑人改成汉族单姓吕，他们的后代也都为吕姓；北周时期的少数民族俟吕陵氏也改为吕姓，他们的后代同样都为吕姓。

吕姓人在发展繁衍中形成了东平、河东、淮南等地多处郡望，人丁兴旺，人才辈出。

吕姓名人

姜子牙（吕尚）

西周初期政治家、军事家和谋略家吕尚，也即姜子牙，辅佐周武王灭商，因功封齐，齐国始祖。

战国时期秦国宰相吕不韦，对辅佐秦王嬴政兼并六国作出重大贡献，主持编纂《吕氏春秋》，杂家代表。

秦末陈胜起义军将领吕臣，在陈胜被叛徒庄贾杀害后，重建张楚政权，诛杀庄贾，后投奔刘邦。

汉高祖刘邦皇后吕雉，通称吕后或吕太后。高祖死后，临朝称制15年，成为西汉王朝实际统治者，被司马迁列入《史记》本纪，后世把她与唐朝的武则天并称为“吕武”。吕后实行无为而治，天下晏然，百姓安定。

东汉末年著名将领吕布。

三国时期吴国名将吕蒙、吕范、吕岱。

唐代道教主流全真派祖师吕洞宾，民间传说中的八仙之一。

宋代宰相、名臣吕蒙正、吕端、吕夷简、吕公著、吕公弼、吕惠卿；理学大家吕祖谦。

明代著名理学家吕柟；文学家、思想家吕坤，著有《呻吟语》；晚明重臣吕大器；思想家吕留良。

著名史学家吕思勉、吕振羽；著名建筑大师吕彦直；著名语言学家吕叔湘；武术家吕紫剑，被誉为“长江大侠”。

41.苏姓 

苏姓在宋版《百家姓》中排第42位，现为我国以人口数排列的百家大姓第41位。苏姓成员遍布全国各地、东南亚以及欧美等国家和地区，是一个古老的姓氏。

苏姓图腾

苏姓来源于上古帝王颛顼的玄孙陆终之长子昆吾的后裔。据《史记·楚世家》记载，陆终是古帝王颛顼的玄孙，颛顼有六个儿子，长子昆吾在夏时曾为伯侯，昆吾有个儿子于夏朝中叶被封于苏（今河南辉县地区）。《竹书纪年》记载，夏王桀封昆吾子于有苏，其子孙以封地为姓，便为苏姓。这支苏姓脉源是当今苏姓人最早的一支来源。

另有一支苏姓，也是出自昆吾之后裔。西周初年，昆吾的裔孙忿生被周武王任为司寇（掌管刑狱及纠察的官）。忿生受职期间能公平量刑，善导庶民，为周初开基大业做出了很大的贡献，后被封于苏国（今河南温县西南），故此后苏亦称温。《尚书·立政》记载："司寇苏公，式敬尔由狱，以长我王国。兹式有慎，以列用中罚。"《孔传》记载："忿生为武王司寇，封苏国。"忿生被封于苏后，举家迁都于温县，建立苏国，子孙以国为氏，便为苏姓。

以上二支苏姓来源都出自昆吾之后，因此苏姓人都以昆吾为先祖。苏姓人在后来的发展繁衍中形成了武功、扶风、蓝田、洛阳等多处郡望，屹立于我国百家大姓之林。

苏姓名人

战国时的纵横家苏秦，奉燕昭王之命入齐从事反间活动，曾任齐国丞相，主张六国合纵攻秦；纵横家苏代，协助苏秦推行合纵连横，成为苏秦的得力助手。

苏武

西汉名臣苏武，汉武帝时出使匈奴被扣，持节牧羊于北海，十九年持节不屈。

唐朝杰出军事家苏定方，戎马一生，击突厥，御吐蕃，拓西域，灭百济，讨高丽，是唐代战功最显赫的名将之一；苏姓宰相5人，即武周朝宰相苏良嗣、苏味道，睿宗朝宰相苏瑰，玄宗朝宰相苏颋，昭宗朝宰相苏检。

北宋文学家苏洵、苏辙、苏轼父子；诗人苏舜钦，与梅尧臣合称“苏梅”；天文学家苏颂。

近代著名作家苏曼殊，革新派文学团体南社重要成员；中国工人运动先驱和著名领袖苏兆征，中国共产党早期重要领导人之一。

苏洵　　苏轼　　苏辙

42.卢姓 

卢姓在宋版《百家姓》中排名第167位，现为我国以人口数排列的百家大姓第42位，人员分布于世界各地，是一个历史悠久的姓氏。

卢姓来源复杂，主流源于炎帝，发展于范阳。上古时期有庐国，其后裔以国为氏，称庐氏，后又演变简写为卢。春秋战国时期，齐桓公的后人中有人以卢蒲氏为姓，后来也简化为单姓卢。东汉光武帝时，有姓闾丘的人奉命改姓卢氏。北魏时，孝文帝入中原后，迁都洛阳，把鲜卑人中的莫芦氏、吐伏芦氏，也都改成了汉族单姓卢氏。还有在卢姓人聚居的范阳地区，生活着一些族小势弱的雷姓人，因雷与卢读音相近，雷姓人便冒姓卢氏，从此以后他们的子孙都以卢为姓。这些卢姓人发展到现在，已成为卢姓家庭的重要组成部分。

然而，以上只是卢姓来源的支流，卢姓人来源的主流出自炎帝之后代。西周初年，炎帝的裔孙吕尚被周武王姬发封于齐，史称齐太公，数传至齐文公时，文公生子高。公子高裔孙名傒，史称高傒，任齐国正卿时因迎立齐桓公有功，被赐邑于卢（今山东长清西南）。高傒的子孙以封地为氏，便为卢姓。至秦朝时，卢姓中有一博士卢敖定居涿郡（今河北涿州），到三国时期，涿县更名为范阳郡，卢敖的子孙在范阳发展繁衍成为独秀郡望，因此卢姓人以范阳为根基，称范阳卢氏。

卢姓图腾

卢姓名人

东西汉大臣卢绾，楚汉战争中相助刘邦，因功被封为燕王。

东汉人卢芳，曾被匈奴单于立为帝，降汉后被封为代王，是卢氏唯一称帝之人；东汉末年大臣卢植，刚毅有大节，反对董卓专权。

东晋农民起义领袖卢循。

唐代诗人卢照邻，“初唐四杰”之一；诗人卢纶，唐代宗“大历十才子”之一；诗人卢群、卢仝。

北宋末年水泊梁山起义领袖卢俊义，人送外号“玉麒麟”。

明代大将卢镗，是仅次于戚继光、俞大猷的抗倭名将；抗清名将卢象升。

近代皖系军阀卢永祥，段祺瑞当政后被任命为江苏宣抚使。

卢嘉锡，物理化学家、教育家，原中国科学院院长。

值得注意的是，卢姓虽然在我国历史上人口总数不占优势，但是官至宰相者就有20人之多，他们是汉高祖时卢绾，魏齐王时卢敏，晋武帝时卢钦，晋惠帝时卢志，后赵石鉴时卢湛，后魏世祖时卢鲁元，唐高宗时卢承庆，唐玄宗时卢怀慎，唐德宗的卢翰、卢迈、卢杞，唐宣宗的卢商，唐僖宗时卢携，唐昭宗时卢光启，五代后唐庄宗时卢程，后唐广帝时卢文汜，北宋太祖时卢多逊，南宋高宗时卢益，辽代圣宗时卢俊，元世祖时卢世荣。卢姓20位宰相，占自秦至清宰相总数（1551人）的1.3%。

43.蒋姓 

蒋姓在宋版《百家姓》中排第13位，现为我国以人口数排列的百家大姓第43位，人员遍布全国各地，历史也颇为悠久。

蒋姓源自姬姓，是黄帝的后裔。据《左传》《唐书·宰相世系表》《元和姓纂》等记载，周武王姬发灭商建周后，封周公姬旦的第三个儿子伯龄于蒋（今河南光山县以西，也有说在河南固始东北蒋集地区），建立蒋国。至春秋时期，因大国争霸，引发战乱，蒋国被楚国灭亡。蒋国被灭后，伯龄的子孙为纪念自己的国家，便以国为氏，是为蒋姓，世代相传至今，史称蒋氏正宗。

蒋姓图腾

先秦时期，蒋氏主要在河南区域内发展繁衍，形成了汝南、弋阳等郡望，后因战乱、官职迁调、黄河水灾等原因迁徙到外省，如山东邹平、西安、江苏宜兴、浙江奉化（溪口镇）等地区都发展成蒋氏郡望之地。

天下无二蒋，蒋姓来源比较纯正。蒋姓虽源于北，但盛于南，是我国比较典型的南方姓氏。蒋姓在我国历史上人才济济，若星汉灿烂。

蒋姓名人

西汉时期蒋晋，曾任交州刺史；蒋翊，兖州刺史。

东汉时期蒋横，因战功显赫被封为九江太尉；蒋颖，车骑大将军，青州刺史；蒋川，酒泉太守；蒋澄，婺州刺史，其长子蒋孟任冀州刺史，次子蒋直任南阳刺史，三子蒋休任丹阳刺史，四子蒋政任荆南刺史，五子蒋元任兖州刺史。

三国时期，曹魏谋士蒋干，是当时名士；孙吴名将蒋钦，被陈寿盛赞为“江表之虎臣”；蜀国大臣蒋琬，接替诸葛亮为丞相。

唐朝宰相蒋伸，宣宗和懿宗两朝宰相。

北宋徽宗朝宰相蒋之奇，长于理财，治漕运，以干练称；南宋初年宰相蒋芾，拒绝奸相秦桧拉拢，不予同流合污。

清朝蒋廷锡，曾任户部尚书、文华殿大学士；蒋攸铦，直隶总督，体仁阁大学士，充军机大臣，管理刑部；蒋溥，大学士蒋廷锡之子，官至湖南巡抚，东阁大学士兼领户部；蒋发，太极拳创始人。

蒋翊武，武昌起义总指挥；蒋梦麟，北京大学校长；蒋南翔，“一二·九”运动重要领导人，清华大学校长；蒋大为，当代男高音歌唱家。

蒋梦麟

44.蔡姓

蔡姓在宋版《百家姓》中位列第155位，现为我国以人口数排列的百家大姓第44位。蔡姓人员分布在全国各地、东南亚、欧美等许多国家和地区，是一个历史悠久的姓氏。

蔡姓相传源自姬姓，是黄帝裔孙周文王（姬昌）第五个儿子叔度的后裔。武王姬发继承父志举兵灭商建周后，把姬昌的第五子、自己的弟弟叔度封于蔡（今河南上蔡县西南），建立蔡国。叔度建立蔡国后，称蔡叔度，传承26世，至公元前447年春秋大国争霸时才被楚国灭掉，子孙以国为氏，便为蔡姓。

蔡姓图腾

据《史记·管蔡世家》记载，周武王封弟弟叔度于蔡时，蔡叔度还与其兄管叔鲜、其弟霍叔处肩负着一项重要使命，就是监管商朝旧室殷纣王之子武庚，史称“三监”。武庚被周武王任用，继续管理殷商遗民。周武王死后，太子成王姬诵继位，因成王年幼，由武王之弟周公旦摄政辅佐。管叔鲜、蔡叔度不服周公旦摄政，便散布流言说周公旦要窃取成王之位取而代之，并以反周公摄政之名串通殷商旧部和东方蛮族起兵造反。周公为保护成王，率军镇压了叛乱，杀掉了为首的管叔鲜和武庚等人，放逐蔡叔度。蔡叔度被驱后，其子胡因父亲的反叛行为而与其决裂，与人为善，遵守祖父文王德训，维护周朝统治，顺从成王，后又被成王封于蔡，继续管理蔡国大事。

蔡姓得姓于蔡国，发展于济阳，上蔡和济阳成为蔡姓的二大郡望，成为当今蔡姓人的统一标识。蔡姓族盛丁旺，现已屹立于我国百家大姓之林。

蔡姓名人

战国时期秦国宰相蔡泽，善辩多智，深谙道家“功成身退”思想，经秦孝文王、庄襄王、秦始皇四朝任职，乱世中保全自身。

东汉造纸术发明家蔡伦，总结以往造纸经验，革新造纸工艺，制成“蔡侯纸”，被列为中国古代“四大发明”；文学家蔡邕；女文学家蔡文姬，蔡邕之女，曾被南匈奴所掳，后重返中原，“文姬归汉”的故事至今广为流传。

蔡伦

蔡邕

北宋名臣蔡襄，诗文清妙，书法自成一体，为“宋四家”之一；奸相蔡京、蔡攸父子；蔡卞，蔡京胞弟，但为官廉洁，勤政爱民，政声卓著，美名传至辽国；南宋理学家蔡元定。

清代名臣蔡新，出仕50年，官至文华殿大学士，任《四库全书》总裁，劳苦功高，深为时人敬仰。

文姬归汉

近代著名政治家、军事家、民主革命家蔡锷，辛亥革命时期在云南领导推翻清朝统治的新军起义，参加护国军起义，反对袁世凯称帝；教育家、革命家蔡元培，曾任北京大学校长，革新北大，开“学术”与“自由”之风；无产阶级革命家蔡和森，中国共产党早期重要领导人；蔡廷锴，19路军上将总司令，“一二八事变”后奋起抗击日军，击破日军侵占上海的阴谋；蔡畅，无产阶级革命家、妇女解放运动领导人之一；蔡振华，曾任国家乒乓球队总教练。

45.贾姓 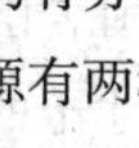

贾姓在宋版《百家姓》中排第137位，现为我国以人口数排列的百家大姓第45位，其成员在海内外均有分布，人口众多，历史悠久。

贾姓图腾

贾姓来源有两种传说。一支传说出自周朝姬姓，尊公明贾伯为始祖。另一支传说出自春秋时期，尊始祖贾季。这两支贾姓都源于黄帝的后裔，同出于封地贾国和贾地（今山西襄汾西南）而得姓。

源自周朝姬姓的贾姓来源：西周时期，

周康王姬钊把晋国开国君主、周武王胞弟唐叔虞的小儿子公明封于贾，建立贾国。公明受封建国后，为伯爵，史称贾伯，贾国在晋地为姬姓国。公元前678年，晋曲沃武公杀晋侯缗，占领全部晋地，成为晋国新君，同时吞并了贾国。贾国灭亡后，贾伯的子孙以国为氏，便为贾姓。

源自贾季得姓的贾姓：贾国武公立王后，晋公族狐偃之子狐射姑为晋国太师，后又把原贾国故地赐给他作为食邑，狐射姑名季他，史称贾他。贾他的后代以封地为姓，也为贾姓。

贾姓人基本上出自这二支脉源。贾姓在山西得姓后，不久在山西临汾、武威、武陵等地发展繁衍，形成三大郡望。贾姓族盛丁旺，名人辈出，现屹立于我国百家大姓之林。

贾姓名人

西汉初年著名政论家、文学家贾谊，代表作有《过秦论》《论积贮疏》《陈政事疏》《吊屈原赋》等，一生不得志，抑郁而亡，司马迁将他和屈原合传，后世将其与屈原并称为“屈贾”；著名水利专家贾让，因提出治理黄河的上、中、下三策而闻名。

贾谊

东汉开国功臣贾复，云台二十八将之一；著名经学家、天文学家贾逵，著作等身，学者宗之，时称“通儒”，是我国天文学上承上启下的关键人物，贡献巨大。

三国时期魏国名臣贾逵，曹魏政权中具有军政才干的人物，《唐会要》将其尊为“魏晋八君子”之一；魏国著名军事家、谋士贾诩，被誉为“奇谋百出，算无遗策”。

西晋开国功臣贾充，参加修订《晋律》；晋惠帝皇后贾南风，贾充之女，貌丑善妒，导致“八王之乱”的罪魁祸首。

东晋高僧慧远，俗姓贾，净土宗始祖，创建“阿弥陀佛”四字真经等，在中国哲学史和佛教史上影响深远。

唐朝中期宰相贾耽，著名政治家、地理学家，唐朝玄宗至宪宗六朝元老，继承并发展了科学制图方法，对后世影响深远；著名诗人贾岛。

北宋宰相、文学家贾昌朝；数学家贾宪，主要成就是“贾宪三角”“增乘开方法”；南宋宰相、权臣贾似道。

元朝工部尚书贾鲁，著名水利专家，多次领导治理黄河。

清代著名天算家贾步纬，中国引进西方计算器第一人。

著名旧石器考古学家、古人类学家贾兰坡；中共中央政治局原常委、全国政协原主席贾庆林；中国人民最高检察院原检察长贾春旺；当代著名作家贾平凹；电影导演贾樟柯。

46.丁姓 

丁姓在宋版《百家姓》中排第177位，现为我国以人口数排列的百家大姓第46位，其人员遍布全国，东南亚、欧美等国家和地区也有丁姓子孙。

据史书记载，商朝末年有位名人叫丁侯，也许是有记载的最早的丁姓人。但是，丁侯脉源从何而来，子孙繁衍如何，丁姓是否始于丁侯，这一系列问题目前均无据可循，尚待进一步研究。《姓氏寻源》引《太公金匮》中“武王伐纣，丁侯不朝”后说：“是丁姓商时已有。”但是，正如齐太公（姜尚）不姓齐一样，丁侯也未必姓丁。

丁姓图腾

丁姓来源比较繁杂，但最主要的来源是姜太公之子丁公吕伋之后裔。吕尚，姓姜字子牙，辅佐周武王灭商功高被封于齐国，称为齐太公。吕尚之子吕伋是周成王重臣，成王临终时，遗命吕伋辅佐康王。吕伋尽忠辅康王，年老去世，康王赐谥曰“丁”。其后裔子孙中有以其谥号为姓氏者，称丁氏，史称丁氏正宗。

丁姓除了源自丁公吕伋后裔之外，还有以下几支来源：

其一，由孙姓人孙匡改为丁姓。三国时吴国有位将军名叫孙匡，在吕范率军抵御曹军时，因过失造成军粮仓库失火，贻误了战机，孙权大怒，不许孙匡姓孙，从此孙匡因祸而改姓丁，其后代子孙也被迫因袭丁姓。

其二，由于姓人于庆改为丁姓。据《枫窗小牍》记载，北宋时有一无赖子于庆，想攀附当朝宰相丁谓，一位老儒指点他将于姓改为丁姓，好和宰相套近乎，于庆听计，果然达到了目的，此后于庆的后代也为丁姓。

其三，由少数民族姓氏译为丁姓。据明代杨士奇《东里文集》记载，明朝初年有位名叫丁鹤年的名人，本是西域回族人，祖父几代名字的最后一个字都为“丁”字，他入中原后便以汉族姓简译为丁姓，名鹤年，其后代都为丁姓。

丁姓名人

汉初功臣丁复，担任刘邦手下楼烦部队将领，被列为“十八元功”之一。

东汉孝子丁密，性清介，遭父母丧，守孝三年；孝子丁兰，少年丧母，用木刻母像，每日服侍如活人，“刻木事亲”为二十四孝故事之一；丁鸿，东汉名儒、大臣；丁恭，经学家，习公羊严氏春秋，时称大儒。

三国时期吴国名将丁奉，屡立功勋；孝子丁固，家贫而敬母至孝，官至

丁日昌

丁汝昌

司徒（三公之一），“丁固生松”典故流传后世。

北宋宰相丁谓，其修复京城的故事被尊为古代“运筹学”运用的典范；文字训诂学家丁度，官至端明殿学士；南宋丁大全，官至右丞相。

元末明初诗人丁鹤年，养生家，京城老字号“鹤年堂”创始人。

清代篆刻家丁敬，喜好金石文字，尤精刻印，开创了“浙派”，被誉为“西泠八家”之首；丁日昌，洋务运动风云人物，近代四大藏书家之一；丁汝昌，北洋海军提督，甲午战争时指挥北洋水师与日军展开大东沟海战。

现代著名女作家丁玲，代表作有长篇小说《太阳照在桑干河上》；著名漫画家丁聪；美籍华裔科学家丁肇中，诺贝尔物理学奖获得者，美国国家科学院院士。

47.魏姓

魏姓在宋版《百家姓》中排第30位，现为我国以人口数排列的百家大姓第47位，其人员遍布海内外，历史颇为悠久。

据说魏姓是黄帝的后裔，出自黄帝裔孙周文王姬昌第十五子毕公高之后，得姓于魏国国名。

周武王姬发举兵灭商建周后，把自己的弟弟毕公高分封至毕国（今陕西咸阳），从此毕公高的子孙都为毕姓。后来，毕国因后嗣无人而灭亡，转迁至周统治的其他地区。直至春秋时候，毕公高的后代迁至晋国的子孙中有一个名叫毕万的人，在晋国担任大夫。毕万在晋国灭霍、耿、魏三国时功勋卓著，于是晋献公将原是姬姓国的魏地（今山西芮城以北地区）赐给毕万为邑。公元前453年，毕万的后代魏斯与韩、赵两家共同灭掉智氏，继而瓜分晋国，自立诸侯，建立魏国。公元前225年，魏国被秦所灭，亡国后的魏国王族子孙以国为姓。毕万也被后人尊为魏姓的得姓始祖。

魏姓图腾

魏姓得姓后在发展繁衍中形成了钜鹿、任城等多处郡望，子孙昌盛，繁荣兴旺。

魏姓名人

春秋时期晋国大夫魏武子，以勇力闻世，与狐偃、赵衰等人合称晋国“五贤士”，追随公子重耳（即后来的晋文公）流亡在外，帮助重耳回国当上国君；子魏颗、魏绛，孙魏舒，均为名臣。

三国时期蜀汉名将魏延，深受刘备器重。

唐朝名相魏徵，犯颜直谏，辅佐唐太宗开创“贞观之治”，名列凌烟阁二十四功臣第四位。

魏徵

魏源

清初著名大臣魏象枢，为平定三藩之乱立下大功，在清初历史上占有重要地位；清代启蒙思想家、政治家、文学家魏源，与龚自珍齐名，时称“龚魏”。

当代著名散文作家、小说家魏巍，代表作有《谁是最可爱的人》。

48.薛姓 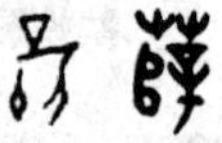

薛姓在宋版《百家姓》中排第68位，现为我国以人口数排列的百家大姓第48位。薛姓人员分布在全国各地，以及东南亚等国家和地区，是一个古老的姓氏。

薛姓图腾

起源一，源于任姓，出自黄帝幼子禹阳之后裔。据《元和姓纂》《通志》等记载，黄帝一生共有二十五子，以德得姓者共十四人，十二姓，其中幼子禹阳在颛顼帝时受封于任（今山东济宁任城），而为任侯。禹阳第十二世孙奚仲，由于精工巧思，发明车辆有功，受大禹重用，专门管理天下车辕之事，禹赐封奚仲以薛（今山东藤州）为邑，称薛侯。奚仲家人都以此为荣，一些人以薛为氏，表示纪念，是为薛氏之始。薛国历经夏、商、周三代，到战国末期势衰，变成一个村落。薛国人辗转迁徙，不忘先祖，以国名为姓氏，多称薛氏。

起源二，源于妫姓，出自舜帝裔孙齐国丞相田婴的封地薛，属于以居邑为氏。战国时期，齐国宰相田婴被齐威王封于薛（今山东滕州），也即故薛国之地，因此田婴也被称为薛公。田婴去世，由他的儿子、“战国四公子”之一田文袭封，仍以薛地为食邑。田文死，诸子争位，结果被齐、魏联手攻灭，后裔子孙分散各地，以故封邑命氏，改田氏为薛氏。

此外，还有源于汉代匈奴族、南北朝鲜卑族、唐朝突厥族、元代蒙古族等少数民族部族改姓薛姓的情况。

薛仁贵

薛姓在繁衍发展中形成了高平、沛国、新蔡、河东等地四大郡望，当今薛姓人大都由这四郡望迁出。

薛姓名人

唐朝是薛氏明星闪耀的时代，有大臣、书画家薛稷，其书法与欧阳询、虞世南、褚遂良并称“唐初四大家”；征东大元帅薛仁贵，其子薛讷（小说演义人物薛丁山之原型），皆一世名将；太平公主驸马大将军薛绍；宰相薛震（字元超），精擅文辞，大力引荐王勃、杨炯、崔融等文士，支持变革龙朔文风，引领初唐文学的发展。

五代至北宋初年大臣、史学家薛居正，曾主持编撰《旧五代史》，宋代昭勋阁二十四功臣之一；著名书法家薛绍彭，与米芾齐名，人称“米薛”；南宋金石学家薛尚功。

晚清著名外交家薛福成，洋务运动的主要领导者之一，资本主义工商业的发起者；刑部尚书、法学家薛允升。

当代中国杰出经济学家薛暮桥，中国经济学界泰斗，首届中国经济学奖获得者，被誉为“市场经济拓荒者”。

49.叶姓 

叶姓在宋版《百家姓》中排第257位，现为我国以人口数排列的百家大姓第49位，海内外都有叶姓人员分布。

叶姓出自楚王室贵族沈诸梁。春秋时期，楚国凭借国大兵强，一举吞并了周边诸多小国。楚昭王时，把自己的儿子沈诸梁封于叶（今河南叶县以南），建立叶国，史称叶公。叶公是一位勤政廉民、靖难救危、深得人心的国侯。此后不久，楚国发生了以白公胜为首的叛乱，叶公率叶国军民援助楚国，一举平定叛军，楚国得以巩固稳定，叶公的子孙也世代袭封叶国公爵之位，统治叶国多年。因此，叶国后人以邑为氏，沈诸梁则被尊为叶姓始祖，因其字号子高，后人也习惯称其为叶子高。

叶姓图腾

孔子是与叶公同时代的人，率众弟子周游列国时，曾多次拜访身为楚国重臣的叶公，希望通过叶公来推行自己的政治思想。《论语》中就详细记载了孔子拜访叶公的三则故事（对话）。第一则是孔子从蔡国初到叶邑，叶公问他怎样治理政事，孔子回答说：“使近处的人感到高兴愉快，让远处的人前来投奔。”（见《论语·子路》）第二则是叶公对孔子说：“我们家乡有

叶公

个坦白直爽的人，他父亲偷了别人的羊，他告发了他的父亲。”孔子回答说：“我们家乡坦白直爽的人与你们这个人不同。我们的做法是，父为子隐，子为父隐。这就是我们坦白直爽的表现。”（见《论语·子路》）第三则是叶公向孔子的学生子路打听孔子的为人，但是子路没有回答。子路见到孔子后，告诉了这件事，孔子可惜地说道：“你怎么不这么告诉他呢？你就说：我老师这人啊，发奋起来就忘了吃饭，高兴起来就忘了忧愁，连自己快要老了还不知道。你只需要这么说就行了。”（见《论语·述而》）。这三则故事（对话），第一则体现了孔子的政治理念，就是统治者要重视获得民心，因此是非常精辟的论述，当然引起了叶公的重视。不过，叶公毕竟是有实践经验的大臣，知道统治者不仅要重视民心，还要注意约束亲属以权谋私，于是有意拿第二则问话来测试孔子。当孔子回答说父子之间可以作伪证相互包庇时，显然令叶公大失所望，从而动摇了原本想举荐孔子在楚国做官的念头。但是，孔子的名声在当时太大了，虽然叶公不满意孔子“父子互隐”的答复，但还是想进一步考察孔子，于是专门去找子路，打听孔子的为人，因为知其师者莫过于弟子。令人遗憾的是，子路默不作答，使得叶公错失了进一步深入了解孔子的机会，也因此当孔子知道此事后，大失所望，就对子路说了一通应该怎么回答的话，语气中明显透露出对子路的不满，因为子路没有抓住难得的时机，失去了让叶公进一步了解自己的机会。

叶姓人得姓后，起初在河南中南部地区发展，后又相继南迁，分布到长江以南各地及沿海地区，形成众多郡望。

叶姓名人

唐朝道教天师叶法善，著名宗教领袖和政治活动家，对唐朝的政治、宗教、文化发展发挥了独特的作用与影响。

宋代名臣叶清臣；宰相叶颙、叶衡、叶梦鼎；文学家叶梦得；哲学家叶适。

明朝名臣叶琛；名儒叶兑；哲学家叶子奇；大臣叶茂才，与顾宪成、高攀龙等并称“东林八君子”。

清代著名医学家叶天士，四大温病学家之一；晚清时期两广总督叶名琛，第二次鸦片战争中被俘，在印度绝食而死。

近现代叶姓名人辈出，如著名武术家叶问，咏春拳宗师；作家、教育家叶圣陶；著名军事家叶挺，中国人民解放军创始人之一，新四军重要领导者之一；叶剑英，无产阶级革命家、政治家、军事家、战略家，中国人民解放军缔造者和领导人之一，中华人民共和国十大元帅之一；叶嘉莹，中国古典文学研究专家，加拿大皇家学会院士。

50.阎姓 

阎姓在宋版《百家姓》中排第327位，现为我国以人口数排列的百家大姓第50位。阎亦写作“闫”，其人员分布遍及中国及东南亚等国家和地区。

阎姓来源较为复杂，传说源出多支，史书也没有详细记载，但主要的一支出自姬姓，得姓于阎邑（今山西运城一带），这一支还是比较清楚的。

阎姓图腾

出自姬姓的阎姓，也是黄帝的后代，但姬姓之阎又有三种不同的起源。第一种起源来自吴太伯曾孙仲弈。商朝末期，周族首领古公亶父（又称太王）有三个儿子，长子太伯，次子仲雍，幼子季历。季历有子名昌（即后来的周文王），从小贤能聪颖，是栋梁之材，深得太王欢心，并说：“我世当有兴者，其在昌乎！”太伯为了让父亲的愿望得以实现，就携二弟仲雍逃往江南吴地，建立了一个国家，号勾吴。周武王灭商后，分封同姓诸侯，把仲雍之后封于吴，把太伯曾孙仲奕封于阎邑（今山西运城），从此仲奕的后代就以封邑为氏，仲奕成为阎姓的得姓始祖；武王分封仲奕，是为了奉祀太伯，所以这一支阎姓又奉太伯为始祖。第二种来

阎立本·职贡图

源，据《通志·氏族略》记载，周康王姬钊在位时，其子姬瑕（后来的周昭王）生下小儿子，这孩子生下来时手掌心就有一个“阎”字，因此被周康王封在阎城（今陕西省北部一带），他的子孙也姓阎。第三种说法，是说周武王姬发的儿子唐叔虞，被封到晋，建立了晋国。到晋成公时，封自己的儿子懿在阎邑（今山西省安邑），后被晋国所灭，他的子孙就有人用封邑作为自己的姓氏，因此也姓阎。这是姬姓之阎三种来源中最可靠的说法。

阎姓还有一支源自芈姓，属于以封邑名称为氏。春秋时期，楚国王族有支系熊伯玙，被封于阎邑（今湖北麻城），其后有大夫阎敖。楚国灭掉周边的权国之后，阎敖被封尹权，他的后世子孙中有人就以先祖的封邑为姓氏，称阎氏，世代相传至今，是为荆楚阎氏。

春秋初期，阎邑因弱小而在战乱被吞并，其子孙借居太原、洛河、黄河等地，后发展繁衍形成太原、天水、河南三大郡望，特别是太原郡望，成为阎姓人的主要标记，是阎姓人的繁衍发展基地，天水、河南郡望都是从太原迁徙而来。

阎姓名人

春秋时期楚国大夫阎敖。

西汉初期大臣阎泽赤，随刘邦起事，击项羽有功，封故市侯。

东汉安帝皇后阎姬，安帝驾崩后，其弟阎显废立太子，阎姬临朝听政；将军阎砻，随大将军窦宪北伐奴阎，取伊吾。

三国时期，蜀国巴郡太守阎竺。

唐代著名画家阎立本，代表作有《历代帝王》《步辇图》等，其兄阎立德也是知名画家。

宋代名臣阎承翰，曾凿渠引唐河水百余里，通航运输，灌溉农田，利国利民；医官阎文显；画家阎仲、阎次平；大将军阎日新，德州刺史阎守恭，右谏议大夫阎询。

清代著名学者阎若璩，参与编纂《大清一统志》；名臣阎敬铭，历任户部尚书、军机大臣等要职，因反对修建圆明园被革职，以善理财著称。

民国时期重要政治、军事人物阎锡山，晋系军阀首领。

51.余姓 

余姓在宋版《百家姓》中排第90位，现为我国以人口数排列的百家大姓第51位。余姓人员分布于海内外，是一个古老的姓氏。

余姓图腾

余姓一支源于姬姓后裔，出自春秋时期秦国名臣由余的名字。由余是周武王之子唐叔虞的后裔，据《史记·秦本纪》记载，由余先祖是晋国唐叔虞之后，因避乱逃到西北部的戎（古族名），由余长大后在戎做官。当时的戎族首领听说秦穆公有贤德，便派由余出使秦国，观察秦国情况。秦穆公与由余交谈后，发现由余是个难得的人才，便赠给戎王歌舞伎十六人，讨好戎王，目的是设计纳用由余。戎王得歌舞伎后，整天寻欢作乐，不理朝政，由余见秦穆公比戎王贤德大度，有帝王之胸怀，穆公又多次恳请他留下来辅佐秦国，于是由余降秦。留在秦国的由余受到了礼遇和重用，获得了施展才智的机会。秦穆公在由余的辅佐下，一举灭掉西戎12国，拓地千里，成为西方的盟主，遂霸西戎全境，由余也为秦国成为强大的国家做出了重大贡献。由余的后世子孙中，一些人为纪念自己的祖先，便以余为姓（也有部分姓由）。之后，余氏迁往河南和江南，形成了许多郡望。

余姓另一支源于姒姓，出自大禹的小儿子姒罕，属于帝王赐姓为氏。据《姓氏考略》记载："传夏禹之后有余氏。"禹生有三子，长子名启，继禹为天子，建立夏朝；次子名宰，被封为显；三子名空，又名罕，被封为余度王，其后世子孙便以封地为氏，称余氏。

余姓源流之三，是源于余丘国，属于以国名为氏。余丘国是春秋战国时期，位于齐鲁地区的一个小诸侯，因封地在余丘，故后世子孙称余丘氏，后来简化为余姓。

余姓名人

东晋成帝时期谏官余讽，著名将领余昭元，余讽之子。

唐朝名臣余懃，清正廉明，体恤民情，深受百姓敬仰。

北宋名臣余靖，庆历四谏官之一，被尊为八贤之一；权臣余深，曾两次封相，因谄附奸相蔡京而遭时人非议；南宋丞相余端礼；南宋理学大家朱熹的得意门生余元一；抗蒙名将余玠，构筑山城防御体系，与蒙古军三十六战，战果显著，为支撑南宋王朝半壁河山做出了杰出贡献。

明朝名臣余子俊，曾力筑延绥长城，巩固边防，被誉为“关中三巡抚”之一；余有丁，万历年间内阁首辅之一；余煌，天启年间状元，南明鲁王政权兵部尚书，后投海殉国。

清朝一代名臣余国柱，康熙年间官至武英殿大学士，吏部尚书；余正健，康熙朝名臣，为官清廉正直，深得康熙器重，雍正御赐“天下师表，和而不流”；晚清重臣余朝贵，四朝元老，与张之洞、曾国藩、李鸿章、左宗棠并列从一品衔汉人武官（正一品无汉人）；著名京剧大师余三胜，京剧创始人之一。

近现代余姓名人有著名演员余洪元，一代汉剧宗师，被尊为“汉剧大王”“汉剧泰斗”，史称“老生正宗”；余日章，基督教领袖，中国红十字会早期创始人之一；抗日将领余汉谋；著名诗人、作家余光中；开国中将余秋里，曾任国务院副总理。

当代作家余华，代表作有《活着》《许三观卖血记》等。

52.潘姓

潘姓在宋版《百家姓》中排第43位，现为我国以人口数排列的百家大姓第52位。潘姓人员遍布全国各地以及东南亚等国家和地区，是一个历史悠久的姓氏。

潘姓来源较为复杂，相传主要有三支。

潘姓图腾

一是出自姬姓，二是出自潘崇，三是少数民族改姓，这三支潘姓是当今潘姓的主要来源，现在潘姓人到底出自哪一支，应以其宗谱考证为准。

源自姬姓的潘姓，是周文王第十五子毕公高的后裔。周武王举兵灭商建周后，把弟毕公高封于毕（今陕西咸阳北），建立毕国。毕国当时人众地广，毕公高又让自己的儿子季孙采食于潘，后来季孙的子孙就以封邑为姓，便为潘姓。这是当今潘姓的主要脉源。

出自潘崇的潘姓：据史书记载，潘崇是春秋时期楚成王太子商臣的老师，成王去世后，潘崇支持商臣继承了王位，即楚穆王。楚穆王因感恩尊师，不但赐给潘崇无数钱财，封潘崇为太师，让他掌管国事，还把今河南固始县封给潘崇作为采邑，于是潘崇的后世子孙都为潘姓。

潘姓还有一支是北魏孝文帝迁都洛阳后，把鲜卑族破多罗氏改为汉族潘姓，此后其子孙也为潘姓。

潘姓得姓于以上三支来源，在历史的发展繁衍中已经融为一家，都为潘氏，只是细分脉源有所不同。之后，潘姓人发展成荥阳、河南两大郡望，潘姓人大都从这两大郡望迁徙各地，荥阳、河南也成为潘姓人的统一标记。

潘姓名人

春秋时期楚大夫潘党，有力善射，与养由基齐名。

三国时期吴国将领潘璋，作战勇猛，在合肥之战中追擒关羽，被赞为“江表之虎臣”。

西晋文学家、政治家潘安，被誉为“古代第一美男”，西晋文坛三大家之一，作品对后世影响很大，代表作《悼亡诗》历代被推为第一，是中国古代文学史名篇；潘尼，潘安之侄，文学上叔侄齐名，世称“两潘”。

北宋开国名将潘美，灭南汉、平南唐、征北汉、取太原，镇守北门，屡立奇功，明洪武朝从祀于帝王庙；名臣潘仝，孙潘任，从丞相文天祥起兵抗元，宋亡后绝食而终，明太祖颁谥“忠节”。

明朝水利学家潘季驯，主持治理黄河和运河，发明“束水冲沙法”，为治河事业做出了重大贡献。

明清之际思想家潘平格；潘亦隽，清初画家；清代大臣潘世恩。

左翼文化运动创始人和领导人潘汉年，在开展对敌隐蔽斗争方面做出了重要贡献；潘受，新加坡教育家，被新加坡政府宣布为国宝；潘天寿，著名画家、美术教育家；潘建伟，中国科学技术大学教授，中国科学院院士；潘长江，喜剧表演艺术家，国家一级演员。

53.杜姓 

杜姓在宋版《百家姓》中排第118位，现为我国以人口数排列的百家大姓第53位，其人员遍布全国，在东南亚等国家和地区也有分布。

杜姓来源：相传黄帝时期，有一人名叫杜康，是黄帝的宰人（掌管膳食的官），有酿酒绝技，深受黄帝和众官的喜爱，后世有“何以解忧，唯有杜康”之说。杜康是我国历史上最早出现的杜姓人，但因年代久远，杜康后代的情况没有史书记载，无法考证。

杜姓图腾

据《新唐书·宰相世系》记载，杜姓出自祁姓，是远古陶唐氏部落首领刘累的后代。刘累的祖先是三皇五帝之一的唐尧，帝舜时，尧的儿子丹朱被封在唐（今山西翼城西），丹朱的子孙在夏、商时期都为诸侯。周武王灭商建周后，唐国发生内乱被灭，周成王将唐分封给弟弟叔虞（后称唐叔虞），原来的唐国王被迁封于杜（今陕西西安东南），史称唐杜氏。至周宣王时，唐杜国国君桓在周朝任大夫，人称杜伯，后因朝臣内部斗争诬陷被冤杀。杜伯子孙大部分留居原地，少部分逃奔他乡，其子孙都为杜姓。

杜姓人在历史的发展繁衍中形成了京兆、南阳、汉阳三大郡望，继而迁徙各地。

杜姓名人

西汉御史中丞杜周，执法严峻，奏事称旨，得到汉武帝赏识；杜延年，杜周少子，通晓法律，善处政务，深得汉宣帝信任，麒麟阁十一功臣之一。

东汉经学家杜子春，从经学家刘歆学《周礼》，东汉儒者郑众、贾逵并从受业；水利学家、发明家杜诗，创造水排（水力鼓风机），主持修治陂池，有“杜母”之称；杜林，博学多闻，被誉为通儒，后世推崇为“小学之宗”；名臣杜密，惩治为恶的宦官子弟，被太学生称为“天下良辅”。

魏晋时期著名政治家、军事家杜预，晋灭吴之战统帅之一，明朝之前唯一一个同时进入文庙和武庙之人。

隋末农民起义领袖杜伏威，投降唐朝后，在秦王李世民帐下屡立战功；太宗朝著名宰相杜如晦，与房玄龄并称“房谋杜断”；宰相杜正伦、杜景俭、杜黄裳、杜元颖、杜悰；“诗圣”杜甫，伟大的现实主义诗人，与李白合称“李杜”；诗人杜牧，人称“小杜”，又与李商隐并称“小李杜”；史学家杜佑，撰《通典》。

杜甫

杜牧

清朝嘉庆时期礼部左侍郎杜堮，任翰林院编修；子杜受田，咸丰皇帝之师；孙杜翰，咸丰顾命八大臣之一。时称杜家“一门七进士”“父子五翰林”；云南回族起义领袖杜文秀；武术家杜心五，自然门第二代掌门人。

日本侵华期间筹集捐款支援前方抗战；马克思主义哲学家、历史学家杜国庠；抗日将领杜聿明；作家杜鹏程；奥运冠军杜丽。

54.戴姓 

戴姓在宋版《百家姓》中排第116位，现为我国以人口数排列的百家大姓第54位。

戴姓来源传说出自两个方面，一是以谥号为姓氏，二是以国名为姓氏。

以谥号为姓氏的戴姓，出自子姓，远祖源于商朝的建立者商汤。商朝末年，周武王姬发举兵灭商建立周朝后，把商朝旧臣中许多拥护周朝的人委以重任，其中商纣王的哥哥微子启被封于宋地（今河南商丘），建立宋国，后世传承到11代，国君谥号为“戴”，史称宋戴公。据史载，宋戴公把宋国治理得国强民富，因而深受百姓爱戴。宋戴公死后，长子司空继位，史称宋武公。其后世子孙为表明自己的血统，便以宋戴公的谥号为姓，即戴姓。

戴姓图腾

二是以国号为氏的戴姓。在西周分封的诸侯国中，有一个戴国（今河南民权县），国君姓姬，与周王室姬姓同宗。春秋时期，戴国国小民弱，与较为强大的宋国相邻，后被宋国所灭。亡国后的姬姓戴国贵族为纪念故国，便以国名为姓，改为戴姓。

戴姓初起主要在河南商丘、民权，发展后向安徽亳州、江苏广陵（今江苏扬州）、山东济会等地扩迁，形成了安徽亳州、扬州广陵、山东济会、山东清河等郡望。

戴姓名人

西汉时期著名礼学家戴氏叔侄：“大戴”戴德，后仓弟子，今文礼学“大戴学”的开创者，代表作《大戴礼记》；“小戴”戴圣，与叔父戴德曾跟随后苍学《礼》，著有《礼记》（即《小戴礼记》）。由于二人在礼学上

戴圣

戴震

的重大贡献，被后世尊为儒宗。

东晋学者戴逵，反对佛教因果报应说，著有《释疑论》。

南朝宋大臣戴法兴，好学能文，颇通古今，为孝武帝所重。

唐初贞观朝宰相戴胄，忠正耿直，深得太宗赏识；戴至德，戴胄之侄，官至宰相；诗人戴叔伦；画家戴嵩，写山泽水牛尤为著名，与韩滉画马齐名，世称“韩马戴牛”。

南宋著名江湖诗派诗人戴复古，曾从陆游学诗，作品抒发爱国思想，反映人民疾苦，具有现实意义；宋末元初文学家戴表元，文章高雅，时称“东南文章，首推表元”，被称为“东南文章大家”。

清代火器制造家戴梓，曾制造“连珠火铳”和“子母炮”；史学家戴名世，曾任翰林院编修，刊行《南山集》，触怒清廷被杀，为清朝四大文字狱之一；思想家戴震，对经学、语言学有重大贡献，一代考据大师；文学家戴第元，与弟均元、长子心亨、次子衢亨相继入翰林，时称“西江四戴”，时人谓“一门四进士，叔侄两宰相”；数学家戴煦。

近现代戴姓名人有戴季陶，曾任黄埔军校政治部主任等职；戴笠，长期从事特务与间谍工作；戴安澜，抗日名将，1942年入缅对日作战，以伤亡八百勇士的代价，歼敌五千多，书写了中国抗战史上光辉的一页；戴望舒，现代派诗歌代表人物；戴逸，历史学家，清史总编纂；戴相龙，中国人民银行原行长；戴玉强，著名男高音歌唱家。

55.夏姓 

夏姓在宋版《百家姓》中排第154位，现为我国以人口数排列的百家大姓第55位，其人员遍及全国和东南亚等地区。

夏姓来源主要有两支，一支以国为姓，另一支是陈宣公的裔孙征舒以祖父之子为姓，亦为夏氏。

以国为姓的夏氏是夏姓的主要支源，这支夏氏与夏朝有关。据《史记·夏本纪》记载，夏朝的创立者为治水名师大禹，大禹则是黄帝的后代。帝尧时，中原地区洪水泛滥成灾，民众忧苦，帝尧听从四岳献策，命鲧治水。鲧采用堵塞的办法治了9年，大洪一来，堤坝冲垮，下游受害更严。舜继尧帝位后，起用鲧的儿子禹治水，禹吸取其父鲧的失败教训，变堵改疏，居外13年，历尽艰苦，三过家门而不入，终于平息了水患。大禹治水，为社会生产和人们安居创造了有利条件，深得舜帝信任和人们爱戴，后被推举为部落联盟首领，继舜即位为天子。禹去世时，他的儿子启继位，建立夏朝。夏朝是我国历史上最早建立的国家，也是中华大地上第一个奴隶制国家，结束了混乱的原始社会，“家天下”的历史由此而生。

夏姓图腾

大禹

夏朝的年代从公元前21世纪到公元前16世纪左右，传袭13世，共有16位君王。夏朝初期建都阳城（今河南登封东），几经迁都，最后建都安邑（今山西夏县西北）。到夏朝最后一位君主桀统治时，非常昏庸残暴，据《竹书纪年》记载，桀“筑倾宫、饰瑶台、作琼室、立玉门”，还从各地搜寻美女藏于后宫，日夜与宠姬妹喜及宫女饮酒作乐，完全不理朝政。据说夏桀为了讨得妹喜欢喜，把酒池修造得很大，甚至可以航船，醉而溺死之事常有发生。对于大臣的劝谏，桀不但不听，还下令杀死忠臣关龙逢。夏桀日益失去人心，最后众叛亲离，商族部落首领汤联合其他部落，与夏军在鸣条（今山西夏县西）进行决战，夏桀兵败被俘，夏朝灭亡。此后，夏朝子孙以国为姓，即为夏氏。

征舒亦为夏姓的来源。《史记·陈杞世家》记载，夏被商灭，周又灭商，周武王寻找到帝舜的后裔妫蒲后，封妫蒲在今河南淮阳，建立陈国，传至第16位君主陈宣公。陈宣公有子名少西，字子夏，子夏有子名御叔，为陈国大夫。御叔娶郑穆公之女为妻，生征舒，亦为陈大夫。征舒射杀陈灵公，自立为陈侯，并以祖父字为氏，即夏氏，其子孙后世从此改为夏姓。

夏姓产生虽早，但发展较慢，不过仍然是我国百家大姓之一。

夏姓名人

周代有夏黄公，是著名高逸之士，曾在商山避难，被后人誉为周代“四皓”之一。

战国时期卫国勇士夏育，据说能力举千钧，生拔牛尾而名震遐迩。

秦王嬴政侍医夏无且，在荆轲谋刺秦王时，曾“以其所奉药囊提轲”，也就是用他所捧的药袋朝荆轲掷去，阻挠了荆轲刺秦王的计划，而被载入《史记·刺客列传》。

东汉大臣夏勤，以才干见称；经学家夏恭，光武帝时最负盛名的易学教授，教授生徒达百余人，桃李满天下。

北宋大臣、文学家夏竦，官至参知政事（副宰相），主持对西夏战事；节度使夏执中，以贤扬名；南宋文学家夏元鼎；著名画家夏圭。

明代名臣夏原吉，为永乐、洪熙、宣德三朝户部尚书；著名画家夏昶；内阁首辅（宰相）夏言，政治家，明朝二十四臣之一，正直敢言，人莫能屈；抗清英雄夏允彝、夏完淳父子，夏允彝兵败投水殉节，夏完淳抗清被俘不屈而死，年仅十七。

无产阶级革命家夏明翰，在湖南积极参加组织秋收起义，被敌人杀害；现代考古学家夏鼐，曾主持并参加河南辉县商代遗址、北京明定陵、长沙马王堆汉墓的挖掘工作，中国现代考古学奠基人之一，中国科学院院士；文学家夏衍；京剧演员、戏剧活动家夏月润；《辞海》《大辞海》主编夏征农。

56.钟姓 

钟姓在宋版《百家姓》中排名第149位，现为我国以人口数排列的百家大姓第56位，其成员遍布海内外。

钟姓图腾

钟姓源于商王朝商汤之后。西周初年，周武王灭商建周后，分封了拥护姬周王朝的商朝贵族大臣，其中商汤裔孙微子启被封于宋（今河南商丘南），建立宋国，传至宋桓公时，有子名敖，任职于晋国。后来，敖孙伯宗任晋国大夫，因忠直敢谏，得罪了晋国执政者却氏。却氏不但听不进伯宗的忠言，反而将其杀害。伯宗之子洲犁出逃楚国，受到楚国重用，后官至太宰，食采于钟离（今安徽凤阳东北），其后世子孙就以地名钟离为姓。到秦朝末年，洲犁高孙钟离昧随项羽起兵反秦，项羽失败后，身为项羽名将的钟离昧遭汉王刘邦追杀，无处藏身，自刎身亡，其子钟离接为避父难，隐居颍川长社（今河南长葛），改姓钟氏，史称钟接。钟接也是当今大多数钟姓人尊奉的

伯牙鼓琴图

始祖。

另有一支钟姓源于嬴姓的伯益。伯益本负责驯养鸟兽，在大禹治水时因辅佐治水有功，受封于嬴姓14个部落中的钟部落，这一部落的人后来也都以钟为姓。

钟姓名人

春秋时期楚国人钟子期，精音律。相传伯牙鼓琴，他能分辨出高山流水之意，被伯牙引为知音，他死后，伯牙在墓前弹了一次琴，此后不复鼓琴。

战国时期齐国人钟离春，相传奇丑无比，40岁还没嫁人，于是去见齐宣王，陈述国家危难，并提出解决之道，被齐宣王采纳并立为王后，她也成为中国历史上第一个以才取胜的王后。

钟繇

三国时期魏国大臣、书法家钟繇，与晋代王羲之并称“钟王”；子钟会，熟知兵法，屡出奇谋，时人比之为张良，在魏灭蜀之战中配合邓艾分兵进取，最终灭亡蜀汉。

唐睿宗宰相、书法家钟绍京。

南宋农民起义首领钟相，提出“等贵贱，均贫富”的思想，后被岳飞率领岳家军平定。

明代著名学者、政治家钟芳，是一位当过文官、武官、法官、学官和财官的著名人物，“上继文庄（丘濬），下启忠介（海瑞）”，被尊为“岭南巨儒”。

57.汪姓 

汪姓在宋版《百家姓》中排第104位，现为我国以人口数排列的百家大姓第57位，人员遍布世界各地，是一个古老而悠久的姓氏。

汪姓来源有三：一支出自远古部落汪芒氏，一支出自鲁国公族汪地，还有一支出自六兄弟排位汪氏。

其一，出自汪芒氏的汪姓起源。相传，远古时有一个巨人部落汪芒氏，

汪姓图腾

其首领叫防风氏，身高超三丈。大禹时，防风氏受命守封、禺两山（今浙江武康东南）。有一次，大禹巡视东南沿海地区，在当地召集诸侯，防风氏因得到通知较晚而未能按时前往。有人从中挑拨，说这是防风氏不忠的表现，大禹听了此言，误杀防风氏。汪芒氏得知防风氏被杀害后，担心大禹诛杀族人，便西迁至浙江湖州一带的山里，仍称汪芒氏。春秋时，汪芒氏的驻地为越国管辖；越国灭亡后，汪芒氏再次西迁到今安徽南部歙县地区，经族人商议把汪芒氏改为汪氏，从此汪芒氏子孙便以汪为姓，这支以汪芒氏改姓而来的汪氏，是当今汪姓的正宗主流脉源。

其二，出自汪地的汪姓起源。汪地的汪姓子孙系鲁国公族之后，尊奉黄帝为远祖，近祖则是鲁国开国君主周公之子伯禽。西周初年，周公旦受封于鲁，成为鲁国开国君主，传位其子伯禽，后传19代至鲁成公，赐庶子满食邑于汪地（今山东西南一带）。从此，在汪地繁衍的鲁国贵族便以汪地的地名为姓，改为汪氏。

其三，出自排位汪氏起源。宋朝初年，福建泉州有位叫翁乾度的人，生有六个儿子，分别以洪、江、翁、方、龚、汪等六姓命氏，把一姓分为六姓，第六子本是翁处休，因分到汪姓，故又称汪处休。这兄弟六人才学过人，闻名乡里，同中进士，时称“六桂联芳”。后来，第六子汪处休的子孙以汪为姓，称本家汪姓堂号为“六桂堂”。

汪姓名人

唐代诗人汪伦，著名诗人李白好友。

南宋初年宰相汪伯彦，著名奸臣，奸相秦桧的老师，主和派重要人物。

元代航海家汪大渊，曾到达非洲，被誉为“东方的马可·波罗”。

明朝初年宰相汪广洋，通经能文，朱元璋赞其“处理机要，屡献忠谋”，将他比作张良、诸葛亮。

清代著名书画家汪士慎，与郑燮（郑板桥）并称“扬州八怪”；军机大臣汪由敦，敏捷干练，善于书法；汪大燮，曾任北洋政府国务总理。

汪伦送李白图

诗人汪国真；作家汪曾祺，京派作家代表人物。

58.田姓

田姓在宋版《百家姓》中排第156位，现为我国以人口数排列的百家大姓第58位。

田姓是从陈姓分改而来。田姓人原本姓陈，远祖系陈胡公的后裔。西周初年，虞舜的裔孙胡公满被封于陈（今河南淮阳），建立陈国，为公爵，史称胡公满或陈公满，其子孙以封地为姓，即陈氏。数传至陈桓公，陈国发生内乱，陈桓公因乱被杀，其弟陈佗被推举为国君，史称陈厉公。不久，陈桓公之子陈林和陈杵臼联合起兵造反，杀死陈厉公，陈厉公之子陈完（字敬仲）自陈国出逃，投奔齐国。此时的齐国君主正

田姓图腾

是“春秋五霸”之首的齐桓公，他知道陈完是能臣，就接受了他，并准备重用他为上卿。陈完坚辞不受，只求担任工正（管理工匠的官），齐桓公见陈完谦虚诚实，便把一块形似“田”字的土地赐给他作为食邑。由于当地方言“陈”“田”二字近音难分，陈完也入乡随俗，把自己的陈姓改成田姓，从此陈完也被称为田完，其子孙后代都为田氏。传至7世后，田氏在齐国发展成一支强大的势力，田常任宰相，左右着齐国的朝政。至田和被封为诸侯，不甘居人臣之位的田和放逐了齐康公，自立为君，建立田姓齐国。从此以后，田姓齐国逐渐发展成为战国时期的东方霸主，直到公元前221年被秦国灭掉。亡国以后的齐国王公贵族为了纪念自己的国家，有更多的人改为田姓。因为虞舜是黄帝的后裔，所以此支田姓出自黄帝。

田姓还有源于官位，出自西周时期官吏田仆，属于以官职称谓为氏。周武王灭殷商之后，周天子所行之路不再和士卿大夫、平民百姓所行之路相同，而是改成专用木板铺设的道路，称“田路”，为此周朝设置了田仆一职，负责管理君王所行之道路，也就是负责建造和管理田路的大夫。在当时，田仆是很重要的官职。在田仆的后裔子孙中，有以先祖官职称谓为姓氏者，即田仆氏，后简化为单姓田氏。

西周召公辅政时期，还设有田正，亦称田畯、稷、田官，专职管理农耕田地，相当于今天的农业部部长，由王族贵胄担任。东周时期，各诸侯大国也都设有类似的官职。在这些官吏的后裔子孙中，有以先祖官职称谓为姓氏者，后逐渐简化为单姓田氏。

田姓还有源于地名的支脉。如春秋时期鲁国之邑许田，是周公旦规定用来进行祭祀、朝拜周王之时，各诸侯国君和百官用来住宿、举行重大典礼之地，历代均设有专门官吏进行管理。这些官吏的后世子孙中，有以先祖职责为姓氏者，称许田氏，后逐渐简化为单姓田氏。

此外，春秋时期诸侯虢国之邑桑田，在当时以盛产桑蚕和丝纺织业发达而著称，后来虢国被晋国灭亡，原居于桑田的故民有以居邑地为姓氏者，称桑田氏，后简化为单姓田氏。

春秋时期，晋国曾立都于新田（今山西侯马西北城）。在新田居住的晋人，有以居邑名称为姓氏者，称新田氏，后简化为单姓田氏。

田姓在历史发展繁衍中，逐渐形成了北平、雁门等著名郡望。

田姓名人

春秋末期齐国人田穰苴（又称司马穰苴），田完后代，继姜尚之后承上启下的著名军事家，唐肃宗时将历史上十位武功卓著的名将供奉于武成王庙，称“武庙十哲”，宋徽宗时尊祀武庙七十二将，均名列其中。

战国时齐国名将田单，用火牛阵大败燕将乐毅，使齐复国；田文，齐国名臣，号孟尝君，“战国四公子”之一；思想家田骈，治学黄老，讲学稷下，与慎到齐名；齐国大臣田忌，在与齐王赛马中以“下对上、上对中、中对下”的完美战术胜齐王。

西汉初宰相田蚡，汉景帝王皇后同母弟，曾官拜太尉，两登相位；著名学者田何，今文易学的开创者，专治《周易》。

东汉末年田丰，袁绍帐下谋臣，权略多奇，很有战略眼光，可惜袁绍不予采信，最后遭到官渡惨败。

唐朝时期割据军阀田承嗣，魏博节度使；田弘正，田承嗣侄，精通兵法。

明代廉吏田应扬，存心爱民，自奉俭约，时称“廉吏第一”。

话剧作家、戏曲作家田汉，中国现代戏剧的奠基人；评书表演艺术家田连元。

59.任姓 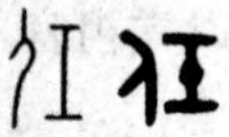

任姓在宋版《百家姓》中排第58位，现为我国以人口数排列的百家大姓第59位。

任姓是我国历史上最早产生姓氏时即形成的姓氏，可直溯到与黄帝的关系。《国语·晋语》中胥臣解释说：“黄帝之子二十五宗，其得姓者十四人，为十二姓，姬、酉、祁、己、滕、箴、任、荀、僖、姞、儇、衣是也。”根据这一记载可知，相传黄帝生有25个儿子，得姓者14人，共12姓，其中最小的儿子名禺阳，被封于任国（今山东济宁）。传说任国民风淳朴，夜不闭户，路不拾遗，朝中无官无吏，百姓无兵无征，无税无赋，民无贫富贵贱之分，因此任国的子民都愿生生世世为任国人，是远古时代的大同世界，其国民和子孙也都以任为氏。这是任姓人最早、最正宗、人员最多的一支脉源。

任姓图腾

任姓发展到西周初年时，已经是一个势力庞大的姓氏。《左传》隐公十一年疏记载："任姓，谢、章、薛、舒、吕、祝、终、泉、毕、过，言此十国皆任姓也。"也就是说，在西周初期，谢氏、章氏、薛氏、舒氏、吕氏、祝氏、终氏、泉氏、毕氏、过氏这十个姓氏，都是任氏后裔的封国，都是从任氏分支发展而来。《左传》另有记载称，当时的诸侯均"不敢与诸任齿"，这里所谓的"诸任"，指的就是从任姓发展而来的这十个姓氏，他们是周朝的贵族大姓，权高位重，因此诸侯不敢与其争辩，可见当时任氏及其各族地位多么显赫。

历史上还出现过其他关于任姓来源的说法，比如任姓从古老的"妊"字衍化成为任姓；也有说任姓出自风姓，是伏羲的后裔；还有源自南方少数民族的任姓。但这些只是任姓的非主流支脉。

任姓尽管得姓最早，但是在历史发展中衰落不显，不像王、李、张、刘、陈等五大姓氏那样迅速扩展，但它仍屹立于百家大姓之林，是一个族兴丁旺、名人辈出的姓。

任姓名人

春秋时期楚国人任不齐，孔子七十二贤弟子之一，著有《任子遗书》。

战国时期秦国人任鄙，秦武王时著名大力士，官至汉中郡守。

秦朝将领任嚣，率军统一岭南，首任南海郡尉，并节制岭南南海、象郡、桂林三郡，故称"东南一尉"。

汉初御史大夫任敖，与汉高祖刘邦交好，在楚汉之争中任上党守备，守城有功，封广阿侯。

东汉名将任光，辅助刘秀光武中兴，云台二十八将之一；著名隐士任棠，拒官不做，终生以教师为业。据说有一次太守造访，本想劝他走出学堂，入仕为官，他不但不做官，还以清水青草相见，示意为官者"清淡如水"，除暴时"斩草断根"才能安民心，国泰康，太守领悟其意后急忙躬身拜谢，这就是历史上有名的任棠拒官、教官的一段佳话；著名将领任尚，屡立战功，后接替班超继任西域都护。

三国时期魏国名将任峻，曾任典农中郎将，主持许下屯田，保证了魏军的军粮供应。

南朝著名文学家任昉，仕宋、齐、梁三朝，有德政。

唐代高宗朝宰相任雅相，以军功升任宰相。

明代著名抗倭将领任环，嘉靖时率部大破倭寇，著有《山海漫谈》。

清代经学家任大椿，《四库全书》纂修官；清末捻军将领任化邦。

现代无产阶级革命家任弼时；航天技术与液体火箭发动机技术专家任新民，中国导弹与航天技术的重要开拓者之一，“两弹一星”元勋之一，“中国航天四老”之一；著名哲学家、佛学家任继愈，原国家图书馆馆长；华为公司创始人任正非。

60.姜姓 

姜姓在宋版《百家姓》中排第32位，现为我国以人口数排列的百家大姓第60位。

姜姓始于炎帝，是我国最古老的姓氏之一。相传，我国远古时期有个少典氏部落，首领叫少典，生有二子，长子为炎帝，次子为黄帝。他们长大后分居两地，炎帝居住在关中地区渭水河旁的姜水流域（今陕西岐山西南），以水命姓为姜。炎帝裔孙伯夷，因辅佐大禹治水有功，被封于吕（今河南南阳地区），建立吕国，又被大禹赐以祖姓姜氏，以接续炎帝香火。传说中的炎帝号烈山氏（也作厉山氏），即神农氏，史传神农炎帝者即姜氏，也就是说姜姓源于神农炎帝之后裔。

姜姓图腾

姜姓得姓之后发展不显，但也仍屹立于我国百家大姓之林，名人辈出。《封神演义》中在渭水边用直钩钓鱼、辅佐周文王姬昌、武王姬发父子灭掉殷商、建立周政权的姜子牙，也称姜太公（姜尚），正是姜姓历史上最有名的人物。

姜姓名人

西周初期名臣姜尚（字子牙，人称姜太公）。根据《封神演义》的描述，传说周文王姬昌受仙人指点，到渭水请一位老钓翁辅佐，一定能灭商立国。于是文王来到渭水边，发现一位白发老翁正用直钩离水三尺钓鱼，就好奇地问："这等钓法，如何能钓到鱼？"但是老翁却回答说："太翁钓鱼，愿者上钩。"文王便请他辅佐自己，后又辅佐武王，完成了灭商建周伟业，姜子牙也被武王封于齐地，实现了建功立业的愿望。因此，姜子牙直钩钓鱼，钓出的可谓是一条"王侯大鱼"。

春秋五霸之首齐桓公（名姜小白），在名相管仲辅佐下成为一代霸主。

东汉经学家姜肱，博通《五经》，从学者三千多人；有二弟，名声相次，朝廷屡次征聘，姜氏兄弟均不应；孝子姜诗，侍母至孝，"涌泉跃鲤"的"二十四孝"典故流传至今。

三国时蜀汉名将姜维，降蜀后得到诸葛亮重用，诸葛亮去世后，独掌军权，继续北伐事业。

唐高宗时宰相姜恪，唐德宗时宰相姜公辅。

南宋著名词人、音乐家姜夔，是继苏轼之后的又一位艺术全才；抗元名将姜才。

名相管仲

清代书画家姜彭；文学家姜宸英，参与纂修《明史》，被誉为"江南三布衣"之一；画家姜思周，擅长牡丹；乾隆朝大臣姜炳璋，多善政，被百姓誉为"慈父母"。

皖西北红军和革命根据地创建人之一姜镜堂；现代国学大师姜亮夫，著名楚辞学、敦煌学、语言音韵学、历史文献学家，教育家；数学教育家姜立夫，南开大学数学系创始人；数学家、拓扑学家姜伯驹；相声表演艺术家姜昆，国家特一级演员。

孝子姜诗与涌泉跃鲤的故事

61.范姓

范姓在宋版《百家姓》中排第46位，现为我国以人口数排列的百家大姓第61位，是一个历史悠久的姓氏。

范姓远祖为帝尧裔孙刘累的后代，商代时与杜姓同源，称为唐杜氏，主要发展在陕西西安东南部地区，建立杜国。周宣王时，杜国国君杜伯被召入朝为大夫，因朝中斗争复杂，杜伯受人诬陷，被周宣王无罪误杀。杜伯之子隰叔为避宣王追杀，逃至晋国，受到重用，担任士师之职。其孙士会，字季，春秋时为晋国大夫，辅佐晋文公、襄公、成公、景公，深得信任，于景公七年（公元前593年）率师攻灭晋国邻近四邦，升为中军元帅，兼任太傅，执掌国政，修订法制。士会受赐食邑在随（今山西介休），后又受赐范地（今河南范县），其子孙便以封邑为氏。

范姓图腾

范姓得姓后发展较快，迅速迁徙至全国各地。

范姓名人

春秋末期越国大夫范蠡，著名政治家、军事家、谋略家、经济学家，曾辅助越王勾践灭吴复国，功成身退，归隐经商，三成巨富而三散家财，被后世尊为财神。

战国末期秦国宰相范雎，政治家、军事谋略家，曾向秦王提出“远交近攻”的策略。

秦末谋略家范增，西楚霸王项羽的首席谋臣，被尊为亚父。

东汉经学家范升，易经博士；宰相范迁，以智略安边，使匈奴不敢入境，为官清廉，被后世奉为清正廉洁的典范；汉末名士范滂，人称“八顾”之一，主张抑制豪强，反对宦官专权。

南朝宋史学家范晔，博涉经史，善为文章，著有《后汉书》；范缜，南朝思想家、哲学家，无神论者，著有《神灭论》；范云，范缜从弟，文学家，与萧衍、沈约、谢朓等人并称“竟陵八友”。

唐朝宰相范履冰，北门学士之一；名将范希朝，长期镇守边疆，被比作西汉名将赵充国。

北宋政治家范仲淹，以参知政事（副宰相）之职主持庆历新政，代表作《岳阳楼记》中“先天下之忧而忧，后天下之乐而乐”被誉为千古名句；范

范蠡

范仲淹

纯仁，范仲淹次子，自布衣至宰相，廉俭如一，重忠恕；范祖禹，史学家、文学家，协助司马光编修《资治通鉴》，后世学者尊为“唐鉴公”。

南宋理学家范浚，被朱熹尊称为范子，影响久远，被称为“婺学之开宗，浙学之托始”；范成大，著名大臣，“田园诗派”的集大成者，“中兴四大诗人”之一；范天顺，抗元将领，自缢殉国。

清朝开国宰辅范文程，杰出政治家、谋略家，有“清初第一文臣”之称；子孙范承谟、范承勋、范时绎等人，分任总督、尚书、侍郎等要职。

当代著名史学家范文澜，主编《中国通史简编》等；范旭东，中国重化学工业奠基人，被称作“中国民族化学工业之父”；海灯法师（俗名范无病），有二指禅等绝技，以武功名世；范长江，著名新闻记者、新闻学家。

62.方姓 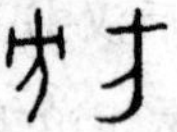

方姓在宋版《百家姓》中排第56位，现为我国按人口数排列的百家大姓第62位。

方姓起源有三种传说，最古老的方姓得姓传说与神农氏炎帝有关。相传炎帝神农氏的八世孙榆罔的长子名雷，帮助黄帝打败蚩尤族有功，被封于方山（今河南禹州西北）。雷受封于方山后，称方雷氏，后世子孙以地为氏，分为雷姓和方姓。

方姓图腾

二是源于姬姓，出自西周后期周宣王时大夫姬方叔。姬褱，字方叔，智勇过人。周宣王统治时，他奉命领兵南征，平定了荆蛮叛乱，又征伐淮夷，击退北方少数民族入侵，为周宣王的中兴立下了大功。周宣王数功并赏，允许他分邦建氏，并赐姓方。因此，方叔从周王室姬姓中赐方姓而得姓，此后其子孙都为方氏，这是现在方姓中人数最多、最主要的一支脉源，后世不少方姓宗谱也都采用了“周大夫方叔之后”之说。

方姓来源之三：宋代福建泉州有一叫翁乾度的人，生有六子，分别以洪、江、翁、方、龚、汪六个字为姓，后来兄弟六人都成为栋梁之材，同列为进士，地位非常显贵，有“六桂联芳”之誉，他们后来也各以字得姓。其中第四子翁处朴得方姓，其后代都为方氏。由于这支方氏以“六桂”为堂号，故又称“六桂堂”方氏。

方姓人得姓后发展较快，迁徙各地，是一个族兴丁旺的姓氏。

方姓名人

商末周初大将方弼、方相兄弟，传说身高三丈六尺，力拔山岳，最初是商纣王的两位镇殿将军，因纣王无道，兄弟二人反出朝歌，为周王朝的建立作出巨大贡献。由于他们曾当过镇殿将军，因此自古就被西北民间誉为“把门将军”，后世把他们尊为显道神、开路神、门神。

唐代宗时江南农民起义首领方清。

北宋人方閬，与兄方闳、弟方闻同为名士，时称“两浙三方，天下无双”；抗金英雄方琼，靖康元年抵御金兵牺牲；农民起义领袖方腊。

明朝大臣方孝孺，辅佐建文帝朱允炆，燕王朱棣起兵“靖难”后，他坚持抵抗，拒绝为朱棣草拟即位诏书被杀，胡适评价“自此以后明朝200年，再没有政治思想家”；方献夫，吏部尚书兼武英殿大学士（宰相）；方从哲，万历年间礼部尚书兼东阁大学士（宰相）；方学渐，著名学者，桐城学术领袖，人称明善先生，“方氏易学学派”创始人；方孔炤，方学渐之孙，易学家，在剿匪中八战八捷，立下赫赫战功；方以智，方孔炤之子，著名思想家、哲学家、科学家，明末四公子（复社四公子、金陵四公子）之一，博采众长，主张中西合璧，儒、释、道三教归一，一生著述广博，无所不包；方大洪，郑成功部将，反清复明爱国组织洪门创始人之一；方惠成，反清志士，洪门“中五祖”之一；方世玉，生活于明末清初的武侠人物，“少林十虎”之一。

方孝孺

清代乾隆朝大臣方维甸，历任陕

西巡抚、闽浙总督、军机大臣等；民族英雄方耀，水师提督，中法战争中守虎门拒法军，被赞“粤有方耀，可高枕也”；方顺懿，清末武林高手，少林方门拳创始祖师；方举赞，中国第一家民族资本企业创办人，创办中国第一家民族资本企业上海发昌机器厂。

方以智《溪山寻诗》

抗日爱国名将方鼎英，曾任黄埔军校教育长、代校长；方声洞，近代民主革命者，曾参加拒俄义勇队；方振武，抗日名将，北伐军左路军总指挥；方志敏，中国共产党江西省组织创始人之一，闽浙赣革命根据地和红十军创造者；方毅，中国科学院原院长，科委原主任，国务院原副总理；方立天，著名学者，佛学泰斗；方克立，著名学者，中国社会科学院学部委员；方汉奇，中国新闻史学会会长，新闻史学泰斗。

63.石姓 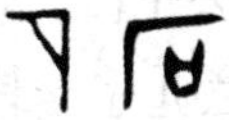

石姓在宋版《百家姓》中排第188位，现为我国以人口数排列的百家大姓第63位。

石姓远祖源自姬姓，属于以先祖名字为氏。周朝初期，周武王的弟弟康叔被封于卫（今河南淇县），史称卫康叔。卫康叔的六世孙卫靖伯有个孙子名公孙碏，字石，又称石碏。石碏是位著名的贤臣，精心治卫，忠心保周，其子孙后代都以公孙碏的字名“石”为姓。

石姓图腾

石碏还有一个大义灭亲的经典故事。卫庄公在位时，石碏发现卫庄公的庶子州吁很受庄公宠爱，不仅手握重兵，还爱争好战。石碏认为州吁将会对卫国太子造成威胁，劝庄公应多加管束制约，庄公却不听劝谏。庄公去世后，太子继位，州吁果然纠集党徒发动叛乱，刺杀了继位的太子卫桓公，自立为国君，石碏的儿子石厚也是同谋。他们叛逆成功后，国家治理陷入混乱，导致国民的不满，州吁与石厚向已年老退职还乡的石碏请教。石碏说州吁的王位来之不正，要想得到认可，必须找当朝的周天子下一道诏书，确认其王位的合法，周天子虽难见，但是通过天子宠幸的陈桓公见周天子就不难了。石碏一方面指点州吁，让石厚去找陈桓公，另一方面又暗书陈桓公，请求捉拿二叛逆。州吁与石厚找到陈桓公后，桓公依石碏之言，捉住州吁和石厚，押回卫国斩首示众，平息了卫国叛乱。石碏此举深得周天子和卫国敬佩，也为卫国做了一件大快人心的好事。石厚的儿子、石碏之孙骀仲，后来以祖父的字命氏，称石氏，史称石氏正宗。

源于姬姓之石姓的另一支，出自春秋时期郑国公子丰，属于以先祖名字为氏。据史籍《春秋公子谱》记载，春秋时期，郑穆公有子名丰，又称公子丰，字石癸，在郑釐公时期任大夫，曾多子出使周边的卫国、齐国，立有大功。在公子丰的后裔子孙中，有以先祖名字为姓氏者，称石氏，世代相传至今，是为大河石氏。

石姓还有源于子姓的支脉，出自春秋时期宋国的公子段，也属于以先祖名字为氏。据《春秋公子谱》记载，宋国宋平公的二儿子名段，又称公子段，字子石，他的后代子孙中有人以先祖之字为氏，称石氏，世代相传至今，是为商丘石氏。

石姓还有源于嬴姓的支脉，出自春秋时期秦国石作氏，属于汉化改姓。春秋早期，秦国贵族中有石作氏，原居秦邑（今甘肃天水故秦城）。到春秋末期，孔子的弟子中有石作蜀，《孔子家语》中称石子蜀。石作蜀，字子明，号卓子，冀县（今甘肃省天水市甘谷县）人，自幼好学，为了寻找名师，不辞劳苦，跋涉万里，就学于孔子门下，成为七十二贤之一。他学成返乡之后，传播儒学，推行教化，自此三陇一带文教大兴，人文蔚起。石作蜀的后裔子孙，皆以先贤祖的姓氏省文简化为单姓石氏，世代相传至今，是为三陇石氏。

石姓人在发展中形成了武威、渤海等处郡望，人丁兴旺，名人辈出。

石姓名人

春秋时期楚国大臣石奢，楚昭王相（令尹），为官坚直廉正，无所阿避。

战国时期魏国人石申，天文学家、占星家，著有《天文》，可惜早佚，西汉以后被尊为《石氏星经》，后人拾遗补阙，把它与甘德的《星占》合成《甘石星经》。

西汉大臣石奋，为人恭谨，汉景帝时列为九卿，俸二千石，四子皆官至二千石，号“万石君”；石庆，西汉丞相，石奋之子，为官严谨，调任齐国丞相，不令而治，齐国人建祠以示敬仰，时称“石相祠”。

东汉末至西晋时期官员石苞，三国时曹魏和西晋重要将领，晋朝开国功臣；石崇，石苞之子，荆州刺史，以劫夺客商积财无数，与贵戚王恺、羊琇等斗富争侈。

十六国时期石勒，后赵政权建立者，中国历史上唯一一位奴隶皇帝。

北宋开国大将石守信，与宋太祖赵匡胤结为义社兄弟，辅佐赵匡胤登上帝位居有首功，后赵匡胤采取杯酒释兵权方式，交出兵权；石介，北宋初学者，思想家，理学先驱；石泰，宋代道士，号杏林，常以医药济人不收银钱，唯愿病者植一杏树，久之成林，人称“石杏林”。

明朝将领石亨，早年抗击瓦剌，颇有战功，后于景泰八年（1457年）参与明英宗朱祁镇夺门之变，拥立英宗复辟，权倾朝野；将军石邦宪，身经大小数十百战，战功显赫。

清代太平天国起义首领石达开，著名军事家、政治家，太平天国最富传奇色彩的人物之一。

石姓在当代科技领域名家辈出，其中不乏两院院士，如中国科学院院士有：著名数学家石钟慈，大气物理学家石广玉，地球物理学家石耀霖，信息科学专家石青云，铁路机械专家石志仁；中国工程院院士有：著名土壤学家石元春，飞机设计专家石屏，皮革化学与工程、轻化工程专家石碧，土地资源与区域开发专家石玉林，针灸学专家石学敏（国医大师，现代中国针灸奠基人，国家授衔针灸学专家）。

当代石姓名人还有相声表演艺术家石富宽；举重运动员、奥运会举重冠军石智勇等。

64.姚姓 

姚姓在宋版《百家姓》中排第101位，现为我国以人口数排列的百家大姓第64位，人员遍布全国各地以及海外部分地区。

姚姓起源有三，最早的一支始于帝舜姚重华，属以居住地为氏，世代相传至今，史称姚氏正宗。据《通志·氏族略》记载："姚姓，虞之姓也，虞帝生于姚墟，故因生以为姓。"也就是说，帝舜因为出生在姚墟，其后世子孙即以地为氏，称姚氏。

姚姓图腾

另一支脉系田姓改为姚姓，形成于东汉时期，出自今江苏苏州、浙江德清一带，这支田姓原本便姓姚，后又改了回来。相传帝舜的后裔陈公满受封建立陈国，公元前672年，陈桓公之子陈厉公继位期间，陈国发生内乱，陈厉公之子敬仲为避难逃到齐国，改姓田，即田敬仲。敬仲后裔田恢迁居吴郡（苏州），后为继承姚氏香火又复改姓姚，此后子孙便为姚姓。

第三支姚姓出自少数民族烧当羌族。两晋十六国时期，烧当羌人的首领自称是汉族人，祖先是虞舜的后代，以此为由入主中原，冒用汉姓姚氏。其子孙后代都为姚姓，并在中原地区自封为皇帝，建立后秦帝国，称霸西北部地区达数十年之久。这支烧当羌人改姚氏后，与汉族通婚混居，逐渐融为一体，现在很难分出姚姓人中有哪些是烧当羌族改姓而来的。

姚姓在发展中形成了吴兴、南安等郡望。

姚姓名人

西汉著名学者、经学家姚平，曾向京房学习《易》，将京氏易学发扬光大，官至冀州刺史、谏议上大夫，西汉末年为避战乱举家迁隐江南吴兴郡（今浙江吴兴县），是吴兴姚氏定基之祖。

唐朝名相姚崇，著名政治家，曾任武后、睿宗、玄宗三朝宰相常兼兵部尚书，抑制权贵，发展生产，为“开元盛世”作出重要贡献，被誉为“救时宰相”，与房玄龄、杜如晦、宋璟并称“唐朝四大贤相”。

宋代时期抗金名将姚兴。

明朝政治家姚广孝，法名道衍，明成祖朱棣靖难之役的主要策划者，中国历史上最著名的黑衣宰相，一手规划今日北京城布局，担任《永乐大典》最高编撰官。

姚崇

姚广孝

清朝康熙年间政治家、军事家姚启圣，文学家姚文然、姚鼐、姚莹等；学者姚培谦、姚际恒、姚文田等。

当代文学家、作家姚一苇、姚雪垠；世界著名计算机学家姚期智，美国国家科学院院士、中国科学院院士；篮球国际巨星姚明。

65.谭姓

谭姓在宋版《百家姓》中排第293位，现为我国以人口数排列的百家大姓第65位。

谭姓起源有三支，但实则为两支。第一支有两种传说，一说谭姓出自嬴姓，是伯益的后裔。周武王姬发举兵灭商后，分封宗室和功臣为诸侯，其中伯益的后裔被封于谭（今山东章丘），建立谭国，为子爵。谭国在周朝世代相袭，直至公元前684年被齐桓公灭亡，谭国国君谭子逃亡到莒国（今山东莒县），留在故国的子孙就以国为氏，称谭氏，史称谭氏正宗，世代发展相传至今。

谭姓图腾

另一说谭姓出自大禹之后，原为姒姓，分封在济南历城之间。谭国乃齐之附庸，后被齐灭，其子孙以国名为氏，便为谭姓。这二支虽起源有别，一为嬴姓伯益，一为姒姓大禹，但都以国名为氏，出自山东谭国，为齐所灭之历史，因无实据可考证，因此这两种传说中谭姓有可能为一源所出。

谭姓第三种来源，出自汉代的巴南（今四川东部和湖北西南部地区）谭氏。当时巴南是南方少数民族尊奉的部落首领神盘瓠之地。据《万姓统谱》记载：“巴南大姓有谭氏，盘瓠之后，望出弘农。”意思是在今四川南部一带，古时候就生活着一支谭姓人。

谭姓历史悠久，发展较快，族兴丁旺，名人辈出，现已屹立于我国百家大姓之林。

谭姓名人

唐末农民起义军首领谭全播，在黄巢起义之后据有虔州，称镇南节度使，富有谋略，深得当地军民拥护；唐末五代时期道学家谭峭，五代内丹承上启下的人物，著有《化书》，继承了老子的思想，在中国思想史上有着重要的地位。

元代道士谭处端，全真教创始人王重阳七大弟子之一，道行高深且行侠仗义，扶危济困。

明代兵部尚书谭纶，抗倭名将；文学家谭元春。

清代晚期大臣谭廷襄，历任翰林院庶吉士、陕西巡抚、直隶总督等职，参加中俄边界谈判时坚决捍卫主权，但在第二次鸦片战争中对侵略者采取妥协的态度。

近代著名政治家、思想家谭嗣同，主张变法维新，领导戊戌变法，失败后被杀，“戊戌六君子”之一。

民国时期著名政治家谭延闿，与陈三立、谭嗣同并称“湖湘三公子”；与陈三立、徐仁铸、陶菊存并称“维新四公子”，曾任南京国民政府主席、行政院院长，还是蒋介石和宋美龄的婚姻介绍人；近代民主革命家谭平山，在第一次国共合作、农民运动、南昌起义中，都留下了不可磨灭的历史功绩；无产阶级革命家谭政，中国人民解放军优秀领导者，中华人民共和国十大大将之一；无产阶级革命家谭震林，曾任国务院副总理。

谭处端

谭嗣同

66.廖姓

廖姓在宋版《百家姓》中排第342位，现为我国以人口数排列的百家大姓第66位，是一个较古老的姓氏。

廖姓起源的传说一共有三个，一是以国为氏，二是以名为氏，三是张氏改廖氏。

以国为氏的廖氏为廖氏正宗。春秋时，在今河南固始北部一带有一小国，名叫廖国，国君叫叔安，史称廖叔安。因为国小，在混乱的战国时期被楚国所灭，其子孙都以国名为姓，即廖氏。

廖姓图腾

以名为氏的廖氏。周朝初年，周文王有个儿子叫伯廖。伯廖的子孙以他名字中的“廖”为姓，从姬姓中衍生出一支廖姓人。

还有一支从张氏改廖氏。据《廖氏大宗谱》记载，明朝初年，居住在福建诏安官坡一带的张姓人中有一个叫张元的人，其父与邻村廖氏拜结友好，廖氏无子，张氏便将自己的儿子张元入赘廖家，从此张元与张氏改为廖氏，他的子孙也都以廖为姓，后来发展成廖姓人中的一大支源。江南闽、浙、赣等省大部分廖姓人都出于这一支派，他们的堂号为“清武堂”，取张姓“清河堂”中的“清”和廖姓“武威堂”中的“武”两个首字组成。这支廖姓人即使姓廖也不忘根祖，还有一些地方的廖姓人与张姓人联合成立了“廖张同宗联谊会”。

廖姓人虽得姓方式不一，但在历史的发展中都以廖氏为一家族。

廖姓名人

三国时期，蜀国名将廖化，为人忠烈，以果烈著称。

五代十国时期文学家、诗人廖匡图，被南楚开国国君马殷聘为幕僚，马殷之子希范开天策府，置十八学士，匡图列居第八，才华博瞻，为时辈所折服。

北宋名臣廖刚，官至工部尚书，反对奸臣当政，蔡京、秦桧惧，四子皆将帅，父子五人年俸皆二千石谷以上，号称“万石明代开国功臣廖永安，屡立战功；弟廖永忠，在与陈友谅鄱阳湖之战中战功卓著，朱元璋以漆牌书“功超群将，智迈雄师”赏赐，赞他“傅一廖二”。

清代吏部尚书、军机大臣廖寿恒；廖平，著名经学家，著有《四译馆丛书》等。

近代民主革命家廖仲恺，中国国民党左派领袖，协助孙中山制定“联俄、联共、扶助农工”三大政策，改组国民党，极力促成第一次国共合作；国民党将领廖耀湘，曾任蒋介石“五大王牌军”之一新编第六军军长，参加南京保卫战，同杜聿明率领中国远征军赴缅甸作战，在解放战争辽沈战役中战败被俘；无产阶级革命家廖承志，廖仲恺之子，杰出的政治家。

廖仲恺

5位，现为我国以人口数排列的百家大姓

尤之后，二是以国为氏，三是以封地

邹姓图腾

其一，蚩尤之后裔的邹姓。当今中华民族华夏儿女都称自己为炎黄子孙，龙的传人，但据史书记载，远古时期我国已有三大势力：中原神农姜氏炎帝、西北姬氏黄帝以及东南沿海的蚩尤部落。炎黄二帝为兄弟，是远古部落首领少典的儿子，炎帝为长子，黄帝为次子，后发展形成炎黄两大势力。当时的蚩尤族位于东南沿海地区，史称蛮夷。当时黄帝一族人口最多，势力最强，也很富庶，本想统一全国，首先对炎帝发动进攻，结果久战不胜，双方最终言和，并且联合起来攻打蚩尤族，蚩尤族不敌二帝联军，被其歼灭。自此，全国统一由炎黄统治，华夏儿女也都成为炎帝和黄帝的子孙。但是据晋人王嘉《拾遗记》记载，邹姓一支并不是炎黄子孙，其脉源属蚩尤族后裔。当年炎黄联军打败蚩尤族之后，蚩尤族人迁往邹屠，以地命族为邹屠氏。后来邹屠氏又分为邹姓和屠姓两家，其子孙繁衍传承至今。

邹姓的第二支脉源：西周初年，周武王将上古帝王颛顼帝的裔孙曹挟封于邾国，史称邾娄，其国家所在地就是现在山东邹县一带。春秋时期，因邾娄国小民弱，成为强邻鲁国附庸。至战国初年，邾娄国被鲁国君主鲁穆公取“邾”字与“娄”字的合音，强行把邾娄国改为“邹”国。邾娄强不过鲁国，只有被迫接受这一新的国名。后来邹国为楚所灭，邹国贵族为纪念自己的国家，便以国名为姓，是为邹姓。

邹姓的第三支脉源出自商王族之后。西周初年，周武王把商纣王的庶兄微子封于宋（今河南商丘南部），建立宋国。数传之后，有后代正考父食采于邹（今山东邹县），其后子孙都以食地为氏，为邹姓。

邹姓在历史发展中形成了范阳、邹坊、雍州等多处郡望，族兴丁旺，名人辈出。

邹姓名人

战国时期齐国人邹忌，以鼓琴游说齐威王，被任相国，实行改革，使齐国渐强；战国末期齐国人邹衍，阴阳家，五行创始人，稷下学宫著名学者，又称邹子，与公孙龙、鲁仲连是同时代人。

邹守益

西汉文学家邹阳，以文辩闻名于世，主张国家统一，初为吴王刘濞门客，上书谏止吴王叛乱不听，离吴去梁，被尊为上客。

明代名臣邹元标，东林党首领之一，与赵南星、顾宪成号为“三君”，为人敢言，勇于抨击时弊，曾因反对宰相张居正“夺情”，被发配贵州，潜心钻研理学；著名理学家、教育家邹守益，心学大师王阳明高足弟子与良友，对传播阳明心学有重大贡献。

清代时期名臣画家邹一桂；著名学者邹汉勋，中国近代舆地学奠基人；科学家邹伯奇，精通天文、历法、算术，用数学方法表述反光镜、透镜等的成像规律以及关于眼镜、望远镜、显微镜等光学仪器的基本原理；近代民主革命家邹容；著名新闻记者、出版家邹韬奋。

68.熊姓

熊姓在宋版《百家姓》中排第121位，现为我国按人口数排列的百家大姓第68位。

熊姓得姓非常古老，起源明确，相传有两种：一为国名，二为人名，两者归一，都为黄帝之后裔。

熊姓图腾

其一，以国名得姓的熊氏来源。《史记·五帝本纪》记载，黄帝是少典之子，本姓公孙，因为长居姬水，故改姓姬。黄帝在世时，曾建熊国（今河南新郑），其后裔以国为姓，便为熊姓。

其二，以人名得姓的熊氏来源。据《史

记·楚世家》等书记载，黄帝的后裔陆终生季连，季连生附沮，附沮生穴熊，穴熊的裔孙中又有鬻熊。鬻熊生在商、周之际，做过周文王的师傅，其后代都以其名“熊”而得姓。周威王时，鬻熊的曾孙熊绎被封于楚（今湖北西部地区），建立楚国，历代世袭王位，熊氏也因此在湖北荆楚地区发展迅速。春秋战国时期，楚国发展成为与秦、齐、赵、魏等齐名的大国，吞并了许多周边小国，直至公元前223年被秦国灭掉，此后楚国贵族中又有更多的人为纪念故国而改姓熊氏。

熊姓在发展过程中形成了江陵（湖北荆州）、豫章（江西南昌）等多处郡望，人口众多。

熊姓名人

朝经学家熊安生，通五经，精“三礼”，北齐时任国子博士。

元朝文学家、音乐家熊朋来，通音律，尤善鼓瑟，著有《五经说》《瑟谱》。

明代大臣熊文灿，官至兵部尚书；熊廷弼，以兵部右侍郎任辽东经略，使后金军不敢来犯。

清初无神论者熊伯龙，批判传统宗教迷信，认为“天不故意造作”“灾异非天谴告”；大臣熊赐履，官至吏部尚书，治程朱理学，主张用理学指导政治，民为邦本，为政务实，崇正黜邪，受到康熙重用。

近代民主革命烈士熊成基；熊秉坤，民主革命者，打响武昌起义第一

鬻熊

熊廷弼

枪；熊希龄，北洋政府第四任国务总理；熊十力，著名学者，著有《原儒》等。

中国现代数学先驱熊庆来，中国函数论的主要开拓者之一，以“熊氏无穷数”理论被载入世界数学史册；著名武侠小说家熊耀华，笔名古龙，新派武侠小说泰斗和宗师。

69.金姓 

金姓在宋版《百家姓》中排第29位，现为我国以人口数排列的百家大姓第69位，是一个古老的姓氏。

金姓图腾

金姓起源复杂，支源众多，主要起源有二支，最古老的一支相传出自黄帝之后少昊金天氏。少昊，姬姓，名玄嚣、己挚，黄帝长子，母亲为嫘祖。少昊也是继承黄帝天子之位的王子，上古部落首领，三皇五帝之一，是中国神话中的五方上帝之一，又称白帝，又作少皞、少皓、少颢，史称青阳氏、金天氏、穷桑、云阳氏或朱宣。黄帝以金得王，少昊也崇尚金色，还订立了黄金制度，称为金天氏，因此少昊的后代有许多以“金”为姓，这些金姓人出自于山东曲阜，在彭城（今徐州）一带形成望族。

另一支是以清朝译字改姓金。清朝皇室贵族都姓爱新觉罗，出自满语，译成汉语便是“金”字。清朝皇帝，特别是康熙和乾隆非常重用汉臣，提倡满汉通婚，至1911年清朝灭亡后，许多爱新觉罗氏改姓金氏。

此外，朝鲜自古以来就是金姓人聚居的地方。唐朝时期，朝鲜古国有新罗国，其国王姓金。朝鲜领袖金日成、金正日、金正恩，就是金姓后裔；在我国朝鲜族中，也有许多金姓人。

五代十国时期，吴越国王名叫钱镠，因“镠”字与“劉”（“刘”的繁体字）同音，为避国王名“镠”之讳，吴越国中的劉姓人把劉字去掉“卯”

头和“刀”旁，简化为金，今江南地区的金姓人大多都是由劉姓改金姓。

金姓人在历史发展中形成了彭城、京兆等著名郡望。

金姓名人

西汉大臣金日磾，匈奴休屠王太子，兵败为霍去病所降，进入长安，赐姓金，是金姓历代名人中地位最显赫者，也是一位具有远见卓识的少数民族政治家。

金履祥

北宋大臣金崇岳，官至礼部尚书，上书谏除党禁，多次揭发奸臣蔡京、童贯误国。

南宋大臣金履丰，抗元入侵战绩卓著；金履祥，理学大家，世称“仁山先生”，“金华四先生”之一。金履丰、履祥是堂兄弟，文武并显，双璧联辉，名著朝野。

明朝大臣金幼孜，礼部尚书兼大学士；金忠，官至兵部尚书；金圣叹，明末清初著名文学批评家。

清代书画家兼诗人金农，“扬州八怪”之一；金之俊，中和殿大学士兼吏部尚书加太傅；金侃，著名画家。

现代著名哲学家、逻辑学家金岳霖，把西方哲学与中国哲学相结合，建立了独特的哲学体系；金性尧，知名作家，与季羡林齐名，被誉为“南金北季”；金立群，亚洲基础设施投资银行（简称亚投行）首任行长；金铁霖，著名音乐教育家。

70.陆姓 陸

陆姓在宋版《百家姓》中排第198位，现为我国以人口数排列的百家大姓第70位，是一个古老的姓氏，其人员分布于全国各地，以及海外等国家和地区。

陆姓起源古老，来源复杂，支源众多，现主要介绍两支脉源。

其中一支出自黄帝之后。相传，黄帝的后代颛顼有个孙子名吴回，在帝尧时任火正之官，称祝融。吴回有个儿子名终，被分封在陆乡（今山东平原县境内），因此称为陆终。陆终的后代便以陆为氏，得姓陆氏。

陆姓图腾

另一支出自北朝时期。北朝时期，原生活在我国东北部地区的鲜卑人中有一支复姓步陆孤氏的部落，北魏孝文帝进入中原迁都洛阳后，推行汉化改革，并把步陆孤氏改为汉姓陆氏，从此其子孙都以陆为姓。

陆姓人在历史发展中形成了平原、河南、河内、吴郡等四大郡望，这四大郡望成为当今陆姓各宗族的发源地。

陆姓人在历史的长河中名人辈出，族兴丁旺，现已屹立于我国百家大姓之林。

陆逊

陆抗

陆游

陆九渊

陆姓名人

西汉著名政治家陆贾，力主提倡儒学，两次出使南越，说服越王赵佗臣服汉朝，对汉初政治有较大影响。

三国时期吴国名将陆逊，击败关羽，火攻大败刘备，因战功显赫官至丞相；子陆抗，击退晋将羊祜进攻，被誉为吴国最后的名将。陆氏父子皆吴国中流砥柱，并称“逊抗”。

西晋著名文学家陆机、陆云兄弟，陆抗之子，以文学合称“二陆”。

唐德宗时著名宰相陆贽，“茶神”陆羽，训诂学家陆德明。

南宋著名爱国诗人陆游；学者陆九韶、陆九龄、陆九渊三兄弟，尤其陆九渊是中国“心学”创始人，被后人称为“陆子”，与当时著名的理学家朱熹齐名，史称“朱陆”；南宋末年名臣陆秀夫，与文天祥、张世杰并称为“宋末三杰”，崖山海战兵败后背着卫王赵昺赴海殉国。

清代著名学者陆陇其，与陆世仪并称“二陆”；著名医学家陆懋修；著作家陆次云；著名藏书家陆心源，收藏两百本宋朝珍善本书，扬名天下。

女画家陆小曼，因与徐志摩的婚恋而成为近代著名人物；无产阶级革命家陆定一，中国共产党宣传思想阵线杰出领导人。

71.郝姓

郝姓在宋版《百家姓》中排名第77位，现为我国以人口数排列的百家大姓第71位。

郝姓图腾

郝姓主要起源于商朝末期。商朝第三十代帝王乙封自己的儿子期于郝乡（今山西太原一带），期到郝乡后以郝为姓，便为郝姓，其子孙后代也都以郝为姓。这支郝姓人后来发展成太原、京兆两大郡望，是当今郝姓人的正宗主源。

据《魏书》载，乌桓有郝姓。乌桓也作乌丸，古族名，是东胡族的一支。秦末，东胡被匈奴击败后，部分迁乌桓山，固以此为名，汉武帝以后附汉。207年，曹操迁乌桓万余人落居中原，三国后乌桓郝姓人便在中原发展。又据《旧唐书·南蛮传》载，唐代中国南方有郝、杨、刘三姓，三姓中郝姓人员最多，远超杨、刘两姓总和，是唐时南蛮的一个强大势力，历代世袭。这些郝姓人的脉源血统显然与商王后裔期及其“郝乡”无关，脉源尊祖无详细依据可考证，但当今郝姓人有不少都是出自上述这些郝姓人的后裔。

郝姓名人

西汉大臣郝贤，汉武帝时任上谷郡太守，率军从大将军卫青进击匈奴，封众利侯，是《史记》记载的第一个郝姓族人。

东汉末至曹魏初著名将领郝昭，少年从军，屡立战功，镇守陈仓防御蜀汉，诸葛亮率军北伐，曾为其所阻。

西晋时匈奴族起义首领郝散，不久降晋，为冯翊都尉所杀，弟郝度元率羌、胡诸部族再次起事，推动关中氐羌人民悉起反晋；东晋名士郝隆，生性诙谐，有博学之名。

唐高宗朝宰相郝处俊，知礼能让，高宗多疾，欲逊位武后，他极力谏止，武后忌之，却因其行止无瑕，终不能加害。

宋末元初著名大儒郝经，深得忽必烈赏识，反对“华夷之辨”，推崇四海一家，并以儒家思想来影响蒙古族统治者。

明清之际农民起义军将领郝摇旗，李自成帐下猛将，因最初在军中当旗手，故而得名。

清代著名经学家、训诂学家郝懿行。

郝建秀，从纺织女工到全国政协原副主席，摸索出改进纺织技术的“细纱工作法”，大幅提高了纺织产量。

72.孔姓

孔姓在宋版《百家姓》中排第25位，现为我国按人口数排列的百家大姓第72位。孔姓人员分布于全国各地，近代有不少孔姓人移居海外，美国、加拿大、东南亚及西欧许多国家都有孔姓华人，是一个古老的姓氏。

孔姓主要起源：相传黄帝曾孙帝喾的夫人名简狄，一次简狄出外巡游，见一只燕子下了一窝蛋，从中拿了一枚吞入肚内，不久身感受孕，生下商朝始祖契。契是简狄食燕子蛋所生，此后便以“子”为姓。契后传十四代至商汤，名履字太乙，加姓太子乙。太子乙有子孙多人，其后有子孙为纪念他，将子、乙两字略加变更，合二为一，成了孔字，便为孔姓。

孔姓图腾

商朝末年，周武王起兵反商，商纣王兵败自杀，周武王对纣王的庶兄微子委以重用，封于宋（今河南商丘），继续奉祀商汤香火，历代世袭。至孔父嘉，任宋国大司马，太宰华督看上了孔父嘉美艳的妻子，借孔父嘉犯有战乱之错加以杀害。这时孔父嘉的儿子木金年纪幼小，为避权臣太宰华督的谋害之灾，被家人带着逃亡到鲁国。木金长大后，为纪念生父，继以孔为姓。木金在鲁国又传六代，生下孔子。孔子出生在鲁国（今山东曲阜），被后人尊奉为圣人，闻名中外。孔姓人更视孔子为自己的祖宗。孔姓人在鲁国繁衍后发展徙迁各地，名人辈出。

据传，孔姓人并非仅出此一支脉源，有少数民族改汉姓孔姓的，还有孔子的学生跟孔子改姓孔的，并非“天下无二孔”。但是，当今天下的孔姓人都甘愿归属于这一支脉源，也是不争的事实。

孔姓名人

春秋时期鲁国人孔子，名丘，字仲尼，中国古代著名思想家、教育家，儒家学派创始人，后世统治者尊为孔圣人、至圣、至圣先师、大成至圣文宣王先师、万世师表。

汉初名将孔藂，西汉开国功臣，从刘邦起兵于砀县，南征北战，屡立战功；武帝时谏大夫孔安国，受《诗》于申公，受《尚书》于伏生，著有《古文尚书》《论语训解》等；名臣孔光，官至大将军、丞相、太傅、太师；东汉末年文学家孔融，“建安七子”之一。

孔子

唐朝时期著名史学家、经学家孔颖达，著有《五经正义》。

明末清初将领孔有德，为清朝南征北战，立下汗马功劳，封定南王。

孔祥熙，曾任中华民国南京国民政府行政院长兼财政部长，其妻宋霭龄是宋美龄长姐。

当代中国共产党模范党员、优秀领导干部孔繁森。

73.白姓 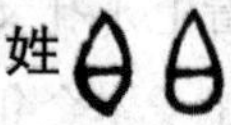

白姓在宋版《百家姓》中排第267位，现为我国以人口数排列的百家大姓第73位，人员遍布全国各地，来源也很古老。

白姓起源复杂，脉源众多。唐代大诗人白居易自述白氏先祖世系的《太原白氏家状二道·故巩县令白府君事状》说：“白氏，芈姓，楚公族也。楚熊居（即楚平王）太子建奔郑。建之子胜，居于吴楚间，号白公，因氏焉。”宋人郑樵在《通志·氏族略》中将“白氏”列入“以邑为氏”类，说：“芈姓，楚白公胜之后也。楚有白邑，其他在蔡洲褒信。”

白姓图腾

白氏主要以百里奚、白公胜、白阜三支影响最大，当今白氏家谱大多出自这三支白氏，按时代先后联系起来可归为一支郡望，堂号为南阳、香山。南阳是白氏得姓最早的地方，香山是白居易生活和死后安葬的地方。

白阜是最早出现的白姓。清代张澍在《姓氏寻源》中说：炎帝时期，炎帝有臣白阜，怪义之子，为神农通水脉（是为治水专家）。白阜曾为炎帝治水做过很大贡献，他的后代便以白为姓，这一支脉源主要发展于南阳地区。

百里奚白姓传说。白姓出自姬姓，周太王五世孙虞仲封于虞，为晋所灭，虞之公族井伯奚媵伯姬于秦，受邑于百里，因号百里奚。奚生视，字孟明，古人皆先字后名，故称孟明视。孟明视生二子，一曰西乞术，二曰白乙丙，都是春秋时期秦国名将。白乙丙的后代以白为姓，形成于雍（今陕西凤翔地区）。

白公胜白姓传说。春秋时期，楚平王太子建计划除掉权奸费无极，事泄被杀。太子建之子熊胜逃至吴国，受重用，职位较高，至惠王继位后被召回国，封于白邑（今河南息县地区），史称白公胜，后代因此以白为姓。

白姓名人

战国时期白圭，名丹，字圭，魏惠王大臣，善于修筑堤坝，兴修水利，《汉书》说他是经营贸易的理论鼻祖，相传著有《商经》，天下商人皆效法，尊其为商人“祖师爷”，周天子赐其“华夏第一商人”，宋真宗敕封“商圣”；秦国大将白起，善用兵，百战百胜，为秦统一中国立下大功，世称“常胜将军”，又称“战神”。

唐代伟大的现实主义诗人白居易，字乐天，号香山居士，唐代三大诗人之一，与元稹共同倡导新乐府运动，世称“元白”，与刘禹锡并称“刘白”，有“诗魔”和“诗王”之称；白行简，白居易之弟，文学家，长于辞赋；唐宣宗宰相白敏中。

宋代名士白玉蟾，世称紫清先生，诏封紫清真人，创立道教南宗宗派。

明初著名农民水利家白英，因治河有功，于明正德年间被追封为“功漕神”，清朝雍正、光绪皇帝追封为“永济神”和“大王”，受到人民敬仰。

近代桂系军阀白崇禧，被誉为“小诸葛”，与李宗仁合称“李白”。

中央电视台著名主持人白岩松，曾主持焦点访谈、新闻周刊、感动中国、新闻1+1等节目。

白起

白居易

74.崔姓

崔姓在宋版《百家姓》中排第189位，现为我国以人口数排列的百家大姓第74位。崔姓人员遍布全国各地，清代后大批移居海外，是一个历史悠久的姓氏。

相传崔姓是炎帝的后代，源于姜姓，再于吕姓，后于崔姓。

姜姓源于炎帝之后裔。商朝末年，姬姓周武王举兵灭商建周，太公姜尚（字子牙）辅周灭商功勋卓著，因此在西周初年，周武王把重要诸侯国之地齐国（今山东淄博地区）分封给姜尚。姜尚，又称吕尚，因其先祖被封于吕（今河南南阳地区），姓氏才从封地由姜改吕。因此。吕尚是齐国开国君主，第二代国君是吕尚的儿子丁公伋。丁公伋年老后，本应传位给长子季子，但季子让位给弟弟叔乙继承国君，称乙公吕得，季子则回到自己的食采地崔邑（今山东章丘县城）。此后，季子的子孙便以季子的食地为姓，便为崔姓。季子是一位品德高尚的贤人，其子孙为了纪念季子的这种高尚行为，从吕姓改为崔姓，季子的后代也一直是齐国的公卿贵族。崔姓后在山东、河南、河北等地迅速繁衍发展，形成了清河、博陵、郑州等多处郡望。

崔姓图腾

崔姓名人

春秋时齐国大夫崔杼，在齐执政二十多年，先后立庄公、景公，在朝大肆杀戮，使齐国政局动荡。

汉初著名隐士崔广，号夏黄公，与东园公、绮里季、角里先生同隐居在陕西商山深处，他们德高望重，品行高洁，因四人须眉皆白，故称“商山四皓”。

商山四皓

东汉文史学家崔骃，与班固、傅毅齐名，有“儒家之林大才子”之称；子崔瑗，官至济北相，著名书法家，尤善草书，汉代草书之集大成者，被誉为“草圣”；崔寔，政论家，著述颇丰；崔烈，崔寔堂兄，官至司徒；崔州平，东汉末年隐士，崔烈之子，与荆襄名士徐庶、庞统、诸葛亮等人常有来往。

唐代诗人崔道融、崔致远、崔

颢、崔护、崔国辅等；玄宗朝大臣崔琳，为唐玄宗器重，曾书其名，以金瓯覆盖之；大臣崔日用，吏部尚书，史称“每朝廷有事，转祸为福，以取富贵”；崔胤，累迁御史中丞、宰相；唐朝末年著名大臣崔安潜，忠武军节度使。

南宋名臣崔与之。

元朝名臣崔斌，官至中书左丞（副丞相），性情刚直，为官清廉，深受元世祖忽必烈信任。

明代著名画家崔子忠，擅画人物仕女，兼工肖像画，与陈洪绶并称“南陈北崔”。

美籍华裔物理学家崔琦，诺贝尔奖获得者，中国科学院外籍院士；前央视著名主持人崔永元，曾主持《实话实说》《小崔说事》等栏目；中国驻美大使崔天凯；第三任澳门特别行政区行政长官崔世安。

75.康姓 

康姓在宋版《百家姓》中排第88位，现为我国以人口数排列的百家大姓第75位。

康姓起源：宋人邓名世《古今姓氏书辨证》说：“康，出自姬姓，周文王子封为卫侯，谥曰‘康叔’，支孙以谥为氏。或云康叔初食采于康，故谓之康叔，其地颍川康叔城是也。”

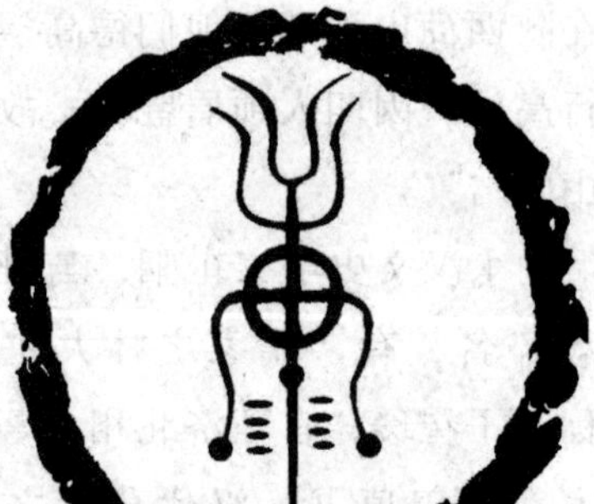

康姓图腾

据《史记·卫康叔世家》记载，西周初年，周武王姬发把自己的同胞弟弟姬封赐封于卫（今河南淇县），建立卫国。卫国是商朝统治时期的中心地区，有殷商遗民陶、施、繁、锜、樊、饥、终葵等七族。姬封受封时，周武王教导其弟到任后要好好管理这一地区，监督商遗七族，借鉴殷朝兴亡教训，多请教有威望的贤人，治国爱民。姬封听从教导，按照周武王的嘱咐治国，果然成效显著，受到卫国士族的拥护，称他为卫康叔。后来周武王任命他为周朝司寇，掌管生杀大权。卫康叔去世于任上，被周成王赐谥曰“康”，以表彰他“勤政爱民，治国有方”之功。姬封的后代为纪念他的英明，便以他的谥号为姓。

这是康姓的主要起源，除此之外还有几种传说的康姓支源。我国古代有康国和康居国，康国在现乌兹别克斯坦共和国撒马尔罕一带，唐朝时期，曾一度被大唐管辖。康居国则在今巴尔喀什湖和咸海之间，这三个中亚地区在汉朝时期曾受大汉的管辖。康居国的子民进入中原后都以国为姓，姓康。又据《宋史》记载，宋朝开国皇帝名叫赵匡胤，为避匡之讳，凡原匡姓者都改姓康。此后，这三支康姓人的子孙都为康氏。

康姓名人

三国时期吴国人康泰，航海家，曾和朱应出使扶南等国，途中经历100多个国家；僧人康僧会，西域康居国大丞相长子，出家为僧，后来到东吴弘扬佛法，受到孙权的信敬，并为他建佛塔，造佛寺。

唐代经学大师康子元，官至金紫光禄大夫，上柱国宗正太卿，主张改革弊政，创立新制，是入闽康氏始祖；著名琵琶演奏家康昆仑，有“长安第一手”之称；康日知，官至检校尚书左仆射，封会稽郡王，其子康志睦，勇武善驰射，累迁大将军，因功加检校尚书左仆射，封会稽郡公。

北宋开国功臣康再遇，曾为宋太祖赵匡胤立下开国战功；康与之，南宋

康叔

康有为

著名学者，曾上书“中兴十策”，著有《昨梦录》等。

明朝初期名将康茂才，随明太祖朱元璋攻灭陈友谅、张士诚等，病故后追封蕲国公；文学家康海。

晚清时期重要的政治家、思想家、教育家康有为，联合1300多名举人上万言书，即著名的“公车上书”，“戊戌变法”失败后逃往日本，组织保皇会，反对革命；弟康广仁，曾创《知新报》，“戊戌六君子”之一。

石油工业领导人康世恩，曾任石油化学工业部部长、国务院副总理兼国家经委主任，为新中国的石油工业发展做出了巨大贡献；康克清，朱德元帅夫人，伟大的无产阶级革命家，中国妇女解放运动的卓越领导人，中国儿童工作的开拓者。

76.毛姓

毛姓在宋版《百家姓》中排第106位，现为我国以人口数排列的百家大姓第76位。

源于姬姓，属于以国名为氏。周武王起兵灭商之后，封异母弟叔郑于毛，故称毛叔郑，或毛伯郑，始建有毛国。其后迁于今陕西岐山、扶风一带，再后举国避难，迁往河南荥阳地区。毛伯郑的后裔子孙和国民中，有以先祖爵号、封国之名为姓者，史称毛氏正宗。毛氏族人大多尊奉毛叔郑为得姓始祖。

毛姓图腾

源于姬姓之毛，另一支出自周文王姬昌之子伯聃的封地毛邑，属于以封邑为氏。周武王灭商建周初年，封周文王第九子伯聃（又称伯明）于毛邑（今河南宜阳），故又称毛伯明，并在周王室任司空之职，负责土木工程建筑，是周成王时期六卿之一。毛伯明的后世子孙中，有以先祖封地命姓者，是为毛姓。

春秋以前，毛氏主要在西北、中原、黄河流域发展，形成宜阳、岐山二大毛氏郡望，后向各地迁徙。约在汉唐时期，一支毛姓人从中原地区迁居江西吉洲龙城（今江西吉水县）发展繁衍，到元朝至正年间（1341—1370），其中一些族人在毛太华的率领下迁居云南澜沧卫（今澜沧县）。明朝建立以后，毛太华又率领长子毛清一、四子毛清四到湖南做官，迁居于湘乡北门外绯子桥（今湘乡火车站附近）。十余年后，毛氏兄弟举家迁至湘潭三十九都（今韶山），在此定居。不久，又有另一支毛姓人在毛命传的带领下迁到这里。至此，毛姓作为明朝洪洞大槐树迁民姓氏之一，分迁于湖北、湖南、河南、山东、江苏、北京等地，而落籍湖南韶山的毛太华一支，历500余年，传至第20代，出了一位改写历史的、闻名全国乃至全世界的人物，他就是伟大的马克思列宁主义者、中国共产党和全国各族人民的伟大领袖、伟大导师毛泽东。

毛姓作为一个历史悠久的姓氏，也是族兴丁旺，名人辈出。

毛姓名人

战国时期著名说客毛遂，“战国四公子”之一赵国平原君赵胜的门客，自荐出使楚国，促成楚赵合纵，声威大振，并获得“三寸之舌，强于百万之师”的美誉。

战国末年鲁国人毛亨，秦始皇时期为避难而从鲁国隐居武垣县（今沧州市河间市），其诗学传自子夏，曾作《毛诗故训传》，简称《毛传》，世人称之“大毛公”；毛苌，西汉赵人，随叔父毛亨学诗，世称“小毛公”。

宋朝时期名臣毛友、毛询。

明代重臣毛纪，官至礼部尚书兼东阁大学士，被誉为“名重当朝，泽被后世”的一代名臣；毛恺，任职期间廉洁奉公，纤毫不染；毛伯温，官至兵部尚书；毛凤韶，曾任监察御史，巡按陕西、云南，贪官皆望风解印绶去；毛晋，明末著名藏书家、出版家、刻书家、文学家和经学家；明末将领毛文龙。

毛苌

清朝时期文学批评家毛宗岗，仿效金圣叹删改《水浒传》的做法，对罗贯中《三国演义》原著进行删改，成为120回本，取代旧本广为流行。

中国人民的领袖毛泽东，伟大的马克思主义者，无产阶级革命家、战略家和理论家，中国共产党、中国人民解放军和中华人民共和国的主要缔造者和领导人，以中国革命实践继承和发展了马克思列宁主义，被视为现代世界历史上最重要的人物之一，《时代》杂志评为20世纪最具影响100人之一。

77.邱姓 

邱姓在宋版《百家姓》中排第151位，现为我国以人口数排列的百家大姓第77位。邱姓人员分布在全国各地，以及海外部分国家和地区，是一个历史悠久的姓氏。

邱姓原本丘姓，因为清朝雍正皇帝为避孔子名讳（孔丘）的“丘”字而下令改写成“邱”，从此原本姓丘的人都为邱姓。

邱姓图腾

邱姓起源于炎帝姜姓之后。西周初期，姜尚辅佐周武王灭商建周，因功被封到土地肥沃、人民富庶的齐（今山东临淄），建立齐国，国都设于营丘，史称齐太公。据《史记·齐太公世家》载，齐国传至第六位君主胡公，徙都薄姑（今山东博兴东南），哀公的同母少弟山怨胡公徙都，率营丘人袭击攻杀胡公而自立，是为献公。齐国迁都后，姜尚的子孙一部分继续留在营丘，他们为纪念祖先的封地都名“营丘”，从此便为丘姓，这支丘姓是当年邱姓的正宗起源，也是邱姓人数最多的一支脉源。

除此之外，邱姓人还有两支出自少数民族。北魏时迁都洛阳，鲜卑人把原为乌桓族的丘林氏和丘敦氏两支少数民族的复姓简化为汉姓丘氏，从此他们的子孙在中原地区发展繁衍，都为邱姓。

邱姓人得姓后，发展繁衍形成了吴兴、河南、挟风三大郡望，之后逐渐扩迁至全国各地。

邱姓名人

西汉人丘仲，汉武帝乐官，曾发明十二孔笛；少年才子丘䜣，晋代皇甫谧在《高士传》中说他“少有大材，自谓无伍，傲世不与俗人为群”，拒郡守召见。

北周到隋唐时期将领丘和，本姓丘敦氏，鲜卑族，重义任侠，宽政爱民；丘行恭，丘和之子，勇猛擅骑射，屡立战功；诗人丘为，事继母孝，常有灵芝生堂下，累官太子右庶子，与著名诗人王维为友。

宋元时期道学家丘处机，道号长春子，全真道掌教，思想家、政治家，因以74岁高龄远赴西域，行程35000里，劝说成吉思汗止杀爱民而闻名世界；隐逸诗人丘葵，笃修朱子性理之学，终生隐居，不求人知。

明朝靖难名将丘福，行伍出身，靖难之役时屡立战功，封淇国公，位居功臣之首；吴兴诗人领袖丘吉，善古文，尤善诗；丘濬，明孝宗朝文渊阁大学士，廉介持正，被称为“15世纪卓越的经济思想家”；文学家丘兆麟，与祝徵、帅机并称临川“三大名士”，又与汤显祖、祝徽、帅机被誉为“明代临川前四大才子”。

丘处机

乾隆年间进士邱元武，官至兵部尚书、刑部尚书；清代大臣邱良功，出身行伍，因骁勇善战，官至浙江提督（从一品）；邱远才，太平天国英王陈玉成麾下猛将，以军功封淮王；邱宝仁，清末北洋海军左翼前营副将，抗日将领；丘逢甲，清朝工部主事，抗日保台志士。

抗日爱国将领邱清泉，国民革命军陆军中将，因打仗不要命，人称“邱疯子”，抗战期间骁勇善战，参加昆仑关战役、滇缅龙陵战役，屡建奇功；抗日“虎将”邱金声，率领新四军第二支队在苏皖地区开展敌后游击战，大小战斗百余次，毙伤日伪军3000余人；革命烈士邱少云，中国人民志愿军一级英雄；邱钟惠，乒乓球运动员，中国第一个女子世界冠军。

邱姓在当代科技领域星光闪耀，名人辈出，如中国科学院院士有邱式邦、邱大洪、邱占祥、丘成桐、邱勇，中国工程院院士有邱竹贤、邱蔚六、邱中建、邱爱慈、邱定蕃、邱贵兴、邱冠周、邱志明。

78.秦姓 

秦姓在宋版《百家姓》中排第18位，现为我国以人口数排列的百家大姓第78位。秦姓人员分布在全国各地，以及海外部分国家和地区，是一个历史悠久的姓氏。

秦姓图腾

相传秦姓始祖非子，原是黄帝孙颛顼的后代。颛顼有孙名女修，生大业，大业生伯益，伯益辅佐大禹治水有功，被赐以嬴姓。周孝王时，伯益后裔孙中有个名叫非子的人善于养马，因此被周孝王重用，在桃林（今陕西华县一带）饲样良马，为周孝王扩充兵力起了很大作用，因而又被封于秦邑（即秦城、秦亭，今甘肃清水县城），建立秦国。非子的子孙以封地为姓，便为秦姓。秦国建立后，在清水一带发展很快，成为西北地区一大势力。春秋时期，秦国建都于雍（今陕西凤翔东南），秦穆公称霸西戎，至秦孝公任用商鞅变法，国力富强，迁都咸阳，成为战国七雄之一。公元前221年，秦王嬴政统一中原，建立中国历史上第一个中央集权的封建王朝——秦朝，自称始皇帝（即秦始皇），建都咸阳。

秦朝历经二世，统治15年，后被刘邦领导的起义军所灭。秦始皇的子孙以国为氏，便为秦氏，这一秦氏的影响大大超出了非子封地秦邑的影响，但秦姓都是从非子根源而来，这是当今秦姓人最正宗、最主要的起源。

除上述主要的一支外，还有从周王族姬姓人中分化出来的秦姓。西周时，周文王有子名姬旦（即周公），在周成王时，姬旦之子伯禽被封于鲁，建立鲁国，伯禽的裔孙后又被封于秦邑（今河南范县旧城南），此后他们的子孙也以封地为姓，便为秦姓。

秦姓名人

春秋时期孔子弟子秦冉，蔡国人，孔门七十二贤之一；秦非，鲁国人，孔门七十二贤之一；秦商，鲁国人，孔门七十二贤之一；秦商之父秦堇父，与孔子父叔梁纥俱以勇力闻名。

战国时期名医扁鹊，原名秦越人，治病以诊脉为名，创立望、闻、问、切“四诊法”，因医治好赵简子五日不醒之症，获赐蓬鹊山田为食邑之地，蓬鹊山扁鹊洞府上面有天然石鹊翩翩欲飞，人们视秦越人为吉祥喜鹊，故尊其为“扁鹊”；战国时燕国将领秦开，大破东胡，拓地千里。

三国时期蜀汉大臣、学者秦宓，曾劝阻刘备伐吴，吴使张温访蜀时与之舌战，令张温无言以对。

隋末唐初名将秦琼，跟随秦王李世民南征北战，屡立战功，列入凌烟阁二十四功臣之一。

扁鹊

秦琼

北宋著名文学家秦观，婉约派词人，被尊为婉约派一代词宗，学者称为淮海居士。

南宋对金投降派代表人物秦桧，扶助宋高宗，官至宰相，打压国内抗金势力，以“莫须有”的谋反罪状杀害岳飞父子。相传民间百姓因为愤恨秦桧投降并冤杀岳飞，用面团做成他的形象丢入油锅里炸，称为“油炸桧”，后来演变成今日的“油条”，后人有“人从宋后少名桧，我到坟前愧姓秦”；秦九韶，南宋著名数学家，与李冶、杨辉、朱世杰并称宋元数学四大家，著有《数书九章》。

明朝中期名臣秦纮，长期担任边区巡抚和总督，为明代边疆地区稳定做出了极大贡献，《明史》赞其“文武兼资，伟哉一代之能臣矣”；秦良玉，明代著名女将，丈夫马千乘是汉伏波将军马援后人，世袭石砫宣慰使，遇害后她代领其兵，所部号“白杆军”，是历史上唯一一位作为王朝名将被单独立传记入正史将相列传的巾帼英雄。

清代名臣秦蕙田，累官礼部侍郎，工部、刑部尚书，两充会试正考官；秦日纲，太平天国将领，后被封为燕王。

中国人民解放军高级将领秦基伟，历经土地革命战争、抗日战争、解放战争、抗美援朝战争，曾任国务委员兼国防部部长等职，被授予上将军衔。

79.江姓 

江姓在宋版《百家姓》中排第141位，现为我国以人口数排列的百家大姓第79位，其人员遍布全国各地，以及海外部分国家和地区，是一个历史悠久的姓氏。

江姓图腾

江姓的起源，据唐人林宝撰《元和姓纂》记载，江姓出自嬴姓，是黄帝后裔颛顼的玄孙伯益之后。伯益辅佐大禹治水有功，禹的儿子启建立夏朝后，伯益的三子恩成（字元仲）担任大理（主掌刑名之官），公元前1101年受封于江邑（今河南正阳县一带），建立江国。江国民弱国小，与邻无争，历经商、周都是子孙世袭。周朝时，江国由于地处淮河流域，又不与周朝王室同源，被当作“淮夷”看待。春秋时期（公元前623年）江国被南部强邻楚国灭掉，亡后的江国人流落各地，为不忘故国，便以原国名为氏，即江姓。

江姓源于伯益，得姓于国名，出于正阳。自从江国亡国后，正阳很长一段时期都没有江姓人居住，直至清朝初年，一支逃迁至湖北麻城的原江姓后裔江文、江榜兄弟二人，举家从麻城迁至原江国故地正阳县涂店乡江湾村，这支江氏兄弟迁回后在正阳江湾发展十分迅速，后又从江湾分衍三支，一支在距江湾西北3.5公里的大小江庄，现已千人以上；一支在正阳县兰青乡江店，现正阳县区内有江姓人口数千之众；此外，还有一支迁居到了罗山县子路乡江老坟山。

江姓名人

战国时期著名谋臣江乙，仕于楚国，活动于楚宣王时期，狐假虎威的故事就是他说来讽刺昭奚恤的，是江姓载入史册第一人。

西汉奸臣江充，得汉武帝宠信，权倾朝野，以巫蛊之祸陷构太子刘据，迫使太子自杀，皇后卫子夫亦自杀。

西晋谯郡太守江蕤，家风严谨，福德泽被后代，后裔在东晋至南北朝时期大放异彩，后世尊为济阳江氏一世祖；子江祚，孙江统，均为西晋名臣。

南朝政治家、文学家江淹，历仕宋、齐、梁三朝，是继扬雄、陆机之后的又一辞赋名家。相传江淹从宣城太守任上罢官回家时，曾在途中投宿，晚上梦见一男子自称晋代郭璞，对他说："我的笔放在你这儿许多年，现在我要取走了。"江淹从怀里摸出一枝五彩笔给他，此后再也写不出好的诗词了，于是世人说他已经才尽。这就是"江郎才尽"的典故。南北朝时期北魏丞相江瞻，杰出的政治家、军事家，曾推行木牛流马、连弩等。

南宋爱国丞相江万里，秉性峭直，力主抗元，投水殉国。

晚清名将江忠源，太平天国起义后，组建楚勇，击毙太平天国南王冯云山。

80.史姓

史姓在宋版《百家姓》中排第63位，现为我国以人口数排列的百家大姓第80位，是我国一个古老的姓氏。

史姓图腾

史姓起源主要有两支，一是以官为姓，二是以国为姓。

以官为姓的史姓起源：相传上古时期黄帝有位史臣，名为仓颉，他生有四只眼睛，善于观察分析研究事物的发展。当时他见人们在生活中用绳结记事相当烦琐，便发明了文字"壹、贰、叁、肆、伍、陆、柒、捌、玖、拾"，用于记载生活和国家发生的重大史事。仓颉的后代为了纪念祖先的功德，便以史臣的官名为姓，姓史。又传说在西周初年，有个名叫尹佚的人，被周武王任命观察天文，制订历法，并记录周武王的言行和国家发生的重大事件，其官职为太史，因而又称史尹佚。据《史记·晋世家》记载，尹佚任太史时，周成王即位时年幼，有一次与弟弟叔虞做游戏玩，削桐叶为圭（用作凭信的玉），说："以此封你。"在场的史尹佚就请成王择日立叔虞。成王说："我那是与弟弟做游戏。"尹佚说："天子无戏言，言则史书之，礼成之，乐歌之。"于是成王封叔虞于唐。通过这则史记，证实尹佚是一个办事严肃认真、一丝不苟的史官，尹佚的后世子孙就以其官职为姓，即史氏。

以国名为姓的史姓起源：西域有一史国（今乌兹别克斯坦共和国撒马尔罕以南一带），唐代强盛时归唐管辖。史国人入中原后，与汉族人交错杂居，受汉族文化的影响，以国名为姓，便为史姓。

史姓人早期主要在中原和关陇地区发展，形成了京兆（西安）、武昌（鄂城）两大著名郡望。

史姓名人

春秋时卫国大夫史鱼，也称史鳅，负责对社稷神的祭祀，故称祝佗，被吴国贤者延陵季子赞为卫国君子、柱石之臣，临死嘱家人不要"治丧正室"，以劝诫卫灵公进贤（蘧伯玉）去佞（弥子瑕），史称"尸谏"。

西汉大臣史恭，妹妹史节为卫太子刘据（汉武帝之子）良娣，生子刘进（称史皇孙），刘进生皇曾孙刘病已，即后来的汉宣帝。宣帝因为巫蛊之祸牵连，从小寄养在舅公史恭家，宣帝即位后，追封史恭为杜陵候，谥曰

"仁"；史崇，史恭玄孙，早年学习军旅，投效刘秀军，屡立战功，封溧阳侯，史姓家谱始祖。

隋唐时期少数民族大臣史大奈，突厥族，随秦王李世民征讨薛举、王世充、窦建德、刘黑闼，立下汗马功劳；武后时期宰相史务滋；唐朝叛将史思明，"安史之乱"祸首之一；史朝义，史思明长子，"安史之乱"叛将。

南宋政治家史浩，官至宰相，为岳飞平反昭雪，昭勋阁二十四功臣之一；史弥远，史浩之子，宁宗朝宰相，矫诏拥立理宗，在两朝擅权26年，对金屈服妥协；史嵩之，史浩之孙，史弥远之侄，功勋显赫，但又专横独断。

明末政治家、军事统帅史可法，左光斗弟子，因抗清被俘，不屈而死。

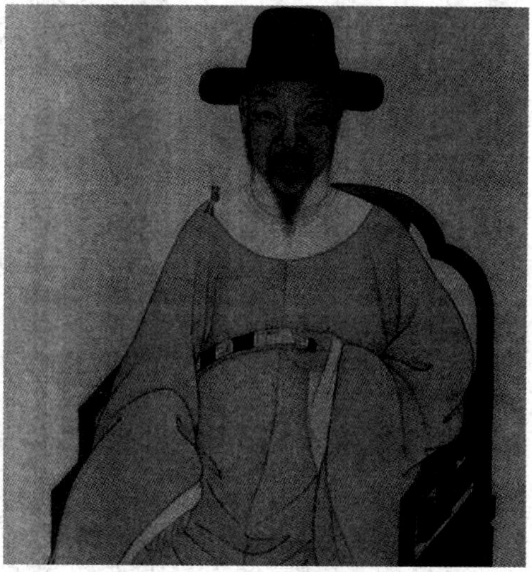

史可法

清代大臣史夔，康熙老师，《康熙字典》修纂官；史贻直，文渊阁大学士，宰相，军机大臣。

当代著名作家史铁生，代表作《我与地坛》。

81.顾姓

顾姓在宋版《百家姓》中排第93位，现为我国以人口数排列的百家大姓第81位。顾姓人员早期大都分布于长江以南广大地区，后迁居中原和黄河以北，现分布于全国各地以及海外部分地区，是一个历史悠久的姓氏。

顾姓起源有两种传说，一是以国名为姓，又称"北顾"；一是以封号为姓，又称"南顾"。

其一，以国名为姓的北顾，出自己姓，为夏朝时昆吾氏之后。形成于夏朝末年，昆吾氏的子孙被封于顾国（今河南范县东南），并在此世代居住。

顾姓图腾

直至夏朝末年，商汤举兵，先灭掉夏朝诸侯小国，然后彻底推翻夏朝。建立商朝后，商汤又灭掉顾国，被灭后的顾国王族为纪念自己的故国，以国名为氏，便为顾姓。顾姓主要繁衍在黄河以北地区，因而称为北顾，也称范县顾氏。

其二，以封号为姓的南顾，源于越国公族之姓“姒”姓。春秋时期，在今浙江一带有一个势力强大的越国。是一位著名的君主。越国一度被吴国所灭，经过十年的卧薪尝胆和各种准备，越国又打败了吴国，重新建立越国，政权存续100多年。直到公元前306年，越国被强大的楚国所灭。此后楚被秦灭，秦被汉灭。汉朝初期，朝廷为尊敬古代先贤，就找到越王勾践的七世孙姒摇，把他封于东瓯（今浙江温州一带），为东海王。后来摇又封自己的儿子为顾余侯。顾余侯居住在会稽（今浙江绍兴），其子孙以封号为氏，便为顾姓。

“南顾”得姓以后，发展很快，尤其在会稽一带族兴丁旺。到南北朝时期的梁朝，一个叫顾欢的人带领族人下迁天台、金华，另有部分顾姓人迁往武陵（今湖南常德），由此形成两大郡望，即会稽和武陵。这支顾姓起源于南方，其起源和血缘与“北顾”没有任何关系，因而称为“南顾”，也称会稽顾氏。

顾姓名人

汉末三国时期政治家顾雍，吴国重臣，官至丞相，多有匡弼辅正之词，《唐会要》将其评为“魏晋八君子”之一。

东晋时期顾恺之，杰出画家、绘画理论家、诗人，因文学和绘画方面的成就，人称“画绝、文绝和痴绝”，后人评其作画“意存笔先，画尽意在”，代表作《洛神赋》《女史箴图》等，为中国传统绘画的发展奠定了基础。

唐代武周时期大臣顾琮，秉性公直，不阿附权幸，以天官侍郎，同凤阁鸾台平章事；肃宗朝大臣、诗人顾况，继承杜甫的现实主义传统，是新乐府诗歌运动的先驱。

顾恺之《女史箴图》

顾闳中《韩熙载夜宴图》

五代时期南唐著名画家顾闳中，擅人物画，用笔圆劲，设色浓丽，擅描摹人物神情意态，传世名作《韩熙载夜宴图》。

宋代时期著名画家顾大中、顾亮、顾洪祝。

明代官员顾佐，黜赃举贤，每日入朝独处小夹室，非议政不与诸司群坐，人称“顾独坐”；著名画家顾名世；文学家顾璘，曾任刑部尚书，与同里陈沂、王韦号为“金陵三俊”；思想家顾宪成，东林党领袖，人称东林先生，和赵南星、邹元标号为“三君”，议论朝政，品评人物，得到部分士大夫的支持；明末清初杰出的思想家、经学家顾炎武，与黄宗羲、王夫之并称明末清初“三大儒”，因仰慕文天祥学生王炎午的为人，改名炎武，又因故居旁有亭林湖，被学者尊为亭林先生。

清代历史地理学家顾祖禹，代表作《读史方舆纪要》，是研究历史地理的重要经典；著名词人顾贞观，与纳兰性德交情甚笃，词善抒情，真挚委婉，与陈维崧、朱彝尊被誉为“词家三绝”；清代第一女词人顾太清，著有小说《红楼梦影》，是中国小说史上第一位女性小说家。

北洋政府和国民党政府时期著名外交家顾维钧，1919年参加巴黎和会，

顾炎武

据理力争，使日方归还中国山东半岛主权，历任欧美各国公使、国民党政府外交部部长及驻国联和联合国代表，1956年转海牙国际法庭任职；顾祝同，国民党一级陆军上将，蒋介石得力干将“五虎将”“八大金刚”之一；著名史学家顾颉刚，曾主编《中国历史地图集》，主持标点《资治通鉴》和二十四史等。

中国政坛女杰顾秀莲，曾任国家计委副主任、计划生育委员会副主任、全国妇联主席等；气象专家顾震潮，对中国气象预报事业的发展做出了重大贡献；著名沪剧演员顾月珍；钢琴演奏家顾圣婴，曾多次在国际音乐比赛中获奖，被誉为“天生的肖邦演奏家，真正的钢琴诗人”。

82.侯姓 

侯姓在宋版《百家姓》中排第230位，现为我国以人口数排列的百家大姓第82位。

侯姓是一个得姓古老、源头繁多、脉源不一的姓氏。据《周地记》记载，黄帝时期，有史官仓颉，本姓侯罔氏，他是我国文字的发明者，很有观察事物的能力和科学的头脑，既得黄帝喜爱，又深得人心，因而受到重用，为汉族文化的发展做出过不朽的贡献。他的子孙有一支居住在冯翊衙县（今陕西白水县东北北彭衙村）。侯罔氏简称侯氏，这支侯罔氏的子孙从此为侯氏，即侯姓。

侯姓图腾

侯姓另一来源出自姒姓，属于以国名为氏。夏朝时，有一位出身王族姒姓后裔的人被夏王封于侯（今河南巩义），建立侯国，后来他的子孙以国名为氏，即侯氏。据《史记·晋世家》记载，西周分封姬姓诸侯国时有晋国，建都于唐（今山西翼城市西）。至春秋初年，晋昭侯分封叔父成师于曲沃，造成分裂局面，历孝侯、鄂侯、哀侯、小子侯，至晋侯缗。晋侯缗于公元前678年被曲沃武公（即晋武公）所杀，其子孙逃到其他诸侯国，以祖上原封号“侯”为氏，便为侯姓。

北朝时期，入居中原的侯奴氏、渴侯氏、俟伏侯氏等鲜卑少数民族都从汉族单姓习惯，改姓侯氏。

还有因为侯氏护养成材或入侯氏为婿的别姓人改为侯姓的，他们的后代也都为侯姓。

侯姓名人

战国时期魏国人侯嬴，“战国四公子”之一信陵君（即魏公子无忌）门人，曾向信陵君献计窃符救赵，为时人所推重。

东汉初大臣侯霸，曾任尚书令、大司徒等，深得光武帝信赖器重，对东汉初年政权建设多有建树；侯谨，别名侯君，敦煌人，东汉敦煌著名文学家，家贫好学，推辞不仕，作《矫世论》讽刺当时的丑恶现象，作《皇德论》记叙当朝史事，人称“侯君”；东汉宦官侯览，因诛梁冀有功，进封高乡侯，任官期间专横跋扈，诬陷大臣张俭、李膺、杜密等为党人，造成历史

仓颉

侯方域

上有名的党锢之祸。

南北朝时期侯景，本姓侯骨，羯族，北魏末年爆发六镇起义，侯景率军镇压，投降南朝梁之后叛乱，史称侯景之乱，被部下所杀。

唐朝开国名将侯君集，封陈国公，凌烟阁二十四功臣之一。

宋代水利专家侯叔献，多次治理黄河有功；侯友彰，为官廉谨俭约，取与不苟，布衣蔬食，无异寒士；宋徽宗时大臣侯蒙，户部尚书，向朝廷建议招安宋江起义军，使讨方腊以自赎。

明代航海家侯显，曾作为郑和的副手参加第二、第三次下西洋，为促进中国和亚洲各国交流做出了重要贡献；大臣侯恂，东林党人，反对阉党魏忠贤专权，为官清廉，不附权奸。

明末清初文学家侯方域，擅长古文与写诗，与方以智、冒襄、陈贞慧合称“四公子”；清代文学家侯涵、侯芝。

现代著名历史学家、思想家、教育家侯外庐；京剧演员侯喜瑞；地质学家侯德封，中国科学院院士；相声表演大师侯宝林。

83.邵姓 

邵姓在宋版《百家姓》中排第102位，现为我国以人口数排列的百家大姓第83位。

邵姓图腾

邵姓，《姓源韵谱》说是“周召公奭后”。召公奭系何许人，邵姓又是怎样形成的呢?

邵姓古作召姓，是周朝姬姓召公的后代。据史书记载，召公名奭，是周文王姬昌之子、周武王姬发的同母弟。周举兵灭商，召公也是建功大臣，周朝建立初年分封诸侯国时被封于燕。因他极富谋略，所以周武王把他留在朝中辅佐，管理国家重要大事，至于燕国则只派了召公的大儿子去管理。由于辅佐有方，召公奭又被周王封于召（今陕西岐山西南），管辖西北大片地区。召公王位世代承袭，直至周厉王时，厉王暴虐无道，国人敢怒不敢言，召公裔孙召穆公虎向周厉王进谏，指出“防民之口，甚于防水”，但周厉王不听。公元前841年，民众造反，周厉王逃走，召穆公虎私藏太子，为保全太子，以自己儿子性命去换太子的性命，后来拥太子继位，即周宣王。召公世族既是姬姓周室贵族，也是保国重臣，直至秦起兵灭周，召公的封邑才被秦吞并。失去封地的召公后裔子孙为纪念召公，以召为氏，即为召姓，因避事在召字旁加“阝”，形成了邵氏。三国以前，“召”和“邵”同用，都为一姓，三国以后召姓都加“阝”，统为邵姓。

邵姓人得姓于西北，三国时期以前主要在北方发展，后逐迁各地。

邵姓名人

春秋时齐国人召忽，与管仲同事齐襄公之子公子纠，襄公死后齐国内乱，随公子纠逃到鲁国，后公子纠与公子小白争位失败，在鲁国被杀，召忽一同遇害。

汉初名将召欧，在沛县从刘邦起兵反秦，以军功封广侯；名臣邵信臣，历任零陵、南阳太守，在南阳兴修水利，与杜诗在南阳都有惠政，时人称“邵父杜母”，以表达对他们的敬爱。

北宋著名哲学家邵雍，一生不仕，精研周易，创立象数之学，是邵姓最杰出的学者；哲学家邵伯温，邵雍之子；大臣邵必，善篆隶，出使契丹以理

召公奭

邵雍

折屈之，屡解朝廷礼仪疑难，《宋史》有传；大臣邵亢，邵必之侄，官至枢密副使，《宋史》有传；邵宏渊，南宋初年著名抗金将领，官至节度使；南宋抗金义军首领邵兴，人呼邵大伯，曾保卫商州（今陕西商县）十年，后被秦桧毒死。

明代大臣邵宝，累官至南礼部尚书，学者称其“二泉先生”；龙虎山上清宫达观院正一道士邵元节，统辖京师朝天、显灵、灵济三宫，总领道教；将军邵捷春，为人清谨，治蜀有惠政，以围剿张献忠、罗汝才失败，自毒死；明末著名画家邵弥，以山水及花卉见长；画家邵坚，善山水。

清代文学家邵齐焘，幼异敏，读书晓大义，曾任翰林院庶吉士等职；著名学者邵晋涵，史学家、经学家，四库全书馆编修官，主持《四库全书·史部》编撰工作，史部之书多由其最后校定，提要亦多出其手，在清代经学史上占有重要地位；诗书画家邵士燮，善隶篆刻，嗜画山水。

近现代著名记者、报人邵飘萍，曾因反袁流亡日本，因发表文章揭露奉系军阀张作霖的黑暗统治，被张作霖杀害，有“铁肩担道义，辣手著文章”之称；无产阶级革命家、军事家邵式平，著名农民运动领袖，和方志敏共同领导弋（阳）横（峰）农民武装起义，闽赣苏区、闽浙赣苏区和红十军创建者与领导人之一；民主爱国人士邵力子，社会活动家；文艺理论批评家、作家邵荃麟；著名历史学家邵循正；著名慈善家、著名企业家、电影制作者邵逸夫。

84.孟姓 

孟姓在宋版《百家姓》中排名第94位，现为我国以人口数排列的百家大姓第84位。

相传远古颛顼帝有大臣名叫孟翼。据《史记·五帝本纪》记载，颛顼是黄帝的裔孙，号高阳氏，建都于商丘（今河南濮阳）。这是孟姓人最早出现的历史记载，但孟翼之后再无记载，所以古代谱牒学家大都认为孟姓起源于春秋时期，是由姬姓周朝分封诸侯国而得氏，后由复姓改为单姓。

周朝时期，周文王之子周公旦的儿子伯禽被封于鲁（今山东曲阜），建立鲁国，为姬姓。春秋初年，伯禽裔孙鲁桓公，又名庆父，是鲁国原国王鲁惠公的孙子，被分邦建氏，称仲孙氏。后来鲁国连发内乱，仲孙庆父也被卷入其中，失败后逃到莒国，将仲孙氏改为“孟孙”，此后又率子孙归国，其子孙将孟孙氏简化为单姓孟氏，从此姓孟。

孟姓图腾

孟姓又有一支出于春秋卫国。据有些姓氏书籍记载，卫灵公有位庶兄名孟挚，其子孙后来都姓孟。谱牒学家则认为，卫襄公有子叫公孟，公孟的子孙以“公孟”简省为孟，便为孟姓。

孟姓不论源自哪一支，但出于王公贵族后代都是毫无疑义的。孟姓人最值得骄傲的是在战国时期出了位大思想家孟子，孟子的声望也仅次于孔子，因全面继承和发展了孔子的学说，在中国历史上享有仅次于孔子的待遇，被称为“亚圣”。

孟姓名人

战国时期著名思想家、政治家、教育家孟轲，邹国人，是孔子之后最著名的儒家代表人物；墨家巨子孟胜，为了守义，与180名弟子死于楚国阳城君的封地。

中国民间传说人物孟姜女，当时秦始皇到处抓丁修长城，其丈夫范喜良修筑长城而死，孟姜女千里寻夫，哭倒长城，其故事是中国民间四大爱情故事之一，千百年来在民间广为流传。

西汉今文易学“孟氏学”的开创者孟喜；东汉贤士梁鸿之妻孟光，因与丈夫“举案齐眉”而留名青史。

三国时期吴国名臣孟宗，孝敬母亲，“哭竹生笋”的故事流传至今；蜀国彝族首领孟获，被诸葛亮七擒七纵，后归顺蜀国；蜀国大臣孟达。

唐朝著名诗人孟浩然、孟云卿、孟郊，水利专家孟简。

后蜀高祖孟知祥；后主孟昶。

宋朝时期名将孟珙。

元初名臣孟祺，参与编辑《农桑辑要》，与阎复、李谦、徐琰合称“东平四杰”；襄阳红巾军起义首领孟海马。

孟子

孟浩然

著名历史学家孟森，被公认为中国近代清史学科杰出奠基人，其著作是近代清史研究发展的重要里程碑，代表作有《明史讲义》《清史讲义》。

现代骨科学家和骨科教育家孟继懋，中国杰出骨科先驱；著名教育家孟宪承；地质学家孟宪民；汽车工程专家孟少农。

85.龙姓

龙姓在宋版《百家姓》中排名第256位，现为我国以人口数排列的百家大姓第85位。

龙姓起源古老而又多源。古代西域有龙国，少数民族中彝族、苗族人中也有龙姓；当然，汉族的龙姓占了龙姓人口的绝大多数。龙国的龙姓和少数民族中的龙姓，起源无法考证，这里主要介绍汉族的龙姓起源。

龙姓图腾

据唐人林宝《元和姓纂》记载，龙姓源于董父（豢龙氏）和刘累（御龙氏）两人的后裔，后改为龙氏，都是赐姓。豢龙氏，是远古汉人祖先黄帝时设置的官职，相传黄帝时期有一个叫董父的人，善于养龙和驯龙，闻名于世，受到黄帝的赞赏，就赐封他为豢龙氏，并且世代承袭这一职位。其子孙以黄帝赐封豢龙氏而得氏，即为龙姓。

第二种说法是龙姓源于刘累。刘累的子孙以夏王孔甲赐刘累御龙氏之职而得龙姓。相传刘累是帝尧的后代，他向豢龙氏学习驯养龙的技能，夏帝孔甲便派他驯养龙。刘累驯养的四条龙不但生龙活虎，膘肥体壮，还能表演舞技，很得孔甲的欣赏，孔甲便赐封刘累御龙氏之职，并赐邑洛州（今河南偃师市南）居住。后因饲养不善，突然死了一条雌龙，刘累无法向夏王交代，南逃到鲁县（今河南鲁山县），隐居起来。刘累的子孙中有一支为纪念先祖，便以御龙氏简化为龙姓。

龙姓人得姓后发展成天水、武陵等多处郡望。

龙姓名人

春秋时学者龙子，我国早期思想家，孟子引以为先贤，于《孟子》一书中多处引用其言论主张。

战国时期魏国大将军龙贾，魏惠王时筑长城于西边，与公子昂领兵与秦国作战。

秦朝末年将领龙且，又称司马龙且，西楚霸王项羽手下猛将，与名将钟离昧同乡，跟随项羽四处征战，在潍水之战中陷入韩信水淹围城之计被杀。

东汉贤士龙伯高，与伏波将军马援交好，任零陵太守，成语“刻鹄不成尚类鹜，画虎不成反类狗”中的鹄（天鹅）即指龙伯高。

南宋大臣龙大渊，官至宁武军节度使、浙东总管。

元代诗人龙仁夫，有“清华才子”的美誉，著有《周易集传》，在湖北创办问津书院，在历史上曾与岳麓书院、东林书院、白鹿洞书院齐名。

明朝初年大臣龙镡，被曹国公李文忠、司成宋讷称为国士，推荐给明太祖，诏对称旨，不畏权贵，燕王朱棣即位后，被囚于锦衣狱，不屈而死；山东按察使龙文明；四川按察使龙诰；兵部右侍郎龙大有；山东布政使龙光。

清代著名戏曲家龙燮；康熙朝大臣龙光，曾治闽狱，办案公正严明；龙为霖，为官时惩奸邪，均徭役，兴学设教，有惠政；龙之章，著名医学家，著有医书《蠢子医》；龙启瑞，历任江西学政，官至江西布政使，被称为“岭西五大家”之一；龙鸣剑，同盟会会员，革命家，辛亥革命四川保路起义的组织者和领导者之一，被誉为辛亥首义。

飞虎队队员龙启明，抗日战争时期最年轻的“飞虎队”队员，负责最危险的“驼峰航线”飞行；抗日爱国将领、云南省国民政府主席龙云，主政云南18年之久，进行改革，被称为“云南王”，1949年宣布起义，拥护中国共产党的领导。

国家外经贸部副部长龙永图，中国加入世贸组织谈判首席代表；著名作家龙应台，代表作有《野火集》《孩子你慢慢来》《目送》等。

86.万姓 

万姓在宋版《百家姓》中排名第162位，现为我国以人口数排列的百家大姓第86位。

万姓起源于周王室分封诸侯国中诸侯王的名，一为芮伯万之后，二为毕万之后，他们的子孙都以其名中的“万”字为姓。

一是源于芮伯万之名的万姓。周武王举兵灭商之后，分封姬姓有功之臣于各诸侯国。有位同宗姬姓被封于芮（今陕西大荔朝邑城南），建立芮国，为伯爵。春秋时，芮伯有位名万的人在位，称芮伯万，因个性刚强，不听母言，被母亲芮姜赶出了芮国，居于魏城（今山西芮城县）。后来芮伯万的子孙都以他的名“万”为氏，即为万姓。

万姓图腾

二是源于毕万之名的万姓。传说毕万是周文王第十五子毕公高的裔孙。毕公高与周武王是兄弟，周朝建立后，周武王封弟高于毕地，建立毕国，史称毕公高。后来毕国被灭，毕公高的后裔毕万到晋国任职，晋国发展强大后攻灭近邻三个小国，毕万在征战中立有大功，受到晋国献公重用。晋献公把被灭的魏国旧地（山西芮城）赐给毕万，命其为大夫。晋献公死后，毕万家族在芮族发展成强大势力，复建魏国，成为战国时期的七雄之一。毕万的子孙有一部分改为魏姓，另有一部分改为万姓。

以上两支万姓起源虽出于二人之名，但都出于芮城。

万姓名人

战国时期齐国人万章，孟子得意弟子，最早扬名于历史的万姓人。

东汉名将万脩，光武帝时历任信都令、偏将军等职，因功封槐里侯，云台二十八将之一。

北魏大将军、大司马万安国，封安城王。

唐代高僧万回，善预言，曾预言安乐公主将被诛，玄宗可作五十年太平天子等；唐代大孝子万敬儒，据传其母亡，住墓旁刺血写佛经，二指断，母复生，时人称奇。

万斯同

明代名医万全；明正德年间武进士万表，通经术，熟知先朝典故，为明代武臣通儒佼佼者；明末清初浙东学派甬上支派创始人万泰，师事刘宗周，加入复社，以激扬名节自任，明亡后救援抗清，以义声著称。

清代著名史学家万斯同，博通诸史，尤精明史，讲求志节，坚决不在清朝为官；著名画家兼绘画理论家万川，博学能文，擅画花鸟；清代文学家、戏曲作家万树；康熙年间进士万经，杰出学者，博通金石性理及金石家言；清代著名画家万承纪；经学家万斯大。

湘鄂西革命武装根据地创建人之一；现代杰出的文艺家、戏剧作家万家宝，笔名曹禺，代表作《雷雨》；世界动画大师万籁鸣，中国剪纸艺术第一人，动画电影创始人，作品有《铁扇公主》《大闹天宫》等；开国将军万毅中将、万振西少将。

87.段姓

段姓在宋版《百家姓》中排名第218位，现为我国以人口数排列的百家大姓第87位。

段姓来源复杂，支源繁多。据《史记·郑世家》记载，最早的一支段姓

段姓图腾

出自姬姓。春秋初年，周王室同宗姬掘突被封于郑（今河南新郑地区），建立郑国，史称郑武公。郑武公在申国娶了一女子为妻，叫武姜，生下长子庄公和次子叔段。由于庄公出生时是脚先生出来，使武姜受到惊吓，因此很是嫌弃厌恶，就给他取名寤生。武姜特别偏爱次子叔段，甚至想立他为世子，因此多次向武公请求，但都未能如愿。公元前744年，郑武公病逝，寤生继位，史称郑庄公。庄公继位之后，武姜就替叔段请求分封到制邑去。由于制邑是险要之地，庄公没有答应，武姜又请求将京邑封给叔段，庄公答应，并让他住在那里，称之为京城太叔或太叔段。但是太叔段非常骄奢，他所在的京邑城墙高度超越了礼制，武姜也纵容他，庄公没有办法，只能听之任之。过了不久，太叔段又把原来属于郑国的西边和北边的边邑强行据为己有，还把一些原本界限模糊的边邑改为自己统辖，引起了其他大臣的不满，但庄公仍没有采取措施。太叔段越来越骄横，干脆修治城郭，修整盔甲武器，打算偷袭郑国，并且和母亲武姜暗中联络，在都城里面打开城门做内应。庄公得知消息后，不再隐忍，派军队讨伐京邑。京邑的人民平时受尽了共叔段的欺压，这时都起来反抗，共叔段于是逃到鄢城。庄公又追到鄢城讨伐他，太叔段最后逃到共国。从此，叔段再无进郑之机，只得决定脱离郑国，改为段氏。从此以后，叔段的子孙也都改成了段姓。

又据《史记·老子列传》记载，春秋时期，伟大的思想家老子（李耼）的儿子李宗在魏国任将领，被魏王封于段干，此后其子孙去掉“干”字，改为单姓段氏。

此外，少数民族中也有段姓。如云南大理白族地区早在唐宋时期就有许多段姓人在此生活，金庸先生的武侠名著《天龙八部》就描写了段氏统治云南大理的故事，至今那里的段姓仍是当地大姓。

段姓名人

战国初期著名策士段规，辅佐晋国“六卿”之一韩虎，为后来战国七雄之一韩国的建立发挥了重要作用；战国时魏国人段干木，求学于子夏，与李克、吴起俱为魏国才士，受魏文侯敬重，每过其家门，站立伏于车前横木，以示尊敬。

西汉时期段会宗，任西域都护、雁门太守等职，为人义气，重功名，各族敬畏；段孝直，汉景帝时任长安令，性刚直纯孝。

东汉宦官段珪，与张让等十个宦官合称“十常侍”，是东汉末年“宦官集团”的核心人物，党同伐异，卖官鬻爵，后在“十常侍之乱”中被杀。

南北朝时北齐段韶，累官至左丞相，封平原郡王。

唐朝开国功臣段志玄，凌烟阁二十四功臣之一，屡立战功，封樊国公，后改褒国公；段文昌，唐穆宗时为相，治尚宽静；文学家段成式，文昌子，官至太常少卿，撰有《酉阳杂俎》。

五代时期南方大理第一世王段思平，出自白蛮大姓，世为南昭贵族，建立大理国。

清代著名文学训诂家、经学家段玉裁，著有《诗经小学》《说文解字注》等书。

段祺瑞，皖系军阀首领，素有“六不沾总理”之称，即不贪污肥己，不卖官鬻爵，不抽大烟，不酗酒，不嫖娼，不赌钱，曾任提督、国务总理等职；中国工农红军杰出指挥员、军事家段德昌，曾参加北伐战争，参与创建湘鄂西革命根据地，被列为共和国历史上36位军事家之一。

88.雷姓 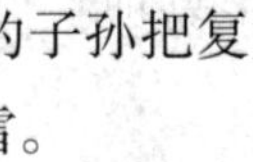

雷姓在宋版《百家姓》中排名第69位，现为我国以人口数排列的百家大姓第88位。

雷姓早期与方姓同源，都是方雷氏的后代，方雷氏的子孙把复姓分为两支，一支姓方，一支姓雷。

据宋人邓名世的《古今姓氏书辨证》记载，雷姓出身于古代诸侯方雷之后。炎帝时期，有一个部落叫方雷氏，其首领是炎帝神农氏的九世孙，他们以部落为氏，便为方雷

雷姓图腾

氏。方雷氏部落与黄帝部落相邻，关系密切。黄帝部落曾娶方雷氏部落女子为妻，生有子青阳氏玄嚣，成为联姻关系。经过战争，炎帝和黄帝正式被拥为部落联盟首领。不少方雷氏人在黄帝部下任职，其中一个出自方雷氏部落叫雷公的人，因精通医术而受黄帝重用，从此雷公的后代便为雷氏。

在东汉以前，雷姓不显，发展较慢。东汉明帝时期，原居住在西北地区的一支雷姓人迁入冯翊（今陕西大荔），后发展成一大势力，继而徙迁各地，其中一支迁至豫章（今江西南昌），在此发展成为大族。

以上两支雷姓虽脉源不同，但从隋唐以后徙迁混居，合二为一，成为统一的雷氏家族。

雷姓名人

东汉名臣雷义，官至侍御史，与同郡陈重情笃，被誉为交友的典范，人称“胶漆自谓坚，不如雷与陈”。

南朝宋著名药物学家雷敩，著有《雷公炮炙论》，其中有的制药法至今仍被沿用。

晋代天文学家雷焕，任丰城令，施仁政，废霸道，深受百姓敬重。

唐代名将雷万春；唐玄宗时著名宫廷乐师雷海青，善弹琵琶，安禄山叛军攻入长安后被俘，抗拒被杀；雷万兴，唐代山越首领，领导山越人民反抗唐朝的残暴统治。

雷发达

南宋勇士雷三益，与三子雷丙、雷戊、雷庚一同入文天祥部，父子四人英勇刚烈，全部战死沙场。

元代学者雷润德，与子雷机、雷洪、雷杭俱精于易理，世人称为“雷门易”。

明末清初建筑工匠雷发达，与子孙后代雷金玉、雷声澂、雷家玺、雷景修、雷思起、雷廷昌、雷献彩共八代，参与北京故宫太和殿、颐和园、圆

样式雷设计的清东陵和清西陵

明园、皇陵等工程设计建造，在工部样房主持宫廷营造达200余年，世称“样式雷”。

传奇革命家雷经天，五四时期南宁学生运动领袖，参加过南昌、广州起义和左右江革命根据地的创建；中国人民解放军战士雷锋，原名雷正兴，共产主义战士，以无私的奉献精神影响了一代又一代中国人；著名社会学家雷洁琼，杰出的社会活动家，中国民主促进会创始人之一和卓越领导人。

89.钱姓 錢

钱姓在宋版《百家姓》中排名第二，现为我国按人口数排列的百家大姓第89位。赵姓在宋朝是天子之姓，因此《百家姓》把赵姓排在首位，在情理

钱姓图腾

之中。但是，钱姓在当时既非人多势众，也非建国有功，为什么钱姓在《百家姓》中排名仅次于皇室赵姓呢？简单来说，就是当时的吴越国在钱氏统治下促成了经济社会的发展，而且对中国的统一更是做出了独特的贡献。

吴越开国君主名叫钱镠，杭州临安人，出身低微，从小就体现出领袖气质。传说钱家附近有一棵大树，年幼的钱镠和同伴们围绕大树玩耍时，他总是居中指挥，其他儿童听令列队训练。后来，有个精通天文、算卜的道士夜间观察天象，看见钱塘一代王气冲天，就来杭州一带寻找贵人，正逢钱镠路过，道士大惊说："这是真贵人！"钱镠生活在唐朝末年的混乱之世，只得入伍谋生，逐渐崭露头角，立下战功，执掌了江浙一带的实权。唐王朝和后续的中原王朝（梁、唐、晋、汉、周、宋）为了拉拢利用钱镠及其继任者，不断对他加官晋爵，而钱镠也因吴越地域狭小，强敌环绕，因此始终尊奉中原王朝为正朔，遣使进贡，并获封吴越国王。钱镠对内则保境安民，大力发展经济，繁荣文化，使得钱塘富庶盛于东南。公元960年，赵匡胤发动陈桥兵变，建立大宋政权，然后经过南征北战统一了北方，当时南方唯有吴越国国力强盛，能和宋廷抗衡。此时的吴越国王钱弘俶是钱镠之孙，他遵循祖父"善事中原，维护一统"的家训，为了避免生灵涂炭，主动放弃吴越王位，尊赵氏为帝，将所部州县、民户、士卒悉数献给宋朝，赵匡胤不费一兵一卒，就统一了江山。这一历史事件被称为"纳土归宋"，开创了中华大地和平统一的先河，长江以南唯独吴越国百姓免受战火之灾。人们为了纪念钱氏国王以国家统一大业为重，珍惜人民生命财产，便把钱姓排在了《百家姓》第二位。

钱姓排名《百家姓》第二位还有一种说法。据说《百家姓》是在宋朝初年由钱塘地区一位名儒编撰，早在宋朝建立之前，钱塘地区就长期属于吴越国管辖，开国君主叫钱鏐，等传位至第三代国君钱弘俶时，举国归顺宋朝。这位编写《百家姓》的名儒为了表示不忘故国，所以将钱姓排在第二位。

尽管钱姓不像其他大姓那样人口众多，但凭借钱姓国王的智慧之举而名垂青史，在宋朝时就成为一个非常显贵的姓氏，至今仍为我国百家大姓之一。

钱姓与彭姓同源，始祖为颛顼帝。颛顼是黄帝的后裔。颛顼的裔孙中有个叫彭祖的人，是著名的大寿星，据说活了800岁，夏时被封于彭（今江苏徐州彭城），建立彭国，后被商灭亡。周朝时，彭祖的裔孙中有个名叫彭孚的人，在周朝担任钱府上士，也就是管钱的官（相当于现在的财政部部长），把周朝的国家钱财管理得井井有条，国强民富，深得周王欣赏和百官敬佩，民众也非常拥戴。于是，彭孚也被称为钱孚，此后他的子孙便以其官名为氏，即钱氏。

历史上有彭钱自称一家，有难同帮，互不通婚之约。钱姓人家谱中把彭祖作为始祖，出自彭城郡望。以彭孚官职得姓的钱姓始祖为彭孚，出自周朝陕西西安市，追根彭祖出于彭城也有其道理。

钱姓名人

汉代官吏钱让，初举孝廉，征东大将军，徐、兖二州刺史，封富春侯，江东钱姓一代祖。

南朝宋代太史令钱乐之，律历学家，曾奉诏更铸张衡旧仪，其后又创制小浑天仪。

唐朝开国元勋钱九陇，善骑射，参与晋阳起兵，屡立战功，封郇国公，贞观时改封巢国公；著名诗人钱起，天宝年间进士，“大历十才子”之冠，

吴越王钱镠

钱谦益

与朗士元齐名，世称“钱朗”。

五代十国时期政治家钱镠，吴越开国国君。

宋朝时期诗人钱惟演；文学家钱易；大臣钱遹。

明朝时期名臣钱龙锡、钱谦益、钱士升、钱象坤、钱世桢、钱肃乐；哲学家钱德洪，王阳明弟子，王阳明心学重要代表人物之一，与同时期哲学家、思想家王龙溪齐名。

清朝时期名臣钱陈群，善诗，为乾隆赏识；钱载，《四库全书》总纂官，清正廉洁；考据学家钱大昕；钱棨，康熙时授官翰林院编修，是中国历史上两个“六元状元”（即县试、府试、院试、乡试、会试、殿试均为第一名）之一（另一个人是明朝的黄观）；钱沣，官至御史，高风亮节，刚正不阿，敢于谏议弹劾贪官污吏，因扳倒和珅而被誉为清代知识分子的泰山北斗。

中国现代思想家、文学学家钱玄同，新文化运动的倡导者；古文学家、教育家钱基博；子钱锺书，现代作家、文学研究家，与饶宗颐并称为“南饶北钱”；中国导弹之父、杰出科学家钱学森，中国近代力学、应用数学奠基人之一钱伟长，原子核物理学家钱三强，并称“三钱”；植物学家钱崇澍，中国科学院院士；著名航空工程专家钱昌祚；水利水电专家钱正英，中国工程院院士；铀同位素分离技术专家钱皋韵，中国工程院院士；著名采矿工程专家钱鸣高，中国工程院院士；著名的防护工程专家钱七虎，中国工程院院士；无机材料化学家钱逸泰，中国科学院院士；美籍华裔生物化学家钱永健，诺贝尔化学奖获得者，美国国家科学院院士。

90.汤姓

汤姓在宋版《百家姓》中排名第72位，现为我国按人口数排列的百家大姓第90位，其人员分布于全国各地以及日本、新加坡、泰国、巴西、毛里求斯、印度尼西亚、澳大利亚等国家和地区，是一个历史悠久的姓氏。

汤姓源于子姓，得姓于商朝开国君主成汤，属于以先祖谥号为氏。据《史记·殷本纪》记载，夏朝时期，在黄河下游有一个部落，始祖名契，因辅佐大禹治水有功，被帝舜封于商（今河南商丘南），建立商国，赐姓子

汤姓图腾

氏。契之后传承14世，至裔孙履（字汤），此时正值夏朝末代君主桀统治时期。汤即位后，广施仁政，爱护民众，深得百姓爱戴，周围一些小国纷纷慕名前来归附，商部落的势力迅速扩大。而夏天子桀却残暴无道，民心躁动，国内局势日趋动荡，诸侯也不服从他的号令。汤在一些诸侯的推举下，建立了反夏联盟，并找到贤臣伊尹辅佐，逐一灭掉夏王朝的重要同盟葛国、韦国、顾国、昆吾国，成为当时最强的诸侯国。夏桀开始反扑，但无奈商的势力已难以撼动，最后夏桀被俘获，放逐到南巢（今安徽巢湖居巢区）。从此，汤建立了中国历史上第二个奴隶制国家——商朝，定都于亳（今河南偃师二里头），史称商汤。汤逝世后，谥号“成汤”，历史上尊称为“帝乙”。商汤去世后不久，就有部分子孙以他的名字为氏，是为河南汤氏，史称汤氏正宗。由此可见，汤姓从商朝就已得姓，早期在中原地区发展，后迁徙全国各地。

商汤

伊尹

汤姓名人

南朝时期著名诗人汤惠休，官至扬州从事史，常从鲍照游，以诗赠答，时人称为“休鲍”，诗多情语，辞采绮艳。

南宋宰相汤思退，历高宗、孝宗两朝，官至签书枢密院事、尚书右仆射、尚书左仆射（即宰相，前后三任），聪明好学，为官清廉，办事谨慎，主张“金宋议和”，并奉旨割让疆土，极力排挤主战派张浚，是南宋最具争议的宰相；工部尚书汤汉，南宋儒学旗手、理学宗师；参知政事汤鹏举，举贤荐能，时号得人。

明朝开国名将、军事家汤和，为人谨慎，沉敏多智，为朱元璋建立大明王朝立下卓越功勋，封信国公，是少数明初开国功臣得以善终者；抗倭名将汤克宽；戏曲家、文学家汤显祖，代表作《牡丹亭》；琵琶演奏家汤应曾。

清代画家汤贻汾；史学家汤球；礼部尚书汤金钊，后入阁拜副相；汤寿潜，清末民初实业家和政治活动家，晚清立宪派的领袖人物，因争路权、修铁路而名重一时，对中国近代化发展做出了重要贡献。

汤有隆，著名书法家，有“中华门外大书家”和“溧水大东门外（第）一支笔”之美誉。

现代著名哲学家、佛学家、教育家汤用彤，中国学术史上少数几位会通中西、接通华梵、熔铸古今的国学大师之一，与陈寅恪、吴宓并称“哈佛三杰”；著名微生物学家、病毒学家汤飞凡，沙眼衣原体的发现人之一，中国科学院院士；植物生理学家、生物学专家汤佩松。

明朝开国名将汤和

戏曲家汤显祖

91.尹姓 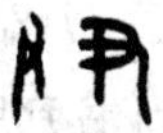

尹姓在宋版《百家姓》中排名第100位，现为我国以人口数排列的百家大姓第91位。

尹姓起源于地名和官名。

其一，源于封地的尹姓。据《姓源韵谱》记载，古代东夷族首领少昊有子名殷，会手工业和农业两项技术，被派遣管理工正和农正之职，因成效显著，被封于尹城（有人认为是今河南宜阳、新安两县地，也有人认为是今山西隰县）。后来，少昊之子殷的子孙便以封地尹城为氏，即尹姓。

尹姓图腾

其二，源于官名为姓的尹姓。有尹姓家谱记载，唐尧时期，有一个名为寿的人受任师尹之职，帮助唐尧管理国家大事，权高位重，人丁昌盛。其子孙为纪念他的官职，便将“师尹”去师留尹，以尹为姓。

商、周时期，朝中“尹官”的权力很大，可以管理朝中大臣，相当于宰相。担任尹官的子孙都以官职显耀而称姓，便为尹姓。因为尹官不是世袭，也非一姓人担任，其子孙以官显而得姓，尹姓的始祖难以考证，但是，他们都属于尹姓家族的成员。

尹姓名人

西周初年太史史佚，原名尹佚，尹逸，因其所做的史实记录，使后世学者明确了武王克商、周成王继位以及成王封叔虞于唐的历史；尹吉甫，西周时期尹国国君，我国第一部诗歌总集《诗经》的采风者、编纂者，被尊为中华诗祖，又是西周著名贤相，辅助周宣王中兴，晚年直言进谏规劝周幽王。

战国时期著名哲学家尹文，与宋钘齐名，属稷下道家学派，被尊称为“尹文子”，与名家代表人物公孙龙同时代，其学说很受公孙龙称赞。

汉代名臣尹咸、尹赏、尹珍、尹翁归，四人名倾朝野；尹更始，史学家；尹敏，经学家。

尹文

南朝时期名臣尹正、尹略。

唐朝时期的工部尚书尹思贞，以执法公正、清廉而著称。

宋朝时期保信军节度使尹崇珂；兵马副都统尹继纶，抗辽名将。

明朝时期兵部侍郎尹嘉宾，吏部尚书尹曼，监察使尹府，巡抚尹继伦，布政使尹伸。

清朝时期吏部侍郎尹会一；文华殿大学士、军机大臣尹继善。

92.黎姓 

黎姓在宋版《百家姓》中排名第262位，现为我国按人口数排列的百家大姓第92位。黎姓人员分布在全国各地，以及海外部分国家和地区，是一个历史悠久的姓氏。

黎姓源于高阳氏，出自远古颛顼帝之孙重黎，属于以先祖名字和国名为氏。据《大戴礼·帝系篇》记载，颛顼帝生老童，老童生重黎和吴回。重黎为高辛氏火正，号祝融。传说重黎担任火正之职时，因为九黎叛乱，受命领兵平叛，却没有完成任务而被诛，其弟吴回接替重任，平定九黎之乱。在重黎的后裔子孙中，有以先祖名字或官职为氏者，称重黎氏、火正氏，后皆简化为单姓黎氏。因此，黎姓是一个非常古老的姓氏。

黎姓图腾

黎姓又源于国名。商朝时有两个黎国，一个在今山西境，始祖是黄帝的曾孙北正黎。据《黎氏族谱源流序》记载，北正黎担任田官。至商朝时，他的子孙中有人因功被封于黎（在今山西长治市西南），建立黎国，子姓，侯爵。后来，周武王仍封他们为黎国，世袭国君。至春秋时期，黎国从长治迁都山西黎城县，不久被晋国灭掉。被灭之后的黎国王族和百姓中很多人都以国名为氏，即黎姓。

另一支黎姓起源于古部落“九黎族”之后裔。商时有子孙被封于黎（在今山东郓城一带），建立黎国。黎国的子孙后来也都以国名为氏，即黎姓。古代黎与耆相通，也有写作犁的，因而这两个黎国在史书中有些称为“耆”国或“犁”国，

还有一支源于鲜卑族的素黎氏，北魏时少数民族进入中原后，以汉族习惯改为单姓黎姓。

以上三支黎姓在后来的发展繁衍中融为一体，都为统一的黎姓，形成了京兆、九真、宋城三大郡望。

黎姓名人

春秋晚期齐国大夫黎弥（又名黎鉏），与孔子同时期，通过鲁定公的宠臣使用美人计，让鲁定公驱逐孔子，世人称其计策为“养其乱臣以迷之，进美女淫声以惑之”，总称“黎弥之策”，后世将其列归三十六计之“美人计”。

南北朝时期北魏将军黎嶷，因战功被封鹰扬将军；齐国将领黎侨，封永乐侯；北周将领黎景熙，善书法，知玄象，官至车骑大将军。

宋代经学家黎錞，官至朝议大夫，苏东坡称其“刚而仁明，正而不阿”。

明朝著名艺术家黎民怀，至京师诸王公闻其才名，争求识面，廷试归，绝意仕进，以诗、书、画“三绝”而闻名。

清代文学家黎恂；著名书画家黎简；清末著名外交家黎庶昌。

中国电影之父黎民伟。

语言文字学家黎锦熙；著名音乐

黎元洪

家黎锦晖；著名歌手黎明。

93.易姓 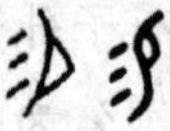

易姓在宋版《百家姓》中排名第339位，现为我国以人口数排列的百家大姓第93位。

易姓起源早期资料记载不全，至三国后才有史记载。据《元和姓纂》等古书记载，易姓源于易牙之后。春秋时期，有一个叫易牙的人，有一手高超的烹饪技术，在齐国为齐桓公专做膳食，很受齐桓公赏识，被封为膳食主管，并赐封地易州（今河北易县）作为他的食邑。易牙的子孙居于易州，易牙则在齐国王宫继续做官。齐桓公死后，齐国发生内乱，易牙也卷入此次政治风波之中。易牙所在集团失败，后被杀害，易牙的子孙因居易州而幸免于难，他们在得知易牙被杀后，为逃避打击，分别迁到魏国和晋国。这些子孙为纪念易牙和封邑，便都以易为氏。

易姓图腾

易姓人得姓后在济阳、太原发展形成郡望，后迁徙各地，族兴丁旺，名人辈出。

易姓名人

东晋名将易雄，为人正直，在王敦叛乱中被俘，不畏死难而扬名天下。

易牙

唐朝大臣易重，唐武宗会昌五年（845年）乙丑科状元，官至大理寺评事；易延庆，易重之孙，官至大理丞，侍母至孝，以孝义入《宋史》列传。

北宋时期著名画家易元吉，尤善画猿猴，闻名天下；南宋中后期著名学者易祓，孝宗、宁宗、理宗三朝重臣，与同郡汤璹、王容并称“长沙三俊”，与著名词人姜夔“折节交之”。

明朝大臣易仿；贤士易道暹；学者易翼之。

清代学者易贞言，著有《周易讲义》《五经精义》等；子易宗瀛，天资明敏，乾隆元年（1736年）与弟宗涒同举博学鸿词，有“机、云”之誉。

近代教育家易培基，故宫博物院创建人之一。

中国男子篮球队队员易建联。

94.常姓 

常姓在宋版《百家姓》中排名第80位，现为我国按人口数排列的百家大姓第80位。

最早出现的常姓人名叫常仪、常先，但他们的祖先是谁不得而知。据《姓氏考略》记载：“黄帝大臣常仪和大司空常先，常氏当此出。”据传在远古黄帝时代，以常为氏的古人很多，帝喾高辛氏就有次妃名叫常仪，因善于占卜月亮的晦、朔、弦、望而闻名。史籍《帝王纪》中说她和帝喾结合之后，生帝挚，但在位短暂，不久后被废。因古代“仪”与“娥”同声通用，故后世“嫦娥奔月”的故事有可能是由常仪占月附会而成。又据《史记·五帝本纪》记载，黄帝“举风后、力牧、常先、大鸿以治民”，其中的常先，就是黄帝时期担任大司空（掌管工程的官）的常姓人，这也是最早见于史载的常氏。清朝学者张满在《姓氏寻源》中说：“黄帝使常仪占月，又有常先为大司空，常氏宜出于此。”也就是说，常姓应该源自黄帝时代的常仪、常先，其后代便以常为姓，发展流传至今。

常姓图腾

常姓又源于姬姓，出自周武王姬发同母弟卫康叔之后，属于以封邑名称为氏。周武王灭商后，封其弟姬封于康邑，世称康叔封。后来周公旦（周武王之弟姬旦）辅政周成王时，又将原来商都周围地区和殷民七族封给康叔，建立卫国。因此，康叔又称卫康叔，成为卫国的始祖。西周初期，周公为了奖励同姓宗室和有功之臣，大举分封诸侯，诸侯也跟着在自己封国内再次分封，建立国中之国，其中卫康叔就把他的一个儿子分封到常邑（今山东滕州）。到战国时期，卫国成为魏国的附庸，并最终为秦国所灭。卫国灭亡后，其后裔有以国为氏姓卫，也有以封邑为氏姓常者，史称常氏正宗，是为山东常氏。该支常氏族人皆尊奉康叔为得姓始祖。

到北宋时期，因宋真宗名赵恒惠，为了避宋真宗“恒惠”的名讳，原本姓恒的人根据“恒”的字义，改为常姓。这支恒姓人自宋朝以后，子孙也都世代为常姓。

以上三支常姓人从血缘上虽无联系，但在历史的发展中已融为一体，自清代以后常姓已为一家。常姓在发展中形成了平原、东海等多处著名郡望。现在，常姓族兴丁旺，名人辈出，屹立于我国百家大姓之林。

常姓名人

西汉大臣常惠，汉武帝时作为苏武的副使出使匈奴，被扣留19年回国，拜光禄大夫，出使乌孙，击败匈奴，诛杀杀害汉使的龟兹贵人姑翼，使龟兹成为汉之典属国，史称“明习外国事，勤劳数有功”。

三国时期魏国司农卿常林。

北朝时期名将常安成、常景、常爽。

唐朝时期代宗、德宗两朝宰相常衮，诗人常建。

宋朝时期将领常思德，尚书常楙。

明朝时期建国功臣常遇春、常升。

常遇春

清朝时期伊斯兰教学者讲师常志美，巡抚常安，总督常明。

老生演员常春恒，与周信芳、刘筱衡、李桂春并称为“海上剧坛四大金刚”；相声演员常连安，长子常宝堃、次子常宝霖、三子常宝霆、四子常宝华、五子常宝庆、六子常宝丰及其孙常贵田（常宝堃之子）都说相声，人称“常氏相声世家”；常香玉，著名豫剧女演员，工青衣、花旦；常昊，中国围棋高手。

95.武姓 

武姓在宋版《百家姓》中排名第250位，现为我国按人口数排列的百家大姓第95位。

武姓起源较为复杂，血源也不统一，但在历史的发展繁衍中已融为一体，也即“武姓为一家”。

武姓最早的一支出自夏朝。据《世本》记载，武姓出自夏朝大臣武罗，武罗的后裔都为武姓，但武罗后世无法考证。

武姓的第二支出自商朝武丁之后，武丁是殷商王始祖契的后裔孙。宋代郑樵的《通志·氏族略》参考《风俗通义》，说武姓出于殷商王始祖契之后，源于“子姓”。因为商王武丁名中有“武”，所以他的后裔便以“武”为氏。

武姓图腾

武姓的第三支出自周朝周平王之后。相传周平王继位时生有一子，此子刚出生时手掌心里有一个像是“武”字的文字，因而得名姬武。他的后代以“武”为氏，便为武姓，武姓人把这支脉源作为自己的正宗。

不过，宋人郑樵不同意“出生有字武”的观点，认为这是谬论。唐代女皇武则天是武姓的杰出代表人物，据《唐书》说武则天本不姓武，而是贺兰氏，武则天的父亲武士彟本为贺兰氏冒姓武，但他们的后代都为武姓。这支武姓人后来发展形成了冯翊、沛国、太原三大郡望，从这三大郡望迁徙出去的武姓人都是武则天父亲武士彟的后裔。

武姓名人

秦末农民起义军领袖、陈王陈胜部将武臣，任将军攻打赵，连得十余城。

唐初大臣武士彟，女皇武则天之父，早年曾资助李渊起兵，加封应国

武则天

公；一代女皇武则天，唐高宗李治皇后，唐中宗李显、唐睿宗李旦之母，曾建周代唐，在位21年，史称“武周”，在位期间多有政绩，发展科举，善用人才，但因任用酷吏而不乏冤案；武元衡，武则天曾侄孙，官至宰相，帝评之曰“是真宰相器”，因刚直不阿触犯权贵而遇刺。

宋朝时期著名画家武宗元；梁山好汉打虎英雄武松。

清代乾嘉时期著名经学家、考据学家、学者、金石学家武亿，为官爱民如子，惩恶扬善，泽被乡里；享誉中外的平民教育家武训，行乞三十八年，建三处义学，使穷家子弟受到教育，是中国历史上以乞丐身份被载入正史的唯一一人，被誉为“千古奇丐”；清代武式太极拳创始人武禹襄。

96.乔姓

乔姓在宋版《百家姓》中排名第282位，现为我国以人口数排列的百家大姓第96位。

乔姓起源之一，“桥”去木为乔。义取高远的乔姓人原本姓桥，出自姬姓，是黄帝的后裔。据《史记·五帝本纪》记载：“黄帝崩，葬桥山。”中华民族的祖先黄帝死后埋葬在桥山（今陕西省黄陵县）。为给黄帝守陵，位于黄陵附近的黄帝姬姓子孙长期居守桥山，后从姬姓改为桥姓。这支桥姓人一部分迁徙河南商丘，一部分迁徙安徽潜山。

乔姓图腾

关于桥氏改为乔氏，大多数史书认为是在北周时期。东汉时，桥玄官居太尉，其五世孙桥勤，任北魏平原内史，跟从孝文帝入关。西魏取代北魏，桥勤之孙桥达为丞相宇文泰臣属，宇文泰命他去掉“木”旁，改为“乔”姓，说是取乔字的“高远”之意，从此桥姓改为乔姓。“桥”“乔”实为一姓，脉源统一。

东汉末年，有位居住在潜山的乔姓人，史称乔公，他生有大乔和小乔两个女儿。三国时，大乔嫁给东吴开国君主孙权的哥哥孙策，小乔嫁给东吴名将周瑜。因与东吴权贵联姻，乔氏也显贵于世。大小乔姐妹美貌秀丽，知书达礼，深受夫君敬重和宠爱。由于有《三国演义》这部历史名著的渲染，人们对乔氏也更有印象了。

乔姓名人

东汉名臣桥玄，初举孝廉，任度辽将军，击败鲜卑、南匈奴、高句丽侵扰，保境安民，性格刚强，不阿权贵，待人谦俭，为官清廉，去世后无钱下葬，时人称为名臣。

唐朝时期吏部尚书乔琳，左司郎中乔知之。

北宋大臣乔执中，官至刑部侍郎、中书舍人、给事中，为名相王安石所器重，命子弟与之游；南宋宰相乔行简，忠义敏达，遇事敢为，不与时俯仰，善权谋应变，被宋理宗依为心腹。

明代吏部尚书乔宇，因直谏君过，被迫去职回籍，与王云凤、王琼并称“晋中三杰”，亦称“河东三凤”；刑部尚书乔允升，以清廉正直、执法不挠、政绩卓著而闻名于世，审判魏忠贤余党。

清代名臣乔光烈，为官清正廉明，在任知县时，亲自教农民种桑养蚕，被人称为乔公桑；广东按察使乔用迁，林则徐在广州禁烟时，曾率军抗击入侵的英国军舰和走私船；著名晋商乔致庸，乔家第四位当家人，人称“亮财主”，

乔致庸

修建著名的乔家大院，被专家学者誉为“清代北方民居建筑的一颗明珠”。

当代著名外交家乔冠华，曾任中华人民共和国外交部部长；著名词作家、剧作家乔羽，代表作有《让我们荡起双桨》《我的祖国》《人说山西好风光》《刘三姐》《难忘今宵》等。

97.贺姓 

贺姓在宋版《百家姓》中排名第70位，现为我国以人口数排列的百家大姓第97位。

贺姓起源于姜姓，演变至庆姓，后改为贺姓。

“春秋五霸”之首是齐桓公。齐桓公原本姓姜，名小白，有子小名庆克，又称公孙庆克。庆克有子名庆封，此后他们的子孙以庆为氏，即庆姓。齐灵公为君主时，庆封为左相，与右相崔杼是一对辅君的忠臣。齐灵公原本立公子光为太子，后因宠妃生了公子牙，又改立公子牙为太子。灵公死后，公子牙继位，诸侯都不认可。左相庆封与右相崔杼顺应民心，废掉公子牙，拥立公子光继位，称齐庄公。齐庄公继位后不久，看中了右相崔杼貌美秀丽的妻子，并与之通奸，崔杼知道后把齐庄公杀害。左相庆封以弑君之罪借机除掉右相崔杼，自任相国，独揽齐国朝政。庆封除掉崔杼等对手后，认为政局已稳，无所顾忌，自己只顾着喝酒打猎，不理国事，把朝中大事交由自己的儿子庆舍处理。由于庆封除掉崔杼独揽大权就有人反对，再加上放浪形骸，引起朝中众臣和卫士不满，造成齐国内乱。一次趁庆封外出打猎之机，朝中发生政变，卫士将庆舍杀害。庆封得知后不敢回齐国，逃到了吴国。庆封到吴国后，备受尊重，吴国君主把江苏镇江东一带土地赐给他为食邑。在齐国朝廷政变中幸存的庆姓族人后来也相继来到镇江，庆氏子孙从此在食邑生存发展。至东汉安帝时，为避讳安帝之父刘庆的名讳，将庆氏改为贺氏，从此庆姓人便为贺姓。

贺姓图腾

贺姓人在后来的发展中形成了广平、会稽两大郡望。

贺姓名人

三国时期孙吴名将贺齐，多次领兵平叛，孙权继位后出镇江上，军容威壮，与魏国曹休军划江而守。

两晋时期名臣贺循，贺齐曾孙，早有名声，与纪瞻、闵鸿、顾荣、薛兼并称“五俊”。

北魏时期名将贺拔岳，复姓贺拔，敕勒族，关陇集团第一代首领；北周隋朝时期名将贺若弼，复姓贺若，鲜卑族，少有大志，擅长骑射，博闻强识，但因自恃功高而诽谤朝政，为隋炀帝所杀。

贺知章

唐朝时期著名诗人贺知章，与张若虚、张旭、包融并称“吴中四士”，与李白、李适之等谓“饮中八仙”，又与陈子昂、卢藏用、宋之问、王适、毕构、李白、孟浩然、王维、司马承祯等称为“仙宗十友”，其诗文以绝句见长。

北宋著名词人贺公铸，其词善于锤炼字句，又常运用古乐府及唐人诗句入词。

明代著名医学家贺岳，贺氏中医世家先贤，著有《明医会要》等传世；明末农民起义前期首领贺一龙，后归顺李自成；明末清初文学家贺贻孙，其作品有较高的思想性和艺术性，部分著作辑入《四库全书》。

井冈山第一位女共产党员贺子珍，毛泽东主席夫人；伟大的无产阶级革命家、军事家贺龙，中国人民解放军创始人和主要领导者之一，中华人民共和国十大元帅之一；著名音乐家贺绿汀，创作了不朽的抗日战歌《游击队歌》。

98.赖姓

赖姓在宋版《百家姓》中排名第276位，现为我国以人口数排列的百家大姓第98位。

关于姓氏起源和赖姓始祖是谁，众说纷纭，有的说是炎帝之后裔，也有的说是黄帝后裔姬姓周朝受封的国姓。至于赖姓到底出于哪支脉源，没有明确的资料可考。

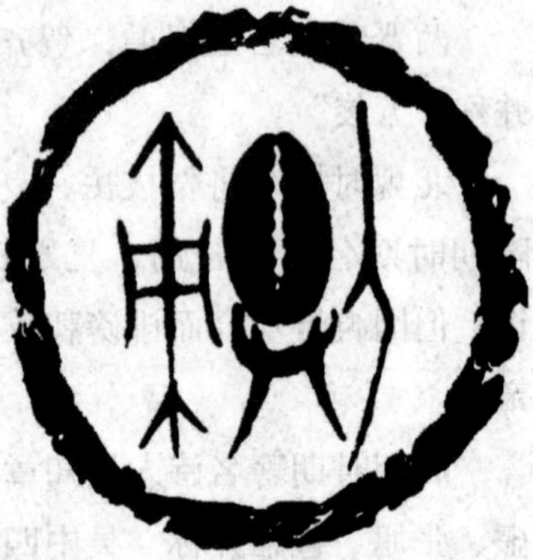

赖姓图腾

我国古典书籍《通典》《通考》《春秋地名考》以及清朝张澍的《姓氏寻源》和近代郭沫若主编的《中国史稿》认为，赖姓出自炎帝之后。炎帝神农氏在湖北有厉、赖部落，赖又作厉、列、烈，赖族部落源于烈山氏，烈山氏意为烧山种田，就是将山上的柴草焚为灰烬当作肥料来种植食用作物。这一说法认为赖姓出自烈山氏族（赖国），源于炎帝子孙，他们的后代都为赖姓。

又据《风俗通·姓氏》《通志·氏族略》和《中国文化大博览》等书籍记载，赖姓源于黄帝之后，是姬姓子孙。周武王姬发举兵灭商建立周朝初年，周武王大举分封诸侯，把自己的弟弟叔颖封于赖（今河南息县），建立赖国。公元前538年（鲁昭公四年），赖国被楚国所灭，赖国贵族中有的逃到就近的罗国改为罗姓，有的逃到傅国改为傅姓，大部分则迁到鄢陵，这些人为纪念自己的国家，以赖为氏，后世子孙都姓赖。

赖姓人得姓后在历史的发展中虽较为缓慢，仍族兴丁旺，名人辈出。

赖姓名人

唐朝时期光禄少卿赖文雅。

北宋末年地理学家赖文俊，曾任国师之职，后受秦桧陷害去官，足迹遍布祖国大地，留下许多神话般的传说，人称“风水大师”；南宋时期农民起义首领赖文政。

元代著名孝子赖禄孙，值贼乱，负母避难遇贼，众皆散走，贼将刃其母，禄孙以身翼蔽，贼受感动，放回其妻，《元史》有传。

明朝大臣赖瑛，历任御史、太守、左布政；大臣赖世隆，官编修，曾献策平定邓茂作乱，招集散亡盗贼十余万，功勋卓著。

清代书画家赖镜，性雅淡，善画山水，工诗，时称诗、书、画“三绝”；太平天国起义著名将领赖汉英；捻军统帅赖文光，封遵王。

中国人民解放军上将赖传珠。

99.龚姓 

龚姓在宋版《百家姓》中排名第192位，现为我国按人口数排列的百家大姓第99位。

龚姓起源繁杂，支脉较多，但众说大致统一，认为龚氏源于共氏。有起源于黄帝大臣“共鼓”后裔的龚氏，有起源于帝尧大臣“共工”后裔的龚氏，有起源于商代共国的龚氏，有起源于周代共国的龚氏，有起源于春秋时期晋庄公赠谥申生“共”的龚氏。

龚姓图腾

龚氏源于共氏，从共氏演变为龚氏。为何演变，分析其原因大致有三：一是古代共、龚并用，还有学者认为古代只有共字，没有龚字，因而都为共氏；二是龚字产生后，共姓人认为共字以上加“龙”字，更显共姓人的高贵；三是为避难而改共氏为龚氏，也有改共氏为洪氏的，因而共、恭、洪、龚自古都为一家。龚姓人到底起源于哪一支脉源，只能以龚氏自己的家谱为准，在历史发展的长河中，各支有各支不同的发展史。

龚姓也有从恭姓演变而来的，这一支认为恭姓从赐姓得姓。春秋时期，晋国的晋献公本已立长子申生为太子，但是晋献公的宠姬骊后来生下一子，名奚齐。骊姬受宠，逼迫晋献公废掉申生，改立奚齐为太子，为此她诬陷太子申生谋反，逼申生自杀。晋献公死后，奚齐即位为晋庄公。奚齐知道兄长冤枉而死，就谥他为“恭君”，因古代恭、共同音通用，申生的子孙就以“共”为姓，又逐渐演变成龚姓。

龚遂

龚姓名人

西汉时期大臣龚遂，史籍记载的第一位龚姓名人，任渤海太守，敢于谏诤，饥馑之年开仓借粮给百姓，后世把他和黄霸作为封建“循吏”的代表，称为“龚黄”；经学家龚舍，累拜太山太守、光禄大夫，与另一位著名经学家龚胜同为当时知名学者，世谓之楚二龚；东汉末年大臣龚灏，有权数，任侠放荡，曾为曹操献计攻克柳城。

宋代大臣龚原，曾师从王安石，积极参与王安石变法；大臣龚宗元，官至员外郎，德高望重，受人敬慕，与程道、程之奇并称“三老”；南宋著名画家龚开，师法米芾、曹霸，喜用水墨画鬼魅及钟馗，“怪怪奇奇，自成一家”，开明清写意画之先河。

明朝时期史学家龚之伊；著名医学家龚廷贤，被誉为“医林状元”，任职太医院，撰有《古今医鉴》，因医术精绝而被皇帝赞为“天下医之魁首”，并赠以“医林状元”匾额；嘉兴知府龚勉，主持重修著名的嘉兴南湖烟雨楼，官至浙江布政使。

明末清初名臣龚谦，举进士，授御史，巡盐两浙，执法除奸，名重一时；清代礼部尚书龚鼎孳，洽闻博学，诗古文并工，与吴伟业、钱谦益并称“江左三大家”；康熙年间著名诗人龚翔麟，为“浙西六家”之一；龚自珍，龚姓历史上最杰出的人物，清代著名思想家、文学家，今文经学重要代表人物。

近代实业家龚心湛，历任汉口中国银行行长、财政总长等职，代理国务

龚开《中山出游图》

总理三个月，后致力于兴办实业，反对日本侵略者侵占；著名光学专家龚祖同，现代光学事业创始人之一，中国科学院院士。

100.文姓 

文姓在宋版《百家姓》中排名第355位，现为我国以人口数排列的百家大姓第100位。文姓人员分布在全国各地，以及海外部分国家和地区，是一个历史悠久的姓氏。

文姓起源较为繁杂，脉源也不统一，但文姓人都自视为一家。文姓最主要的两支脉源，都来自以先祖名字为姓。

文姓图腾

一支是从周文王的“文”字而得文姓。周文王是周武王的父亲，姓姬名昌，是商朝末年诸侯之一。姬昌在自己的周国爱民如子，敬老慈幼，礼贤下士，深得国人的爱戴。而此时的商朝已到了末年，在位的商纣王无道，不得人心，不少贤人志士都前往投靠周。商纣王发现姬昌有反叛之嫌，便找借口把他囚禁在羑里（今河南汤阴县）长达七年之久，才释放回周。姬昌回周后，国人更加拥戴他，志士贤臣向他献策进言，建议他带领大家推翻无道的商纣王。文王顺应民心，一举歼灭黎（今山西长治）、邘（今河南沁阳）、崇（今河南嵩县）等国，后因老年体病，未能完成灭商大业。文王病故之后，灭商的重任落在他的儿子姬发肩上。姬发拜姜子牙为尚父，担任军师，在众文武大臣的支持下灭掉了商朝，建立周朝，史称周武王。周武王即位之后，追谥父亲姬昌为“文王”。此后，姬姓中的一些子孙以姬昌的谥号“文王”的“文”字为氏，是为文姓。

另一支是从姜文叔的“文”字而得文姓。姜姓是炎帝的后裔，姜子牙辅佐周武王灭商建周后，周武王把功臣姜文叔封于许（今河南许昌市），建立许国。许国是一个富饶的地区，姜文叔把许国管理得政通人和，国泰民安，并与周朝保持着密切的关系，拥周助周，因此爵位世代承袭。春秋时期，许国受到郑国和楚国的逼迫，曾多次迁徙。至战国初期，许国被楚国灭掉，被灭的许国贵族有人就以国名为氏，为许姓；也有些人以许国开国国君姜文叔的“文”字为氏，即文姓，还有的则保持原氏姜姓。追根溯源，出自这一支的许、姜、文三姓原本为一家。

文姓族兴丁旺，名人辈出，在历史的长河中，不少文姓人为我国的发展和进步做出过巨大贡献。

文姓名人

春秋时期越国大夫文种，辅佐越王勾践，君臣卧薪尝胆，奋发图强，终于攻灭吴国，后勾践听信谗言，赐剑命其自杀。

西汉循吏文翁，汉景帝末年为蜀郡守，兴教育，举贤能，修水利，政绩卓著，后世建乡贤祠首立文翁崇祀，以启后贤。

东汉末年名将文丑，袁绍部属，官渡之战中被曹操军队击破而死；三国时期魏国名将文聘，驻守江夏，多次阻遏关羽大军，烧毁关羽粮草战船，成为曹操对抗关羽的屏障，又多次击退孙权的进攻，史称“在江夏数十年，有威恩，名震敌国”；吴国大臣文钦，初仕魏，后起兵讨司马师，兵败投吴，封谯侯，镇北大将军。

北宋宰相文彦博，前后任事约50年之久，名闻四夷；著名诗人文同，与

文彦博

文天祥

苏轼是表兄弟，以学名世，擅诗文书画，深为文彦博、司马光、苏轼等人赞许敬重；南宋末年民族英雄文天祥，坚持抗元斗争，被俘后元军将其押赴厓山（今广东新会南），令招降张世杰，文天祥拒之，作诗《过零丁洋》以明志，与陆秀夫、张世杰并称“宋末三杰”。

明代书画家文徵明，诗文书画皆工，尤精于画，在画史上与沈周、唐寅、仇英合称“明四家”，有“江南四大才子之一”美名，在诗文上与祝允明、唐寅、徐真卿并称“吴中四才子”，名重于时，子弟甚多，人称“吴门派”；文震孟、文震亨兄弟，文徵明曾孙，均有才名，在朝中任职；明末宰相文安之，受命于危难之际，顽强抵抗清军。

晚清洋务派首领之一文祥，任总理衙门大臣，参加“祺祥政变”，后官至武英殿大学士、军机大臣；近代著名爱国诗人文廷式，甲午战争时期主战反和，并积极推动维新变法，是晚清政治斗争中的关键人物之一；小说家文康，曾官徽州知府，后改任驻藏大臣，以病未就任，著有《儿女英雄传》。

著名翻译家文洁若，中国翻译日文作品最多的人，翻译日本作家川端康成、三岛由纪夫等的作品，与丈夫萧乾合译《尤利西斯》，影响巨大；表演艺术家文兴宇，国家一级演员，因出演情景喜剧《我爱我家》《家有儿女》而成为观众最喜爱的喜剧演员之一。

第三章　起名的艺术

名字是人际交往和社会生活中一项十分重要的符号标记，它用途广泛，意义深远。比如，人类赖以生存的地方有一个共同的称呼——地球。地球包含了七大洲，我国所处的叫亚洲，亚洲又包含了许多国家，每个国家都有特定的国名。我们的国家叫中国（中华人民共和国），国家下面又有不同的省，省又分成县，县又包含乡镇，乡镇又分成村或自然村民小组，它们都各有一个自己的名字（如江西省-永修县-立新乡-下村村委会-黄婆井自然村民小组）。这些地名不但是区分的标识，还隐含着历史、地理、政治等多方面的深意。如北京是中华人民共和国的首都，中国人民都知道，首都就是北京；如河南省、河北省，是以黄河为界，黄河以南叫河南省，黄河以北叫河北省；湖南省、湖北省则是以洞庭湖为界，洞庭湖以南叫湖南省，洞庭湖以北叫湖北省；再如，粮食作物有稻谷（大米）、麦子、大豆等，各以不同的名称来区分；生产工具有犁、耙、锄、铲等不同名称来区分；车辆类有火车、汽车（大货车、大班车、小轿车）等区分；日常生活有柴、米、油、盐、酱、醋、茶之别，等等。这些名字都是在社会生活和交往中必不可少的重要区分标记。因篇幅有限，本书只能就此略述名字的重要作用，不一一详析，我们主要探讨人的名字的取名艺术。

全人类有70多亿人口，我国人口占世界五分之一，将近14亿，每个人如果没有各自的名字，大家怎么能够进行社会交往？只有通过取名的手段才能把人与人标记区别出来。在我国，取名是十分讲究的，名字也具有深刻含意。当一个生命从母体降生进入生活，便开始享有自己的名字。那么，名字是怎样得来的呢？

一、名字起源和名字的确立

一个人初降人世便开始享有自己的名字权利，这个权利不是自己享有，因为他初到人世，什么也不懂，因此名字是长辈给他的终生符号标记，这个长辈也许是父母，也许是祖父母，也许是外祖父母，也许是叔伯，也许是姑姐，也许是父母的好友或领导，也许是父母居住的邻居或知名人士，也许是算命先生，这些人都有可能给这个初生孩子取一个好的名字。我国是一个拥有5000年历史的文明古国，所以不论是哪位成年长辈，当确定这个孩子的名字之前，都会再三斟酌，绝不会不假思索地脱口而出。

我国的人名不像外国人名那样前前后后一大串，汉族人名也不像少数民族那样繁杂。一般汉族人的名字是两个字（姓+名），或者三个字（姓+辈分+名），或者四个字（双姓+辈分+名）。为避免同姓同名和别人混淆，一般说来，用三字名或四字名比较合适。我国的人名受字数的限制和传统习俗的制约，名字一般由三个字组成——第一个是姓，姓是祖宗、血缘、宗族的统一标记，不论跟父姓还是跟母姓（一般都为父姓），这个姓是不能改的固定字。第二个字是辈分（也指派号，它是各姓家族内部统一的辈分），一般说来也是不可随意更改的。第三个字就是名，这也是唯一能根据寓意、期望而取用的。“名”可以任意采用一个字，这个字是就姓名的核心。这个名字要依据姓氏、辈分的字意、字音、字形等方面的含意来决定选用哪个字与其搭配，使姓名整体显得简明易懂，或明朗雅致，或铿锵洪亮，或字形和谐，只有把这些因素都考虑到了，才能给新生儿取一个好的名字。

二、取名用字应“简明易懂”

所谓简明易懂，就是在给孩子取名的时候，既不可采用那些罕见的复杂字或生僻古字，也不要用那种绕口令的文字，更不要用那些听起来非常别扭的文字。因为名字一旦给孩子确定，就是他一辈子的标记。

如果给孩子取的名字笔画多而杂、寻常少见（甚至一般字典或电脑都找不到的），孩子从无知到初知，五六岁开始走进学校，要读写自己的名字，假如取的是一个生僻字，不但罕见，甚至还复杂难写，老师都认不出写不出，孩子又怎么能写出自己的名来？如果是这样，很有可能将直接影响孩子的学习兴趣。

如果给孩子取一个绕口令似的名字，比如姓李，取名理利，这三个字，从字义上分别写、读、叫都很正常，可一旦组合成名字“李理利”，就觉得十分绕口。这个名字小时候觉得好玩，到了中学、大学，进入社会交往后，李理利就很可能会被谐音变为“弟弟、弟弟”。老被别人叫“弟弟、弟弟”，他听起来心里很可能会不舒服。

还有听起来很别扭的名字。如姓蓝，取名宝财，这三个字从字义上分别写、读、叫也都很正常，可一旦组成名字“蓝宝财”，易被人变音叫成“烂包菜”，或者谐音变成“拦宝财”，听起来多么别扭。

我国汉字常用字有3000多个，组合起来的含意广泛而深远，只要稍加思考，从中挑选几个组成一个简明易懂的名字并非难事。

三、名字读音要铿锵雅致

名字是一个人的终身符号标记，不仅要书写，还常被身边的人称呼。按照我国的传统习俗，男性与女性的名字在选字和读音上有着明显的区别。原则上，男性的名字多字意鹏程宏远，读音铿锵有力，如“刚、志、财、福、宏、伟、威、武”等文字。女性的名字则大多字意文静甜美，读音清新雅致，如“花、莲、萍、秀、琴、珍、慧、娟”等文字。

虽然汉字“刚、志、财、福、宏、伟、威、武、花、莲、萍、秀、琴、珍、慧、娟”是取名的常用字，但也不是每一个人都适合用。汉字不光是讲究字意，在读音上还有声、韵、调三个基本要素；在声调上又分为阴平、阳平、上声、去声四种形式，因此取名需要在注意读音声调的同时，还要考虑声母和韵母的配合。

前面讲过，中国汉族人名主要由“姓+辈分+名”或“姓+名”来组合而成。原则上姓是一个不可改变的固定字，如果是江姓男性，假如取名“江锵刚”，那么这个“刚”字虽然意义很好，但是用在这里作为名字，读起来很不顺口；若取名叫“江宏刚”，读起来就顺口多了，听起来也雄壮有力。同样，如果是邵姓女性，若取名叫“邵贞珍”，免不了会有人叫成“少正经”，从而闹出不该有的笑话来；但若取名叫“邵慧珍”，读起来就非常文静雅致，顺口动听了。

所以在取名用字时，一定要研究汉语的读音、声调、声母与姓的搭配，才能取得一个铿锵雅致的好名，让孩子终身享用。

四、名字要新颖别致

我国是一个拥有近14亿人口的大国，其中汉族人口达到11.3亿之多，王、李、张、刘、陈这五大姓就有约4亿。如果大家都取名叫张三、李四、王五、刘六、陈七，可想而知人与人之间的交往将多么的不方便。有的人取名很随意，用相当普遍、大众化的名字，如王国庆、李国庆、张国庆、刘国庆、陈国庆、王解放、李解放、张解放、刘解放、陈解放、王建国、李建国、张建国、刘建国、陈建国等类似的名字。记得中央电视台在一次国庆联欢晚会上，问大家名叫“国庆”的人请站起来，一数就有60多人。一台晚会在现场参加的演员、组织人员、观众全部加起来也就1000余人，名叫“国庆”的就60多位，全国人名叫“国庆”的更是数不胜数。据说某县公安系统全局民警总人数也就400余人，叫“王建华”同姓同名的有4人，干警大会领导点名表扬或批评时，只喊“王建华”三个字的话，根本就不知道是指哪一个王建华，为了把王建华区别开来，不得不进行编号，按年龄大小给他们编成大王建华、小王建华、三王建华、四王建华。

“国庆”和“建华”这类名字不能说不好，只是太大众化了，在社会交往中会造成不必要的麻烦。所以在取名时应该有自己的特色，要新颖，要有鲜明的特征，既要避免别扭，也要避免绕口，还应避免过于大众化的名字。

五、取名讲究字形搭配

汉字正正方方，四方体，共有点、横、竖、撇、捺、横折、竖弯勾、斜弯勾八种笔画，经过各种组合，能组成无数个汉字，这些汉字又能组成无数个姓名，有的铿锵威武，有的幽雅别致，写出来美观大方，读起来顺口动听，看起来一目了然。如蔡皖湘、曾闽赣、余豪军，这类名字隐含着祖籍、出生地和职业；林木森，王宝玉、方万芳这类名字读起来顺口，而且名字和姓的字形有着密切的关系；贾昌杰、雷思安、吴星岩这类名字上下组合，错落有致；杨振伟、张伟明、刘保财这类名字左右组合，协调合理；袁自力、万平山、文永生这类名字无偏无傍，结构紧凑；蔡毅彪、蒋震辉、薛超群这类名字笔画较多，搭配协调。因此，名字也要选择相应的字形来进行合理的组合。如果取名“蔡力福”这类名字，则显得两头重，中间轻；取名“蔡天仁”这类名字，则显得头重脚轻，这两种名字写出来还不如“蔡毅彪”美观大方。对于蒋姓、薛姓而言，也是同样如此。

又如笔画较少的姓氏取名，比如王姓取名王超群，文姓取名文毅彪，丁姓取名丁震辉，等等，会显得名字头小尾大、头轻脚重，把姓压得喘不过气来。如果王姓取名王宝玉，文姓取名文广义，丁姓取名丁兴中，写出来就比上面头小尾大的名字美观协调多了。

我国汉字文化博大精深，组合起来变化莫测，因此在给孩子取名用字时还要考虑到汉语的同音、近音、谐音与名字的关系，否则就会闹出令人啼笑皆非的笑话来。

六、传统宗族与现代文化的取名特色

我国是一个深受传统儒家文化熏陶和影响的国家，儒家思想文化可谓渗透到了人们日常生活的方方面面，在人们的取名方面也无不体现出儒家文化的深刻影响，具体表现为取名时既有地区特色，又有宗族特色，也有家族特色，还有现代文化特色。

1.地域特色

我国地域宽广，取名时会体现出一定的地域特色，比如黄河以北多讲究雄伟磅礴气势宏大，长江流域多讲究锦绣山河风光秀美，沿海地区多讲究蓝天大海鹏程展翅，长城内外多讲究群山逶迤塞外冰雪。

2.宗族特色

我国是一个多民族、多姓氏的国家，百万人口以上的大姓就有100多个。这些姓氏宗族内部都有自己统一的派号（又称学号、字辈或辈分），如孔姓家族的派号是“希言公彦承，宏闻贞尚衍，兴毓传继广，昭宪庆繁祥，令德维垂佑，钦绍念显扬，建遒敦安定，懋修肇益常，裕文焕景瑞，永锡世绪昌”。这个派号据说是孔姓家族在清代时修订家谱时排定的，还有颜、曾、孟四姓共同参与修订，故有以上“四姓无二派”之说。他们子孙的名字都以这些派号进行排辈，如孔繁森、孔祥熙、曾庆红等都是以此派号取名。可以说，我国几乎所有大姓都有各自的派号，比如袁姓有派号“显起文明盛，洪涛自汝阳，徽猷勤远绍，立世永和昌”，戴姓有派号“朝盛求贤佐，招先启圣征，熙隆逢太运，亿兆颂唯心”，徐姓有派号“维新昭祖烈，济美自亨昌，礼教由斯肃，英才振万方”。受到几千年来宗族、家族文化的影响，汉族的每个姓氏基本都有各自统一的派号，这一派号在农村同姓人口聚居地使用更为突出，他们在取名时基本采用“姓+派号（辈分）+名”来组成一个人的名字。

3.家族特色

我国在未实行计划生育前提倡多子多福、人丁兴旺，有的同胞兄弟七八个，他们的名字经常以某个独特的固定字而取。如王姓以“木”取名，则有王大木、王二木、王三木、王四木、王五木、王六木、王七木、王八木之类的名字，还有以“木”为旁的“树、根、柳、槐、棕、杨”字，以“氵”为旁的“洋、海、江、河、波、涛”字，按照子女的排行顺序来取名。

4.现代文化特色

我国一般以“父姓+字辈+名字”作为取名的格式，如中华人民共和国开国主席毛泽东，他的父亲名叫毛贻昌，他的字辈是“泽”，名为“东”，这就是典型的由“父姓+派号（辈分）+名”组成的名字，也是一个典型的宗族传统名字。

中华人民共和国建立后，尤其是改革开放以来，随着科技水平、文化知识的普遍提高，以及人员流动不断增大，人们的一些传统观念也在不断变化，年轻人结婚生子取名时，也不再按照“父姓+派号（辈分）+名”来给新生儿取名，而是按照自己的独特方式给子女取名。例如，有徐姓男子，娶袁姓女子为妻，生下一子，他们给孩子取名徐元康，这个名字既保持了父姓，又将母亲的袁姓以近音演变为“元”，取名康，使得这个孩子的名字饱含了殷切的期望和深远的意蕴。

又如某范姓男子娶文姓女子为妻，生一女，他们给女儿取名范文秀慧，父母之姓合成为双姓，使得这个女孩的名字显得文静雅致。

上述两例取名方法没有严格遵循宗族传统，而且体现了父母对来到这个世界的小天使的美好祝愿和深切期望，是一种创造性的取名方法，由于我国人口众多，这种取名方法能够避免或减少同姓同名的现象，因此值得效仿。

5.拆姓取名特色

这种取名方法，一般是将姓氏进行适当的拆分，比如李姓人取名“李木子”、吕姓人取名“吕双口”、杨姓人取名“杨木易”、胡姓人取名“胡古月”、林姓人取名“林双木”等，都是比较常见的取名方式。

七、唯心论者取名特色

唯物者认为世界本无神，凡事讲科学；而唯心者认为世界本有神，凡事讲命运，这两种思想在当代人们的头脑中依然存在。特别是在命理学家眼里，一个人的姓名与他一生的命运和吉凶祸福都有着密切的关联，因而不少人在给孩子取名时会用唯心论的观点给孩子取一些带浓厚唯心色彩的名字。

持这种观点的人大都以“天干”和“地支”为轴线，依据这个孩子的“生辰八字”，以“属相”“阴阳五行”“八卦六爻”“五格”等相生相克的方法来决定一个人的名字。

我们以一个出生在夏季（5月～8月间）的孩子为例。这个季节天热多雨，物华正茂，他们便会以“寒克暖”“干克雨”“枯克茂”等方法来考虑取名。

再以一个出生在冬季（11月～1月间）的孩子为例。这个季节天寒多雪，草木枯萎，他们便会以“暖克寒”“热克雪”“茂克枯”等方法来考虑取名。

最后再以一个出生于“腊月初八”的孩子为例。这天正是天寒地冻，大雪纷飞，家人触景生情取名“寒梅”，但命理学家却认为这是雪上加霜的名字。

除了物象相克，还有一种是根据生辰八字、阴阳五行（金、木、水、火、土）来取名的方法，这一方法也利用了相生相克，如金多用火克，火多用水克，等等。

举例而言，某个孩子取名叫金鑫，但他的生辰八字套阴阳五行的方法占有三个金字。俗话说“四金加三金，不死也要命”，金鑫本是一个很好的名字，可是依照命理学观点是绝对不行的，他应取火字多的名字，如“火焱”之类，方为上策。

同时，唯心论者多以福、禄、寿、喜、财、富、贵、宇、宙、保、宝、善、璐、贤、静、娴、淑等这一类字来给孩子取名。

当然，唯心论取名方法还有多种形式，因为没有科学依据，也不是取名的主流，所以不再赘述。

八、取名常用字及其解析

前面已经介绍了人名的重要性和意义，因此在取名用字时，人们都十分重视选字。根据我国目前人名中的常用字，特选出100个男性取名常用字和20

个女性取名常用字，介绍每个字的意思和含义，供大家取名时参考。

1.男性取名常用字

新元伟世，全国庆会，力豪博群，顺发民心，龙彪飞超
胜利绍刚，广思功良，毅武振邦，军中健壮，志勇坚强
永保平安，星光明亮，林峰松茂，江河波涛，富贵裕康
和乐福祥，生子善厚，仁义兴昌，才学文杰，海东鹏翔
成清友先，信彬敬天，山城震虎，宁俊继承，智德辉耀

（1）新（xīn）

新的含义：①初次出现的，与“旧”相对。如新人新闻，新郎新娘，引申为万事万物为新鲜，王维《送元二使安西》诗：“渭城朝雨浥轻尘，客舍青青柳色新。”②才、刚。《荀子·不苟》中有：“新浴者振其衣，新沐者弹其冠，人之情也。”③改旧变新。《诗·鲁颂·閟宫》的“新庙奕奕”，郑玄笺注“修旧曰新”。④新华社。当今世界最有影响、最引人注目的“报社”。⑤新中国。“没有共产党，就没有新中国”，这支歌曲唱遍全国。据说当时剧作家写的是“没有共产党，没有中国”，但唱起来很不顺口，因此周恩来对毛泽东说：“你会用文字，改一下吧。”毛泽东回答只要加一个“新”字就行。之后，这首歌便成为大家熟悉的经典名曲，“没有共产党，就没有新中国”一句也广为传颂。

荀子

新与旧相对，新字用意广泛，带来生机和希望。一对新婚夫妇婚后新生一子，给家庭增添了新的生命活力，希望长大后为国家做出新的贡献，给父母增光添彩，因而用“新”字取名的例子屡见不鲜。

用新字取名的人，如毛泽东侄儿毛

远新，航天技术和火箭发动机专家、中国科学院院士任新民，演员林更新。

（2）元（yuán）

元的含义：①指头，引申为首。②开始、第一。立朝建国初年、开始的第一年称“元年”，国家第一号领导人称“元首”，每年第一个月称“元月”，每年的第一天称“元旦”。③大。《史记·龟策列传》：“纣为暴虐，而元龟不占。”④朝代名。元朝、元兵。

用元字取名的名人比比皆是，如春秋时期孔子弟子陈元，东晋名将余昭元，隋唐名将裴元庆，唐朝宰相武元衡，金朝著名戏曲家董解元，宋朝著名理学家朱熹（字元晦）、理学家蔡元定，宋末元初文学家戴表元，元朝著名文学家戴志元、书法家金元举，《红楼梦》整理、修补出版家程伟元，明朝开国皇帝朱元璋，明朝名臣邹元标、邵元节，清代文学家戴第元、书画家程伟元、湘军将领苏元春，著名爱国武术家霍元甲，北洋军阀民国临时政府总统黎元洪，近代著名教育家蔡元培，抗日爱国将领宋哲元，语言学家赵元任。

用元字取名，一般多用双字名，男性和女性都适用。

（3）伟（wěi）

伟的含义：①高大、壮美。②伟大。如伟人（给人类做出突出贡献的人）。③奇特的、特异的。《管子·任法》：“无伟服，无奇行。”常见词语有：丰功伟绩、伟大创举、伟大人物。

用伟字取名的名人：著名物理学家钱伟长，女子排球教练、原国家体委副主任袁伟民，我国第一位进入太空的宇航员杨利伟。当然，伟也可用作单名，如中国人民解放军中将韩伟，喜剧表演艺术家范伟。

霍元甲

（4）世（shì）

世的含义：①年世。公元以100年为一个世纪。②人的一生，一个人从出生至死称一生一世。③一代人。公、儿、孙三代人同在一时代生活称三世人，叫三世同堂。世字常用词语：世世代代、世代忠良、世纪永存、永世不忘等。

用世字取名的名人有：西汉名将冯奉世，唐太宗李世民，南宋抗金名将韩世忠，清朝著名海军将领邓世昌，民国临时大总统袁世凯，中国人民解放军著名司令员许世友等。

用世字取名，一般用双名，用单名甚少见。

（5）全（quán）

全的含义：①整个、整体。全部。②完整不缺少。齐全、齐整。③安定、稳固。保全。常见词语：顾全大局、全国动员、全民皆兵、全世界、全国、全省、全局、全军、全会等。

用全字取名的名人有太平天国起义首领洪秀全，国防部部长常万全。全字取名一般为双字名，单名少见，并且选用全字取名应依据本姓的字意搭配。如一个姓白的人若取名白德全，听起来就很不顺畅，因此在取名选字时要根据自己的情况确定。

（6）国（guó）

国字本意比较简单，它没有特殊的含义，主要指一个广大的集体“国家”。宇宙太空以星球区分，地球人类以国家区分，我们地处东亚地区，自古以来叫中国。人们对国家都十分重视和尊爱，国强我荣，国弱我辱，把自己的命运与国家紧密联系在一起。国家兴亡，匹夫有责，为国捐躯，精忠报国，报效祖国，这都是历来各族人民的精神，因而国家在我们的心目中极其重要，不少人也以“国”字取名，寓意着能够为国效力，或国富民强等。

曾国藩

用国字取名的名人：清朝军机大臣梁国治、晚清重臣曾国藩，北洋政府总理冯国璋，近代著名学者王国维，前国民党台湾地区领导人蒋经国，前中共中央主席华国锋，全国人民代表大会原委员长吴邦国，著名电影演员张国立等。

用国字取名，一般取双名，单名少见。

（7）庆（qìng）

庆的含义：①庆贺、祝贺。庆祝新年，庆祝某项新科技成功。②奖赏、庆赏。庆赏有功之臣，庆赏劳模功勋。③祝福。庆福庆寿，庆丰收，庆幸福。常见词语：庆国庆、庆元旦、庆工程、庆丰收等。

用庆字取名的名人：唐德宗宰相郑余庆，孙中山夫人宋庆龄，全国政协原主席贾庆林，国家原副主席曾庆红，著名电影演员刘晓庆，歌唱家蔡国庆等。

用庆字取名，既可单名也可双名，并且男性、女性都适合。

（8）会（huì）

会的含义：①领会、体会。文章意深，认真多读才能领会其意。②聚会。分散各地约定时间聚到一起，如同学聚会、战友聚会。③开会，大家到一起研究或传达事情。④会合、会集。朱毛井冈山会合、红军一、二、四方面军陕北会师。⑤机会。

用会字取名一般用双名，如唐初大臣、凌烟阁二十四功臣之一刘政会，清朝吏部侍郎尹会一，江西兴国将军邱会作、邱会魁，中国证监会主席易会满；用会字取名也有用单名的，如三国时期魏国名臣钟会。

（9）力（lì）

力的含义：①威力、权力。②力气、力量。③能力、实力，如财力、购买力。④尽力、竭力，如力争，力战。常见词语：力争上游，竭尽全力，力量无穷，首战力胜等。

用力字取名的名人：民主爱国人士邵力子，著名哲学家熊十力，宣传战线领导人邓力群，语言文字学家王力，知

熊十力

名歌手王力宏，男子击剑运动员董力。

用力字取名，单名或双名都适用。

（10）豪（háo）

豪的含义：①长而刚硬的毛（豪猪）。②卓越人物。豪杰。③性格。豪迈、豪爽。常见词语：豪情壮志、豪言壮语、天下豪杰、豪放不羁、豪门等。

用豪字取名的名人有：周恩来总理在五四时期的笔名伍豪，红军名将伍中豪，演员谢君豪，吴建豪和陈豪，美国华裔篮球运动员林书豪。

用豪字取名，单名、双名都适用。

（11）博（bó）

博的含义：①胸怀宽广。②广泛。③赌博。④换取、讨取（后起意义）。杨万里《寄周舍人子充》诗：“省斋先生太高寒，肯把好诗博好官！”常见词语：博士、博学、博爱、博物馆等。

用博字取名，意指学识渊博，或胸怀宽广。用博字取名的名人有：北宋名相文彦博，明朝四川按察使钱博，中共一大代表陈公博，中国共产党早期领导人秦邦宪又名博古，古文学家和教育家钱基博，歌手梁博。

用博字取名，单名、双名均适用。

钱基博

（12）群（qún）

群的含义：①聚集、会合。《荀子·韩十二子》“一统类，而群天下之英杰”。②众。群众。③群体。如羊群、牛群。常见词语：成群结队、群策群力、群体决策、群体意识等。

用群字取名主要取其众多之意，如近代书法家于立群，宣传战线领导人邓力群，林彪之妻叶群，相声演员牛群。

用群字取名，单名、双名均适用。

（13）顺（shùn）

顺的含义：①顺从、顺应。②顺着。苏轼《赤壁赋》“顺流而东”。③通顺。文辞通顺。常用词语：顺理成章、顺水推舟、顺藤摸瓜、顺手牵羊。

人们都希望人生顺利平安，希望出行一路顺风，希望前程一帆风顺，因此以顺字取名主要取其顺利亨通之意，一般以双名多见，但也可作单名使用。用顺字取名的名人有：三国时魏国将领高顺，水浒英雄张顺，明代哲学家罗钦顺，早期中共中央特科负责人顾顺章，京胡演奏专家何顺信，相声表演艺术家张文顺。

（14）发（fā）

发的含义：①尽最大的能力。发挥。②有前景的潜力。发展、发迹。③把过去的优点继续保持或深化。发扬。④从无到有，从少到多，得到很大收获。发财。⑤先进开放。发达。常用词语：发奋图强、发扬光大、发人深省、发展蓝图等。

发字含义深广，用作人名主要取其发达、发扬、发挥、发奋之意。用发字取名的名人有：元朝画家任仁发，清朝建筑家、故宫设制建筑师雷发达，中国近代基督教传教士、《劝世良言》作者梁发，中国共产党早期领导人向忠发，国民党将领张发奎，原北京市副市长张百发。

林觉民

（15）民（mín）

民的含义：①人民、百姓。《左传·文公十三年》云：“利于民而不利于君。”有“先人后己，先民后官”之意。②某一类人，如市民，农民。常见词语：民生凋敝、民穷财尽、民不聊生、民怨沸腾等。

舟于水浮，官为民生，民虽是最底层的人，但官来之于民，从奴隶到将军。朱元璋从放牛娃到当皇帝，毛泽东从山间农民成为人民领袖，他们都是从底层人民中而来。民虽不显，但后至无穷，官为民想，民为官生，两者如鱼水，因而自古至今不少名人都用民字来取名，如唐太宗李世民，明代理学家张信民，中国民主革命先驱林觉民，革命先烈毛泽民，中国原女排主教练袁伟民等。

用民字取名时，单名或双名均可。

（16）心（xīn）

心的含义：①人和高等动物体内推动血液循环的器官。心房，心室，心脏。②指思想的器官和思想、感情等。心思，心得。③中央部分，中心。

心字是一个笔画较为简单的字，不仅便于书写，而且心字在人名中的含义为心思、心意，比喻人的心思细腻，做事全心全意，所以用心字来给孩子取名是非常合适的。

用心字取名的名人有：近代武术家杜心五，著名儿童文学家冰心，作家、红学研究家刘心武，演员林心如、王心凌。

杜心五

用心字取名，一般为双名，而且男性、女性均适用。

（17）龙（lóng）

龙的含义：①古代传说中的一种神异的动物。②封建时代最高统治者“皇帝”。皇帝自称是真龙天子，皇帝的子孙则称龙种、龙子龙孙，皇帝日常生活用的东西也用龙字，如龙袍、龙床、龙椅、龙灯等，封建时代的龙字是皇帝的专有名词，其他官员和百姓不得使用。③表示中国人民。中华儿女是龙的传人，龙也因此成为我国人民的代名词。常见词语：龙腾虎跃、龙飞凤舞、龙盘虎踞、龙潭虎穴等。

1911年，我国几千年封建帝制在辛亥革命的打击下崩溃，清朝最后一个皇帝溥仪（即“宣统”皇帝）下台。从此以后，龙字从皇帝的专用词中解放出来，被人们广为应用。因为龙字在人们心目中的神圣地位，民国后不少人用龙字来取名。

陈子龙

用龙字取名的名人：三国时期蜀国名将赵云（字子龙），南宋经师鲍云龙，明代画家杨龙友，明末大臣陈子龙，清代大臣陈元龙，中国人民解放军十大元帅之一贺龙，华人武术技击家李小龙，目录学家、书法家顾廷龙，航天员费俊龙，演员成龙。

用龙字取名，单名、双名均可，而且多用于男性取名。

（18）彪（biāo）

彪的含义：①虎身上的斑纹，引申为有文采貌。②虎子、小老虎。③比喻人躯干强大。如《水浒传》第六十三回：“此人生的面如锅底，鼻孔朝天，卷发赤须，彪形八尺。”常见词语：彪形大汉、彪强体壮。

用彪字取名，大都取其身魁文秀之意。用彪字取名的名人：东汉史学家班彪（班固之父），国民革命军中将马彪，中国人民解放军十大元帅之一林彪，解放军总后勤部原副部长贺彪，现代史学家蔡美彪，电影演员傅彪。

用彪字取名多见于男性，可取单名，也可取双名。

（19）飞（fēi）

岳飞

飞的含义：①飞鸟。屈原《天问》中有“苍鸟群飞”。②无根据的、无缘无故的。如“飞来横祸”。常用词语有：飞黄腾达、飞沙走石、飞扬跋扈、飞短流长等。

用飞字取作人名，多取大鹏展翅飞翔、前程万里之意。用飞字取名的名人：三国时期蜀国名将张飞，宋朝抗金民族英雄岳飞，晚清抗英民族英雄葛云飞，清末民国武术家黄飞鸿，无产阶级革命家王若飞，中共隐蔽战线“龙潭三杰”之一钱壮飞，开国上将叶飞，著名外交家及国务院原副总理姬鹏飞，著名微生物学家、病毒学家汤飞凡，演员孙飞虎。

用飞字取名，可作单名，也可以作双名，而且男女适用。

（20）超（chāo）

超的含义：①一跃而上，超出、胜过。魏徵《十渐不克终疏》：“听言则远超于上圣。”②遥远。屈原《九歌·国殇》：“平原忽兮路超远。”超字多指超出、胜过、跳过、跃登、高超美妙之意。常用词语：超凡入圣、超尘脱俗、超群绝伦、超然物外等。

超字因为含有超越、超出、超前、超过之意，所以在取名时受到很多人的喜爱。用超字取名的名人：三国时期蜀国名将马超，近代著名学者、资产阶级改良主义者梁启超，赣西南革命根据地创建人龙超清，近代著名外交家叶公超，革命思想家郑超麟，无产阶级革命家、周恩来总理夫人邓颖超，国家最高科学技术奖获得者、中国科学技术大学原校长谷超豪，演员邓超。

用超字取名，可作单名，也可以作双名，而且男性、女性都适用。

（21）胜（shèng）

胜的含义：①胜利。《孙子兵法·虚实》云：“能因敌变化而取胜者，谓之神。”②胜过、超过。王符《潜夫论·巫列》：“妖不胜德。”（妖：邪恶。德：指正直。意指邪不压正）。③才能胜用。王安石《上仁宗皇帝言事书》有“天下之人才不胜用矣”，意为“人尽其才，用之适当”。胜字常用词语：百战百胜、不胜感激、胜利在望。

胜字包含有强者、赢者之意，也就是超过别人，才能出众之意，因此在取名时，许多人都喜欢选用胜字。用胜字取名的名人：秦末农民起义领袖陈胜，京剧老生演员余三胜，开国将军卢胜、刘先胜、王胜、黄永胜，企业家马胜利，航天员聂海胜。

用胜字取名，多用于男性，而且单名、双名均适用。

（22）利（lì）

利的含义：①锐利、锋利，与“钝”相对。②利益、好处。《商君书·算地》：“利出于地，则民尽力。”③顺利，指办事没有曲折。④利润。除投入的成本和开支外剩余实得数。利字常用词语：利令智昏、利害攸关、利欲熏心、胜利在望。

利字取作人名主要取其锋利、顺利、胜利、利益之意。用利字取名的名人：西汉名将李广利，李姓始祖李利贞，开国中将范朝利，农学家刘后利，中医名家谢利恒，企业家马胜利。

用利字取名时，一般以男性居多，而且取双名较为多见。

（23）绍（shào）

绍的含义：①继续、接续、继承。《三国志·蜀书·诸葛亮传》："绍世而起。"②介绍人。常用词语：介绍信、介绍人、介绍工作、介绍情况。

绍字用作人名主要取继承之意。用绍字取名的名人：东汉末年称霸河北的霸主袁绍，唐朝太平公主驸马薛绍，晚清相声艺术创始人朱绍文，广东水师提督郑绍忠，著名乡土文学作家刘绍棠，国家体育总局原局长伍绍祖，演员冯绍峰。

郑绍忠

用绍字取名，可用作单名或双名，男性、女性均可用。

（24）刚（gāng）

刚的含义：①坚硬。《诗经·大雅·烝民》："柔则茹之，刚则吐之。"②方才、刚才。苏轼《花影》诗："刚被太阳收拾去，却教明月送将来。"③刚强。常用词语：刚愎自用、以柔克刚、志坚如刚、志勇刚强。

用刚字取名主要取刚强之意。用刚字取名的名人：唐朝勇将薛刚，宋朝工部尚书廖刚，明代琢玉嵌宝工艺家陆子刚，现代历史学家顾颉刚，世界船王包玉刚，美籍华人历史学家唐德刚，著名电影演员王刚。

用刚字取名一般用于男性，单名、双名均可适用。

（25）广（guǎng）

广的含义：①大、宏大。《荀子·修身》："君子贫穷而志广。"②宽阔，与"狭"相对，另有广泛、扩大之意。常用词语：广纳贤才、广进财源、广阔天地、广播宣传等。

李广

用广字取名主要取宏大宽广之意。用广字取名的名人：秦末农民起义领袖吴广，汉朝飞将军李广、李广利，东汉丞相胡广，隋炀帝杨广，宋朝杨家名将杨文广，明成祖朱棣军师姚广孝，清代书画家翁广平，经学家孔广森，清末维新派康广仁，鲁迅先生之妻许广平，著名宋史学家邓广铭，散文家李广田，昆虫学家、中科院院士张广文，企业家郭广昌，数学家张广厚。

用广字取名一般以男性为主，单名、双名均可适用。

（26）思（sī）

思的含义：①想、思考。《论语·为政》："学而不思则罔，思而不学则殆。"②想念、挂念。③思绪、思念。常用词语：思前想后、思绪万千、思虑已久、思考细致等。

用思字取名主要取其思考事情周全细致之意。用思字取名的名人：唐朝武周时期宰相武三思，思想家林慎思，明朝大臣李思聪，著名将领白广思，近代著名史学家吕思勉，建筑学家梁思成，导弹与火箭系统控制专家梁思礼，革命烈士张思德，哲学家艾思奇。

用思字取名一般以双名为主，男性、女性均可使用。

（27）功（gōng）

功的含义：①工作、事情。②成绩、功效。③功能。④功劳、功勋。此为功字原意。《孟子·公孙丑上》云："管仲晏子之功，可复许乎？"常用词语：功德无量、功勋卓著、功高盖主、功亏一篑。

用功字取名，主要是为了表达人生奋斗，努力实现抱负之意，因此许多人把功字选作人名。用功字取名的名人：宋朝著名文学家薛尚功，明朝末年农民起义领袖高一功，民族英雄郑成功，清代四大制墨名家之曹素功，历史学家陈功甫，无产阶级革命家何功伟，开国将军刘懋功，著名书法家启功，作家韩少功。

用功字取名一般多见于男性，女性较少用功字取名，并且以双名居多，单名少见。

（28）良（liáng）

良的含义：①良好、优良。优秀人才、良臣、良将。②和悦、善良。《荀子·非十二子》云“其衣逢，其容良”。（逢：宽大。）③甚、很。《史记·秦始皇本纪》云“始皇黯然良久”。常用词语：良师益友、良药苦口、良莠不齐、良思已久等。

张良

用良字取名，主要取良好、贤良、杰出、优秀、和悦善良之意。用良字取名的名人：西汉开国功臣张良，三国时期蜀国名将马良，明代戏曲理论家何良俊，明朝巾帼英雄秦良玉，近代民主革命家郑士良，爱国将领张学良，女画家潘玉良，女权运动先驱史良，历史学家周一良，建筑学家吴良镛。

用良字取名，男性和女性都适用，而且单名、双名都是不错的名字。

（29）毅（yì）

乐毅

毅的含义：意志坚定、果断。《论语·泰伯》：“士不可以不弘毅。”《韩非子·孤愤》：“能法之士，必强毅而劲直。”（劲直：刚强正直。）常用词语：毅然决然、毅力顽强、毅勇志坚等。

用毅字取名，主要取果断、坚强、自勉之意。用毅字取名的名人：春秋战国时期军事家乐毅，东汉著名文学家傅毅，无产阶级革命家、中国人民解放军大元帅陈毅，国务院原副总理方毅，民族工商业杰出代表荣毅仁，外交部部长王毅，演员陆毅。

用毅字取名，男性和女性都适用，而且单名、双名都是很好的名字。

（30）武（wǔ）

武的含义：①脚印。②半步。古时以六尺为一步，半步为武，后引申为勇猛、刚健、威武雄壮。武与文相对，两军相抗，武力决战胜负，两国之争武力决胜，重点反映在军事战斗行动之中。常用词语：武艺超群、耀武扬威、用武之地、孔武有力、穷兵黩武、文恬武嬉、威武不屈等。

用武字取名，主要取雄壮威武、勇武刚强之意。用武字取名的名人：春秋时期著名军事家孙武，西汉名臣苏武，东汉名将马武，清末陕西回民军首领任武，抗日名将王耀武、方振武，原中华人民共和国国家副主席董必武，开国上将杨成武、董其武。

用武字取名，一般用于男性，单名、双名均可采用。

（31）振（zhèn）

振的含义：①奋起、振作。②挥动、抖动。③帮助、救济、救援。④整顿。《史记·主父偃传》："诸侯春振旅，秋治兵，所以不忘战也。"常用词语：振振有词、振聋发聩、振作精神、振臂一呼等。

用振字取名，主要取振作精神、奋发向上之意。用振字取名的名人：武术家、霍元甲弟子刘振声，大革命时期江西宁都农民起义军领导人董振堂，文学家郑振铎，海峡交流基金会董事长辜振甫，体育外交家何振梁，诺贝尔物理奖获得者杨振宁。

用振字取名，多用于男性人名，单名、双名均适用。

（32）邦（bāng）

邦的含义：①诸侯的封国。古代建立新的王朝，有功之臣或皇室贵族被分封各地管辖，称诸侯邦国。②国家。现代的邦字泛指一个国家，多用在国与国之间的外交，如友好邻邦、邦交、友邦等。

用邦字取名，主要取国家、友邦、邻邦之意。用邦字取名的名人：西汉开国皇帝刘邦，原中共中央总书记胡耀邦，全国人大常委会原委员长吴邦国，中国共产党早期领导人秦邦宪，化学教育家戴安邦。

用邦字取名，多用于男性，单名、双名均适用。

（33）军（jūn）

军的含义：①军队，武装起来的队伍。②军人，加入武装队伍武装起来的人。③军，军队的编制单位，军区下属，师的上属，约1万～3万人为一军。④军营，军队驻扎的营地。

在古代，军队是有勇有谋之人的集合地，许多血气方刚的有志之士都投入到军队，展现自己的才能。国家安危匹夫有责，当国家遭受外强侵略时，无数爱国人士投笔从戎，弃农从军，弃商从军，拿起武器保卫自己的祖国，抗日战争期间更是全民皆兵。军队是国家安危的重要保障，中华人民共和国建立后军队实行义务制，每年都有无数优秀青年踊跃报名光荣入伍到军队。因为军字有着负责、光荣的特殊含义，因此不少人以军字取名。

用军字取名的名人：共和国第一位女拖拉机手梁军，作家萧军、孙幼军，经济学家温铁军，女子国际象棋世界冠军谢军，女子田径奥运冠军王军霞，龙湖集团董事长吴亚军，演员许亚军。

中华人民共和国建立后，用军字取名比较常见，而且男性、女性都有，单名、双名均适用。

（34）中（zhōng）

中的含义：①内部或里面。国中之国，山中之虎。②对半。中间，中断，中段。③中等。不高不低，中等水平，中等位置。④中国。常用词语：中流砥柱、中庸之道、正中下怀、射中目标等。

用中字取名，多取中流砥柱、中庸之道之意。用中字取名的名人：唐宣宗朝宰相白敏中，命理学家李虚中，五代时期南唐著名画家顾闳中，北宋文学家黄中庸，清代史学家魏敬中，中国革命先行者孙中山，无产阶级革命家邓中夏，国民党爱国将领张治中，考古学家裴文中，著名画家吴冠中，诗人余光中。

用中字取名，多见男性双名，单名也可适用。

李虚中

（35）健（jiàn）

健的含义：①强壮有力，多指人的身体健康、壮实。②有才能。《战国策·秦策二》：“楚客来使者多健。”意为楚国到秦国来联络交谈的人大都非常能干。③善于。白居易诗“老来多健忘”

用健字取名，多取健康、才能两种含义。用健字取名的名人：中国早期女权活动先驱葛健豪，国民党将军何健，著名作家李健吾。

用健字取名，一般以男性较多，单名、双名均适用。

（36）壮（zhuàng）

壮的含义：①人的年龄阶段。30～50岁为壮年，三十而立，一个人到了30岁以上，经历了各个方面的体验，经验较为丰富，可以独立思考和应对各种情况，成熟年龄。②形容人的身体健康。健壮、强壮、壮实、雄壮。③宏伟。壮观、壮丽。常用词语：壮志凌云、壮志未酬、粗壮如牛、壮年立志等。

用壮字取名，多取其健康强壮、宏伟之意。用壮字取名的名人：清代官员奚大壮，中共隐蔽战线“龙潭三杰”之一钱壮飞，演员葛存壮，导演田壮壮。

用常字取名，一般以男性居多，单名、双名均可。

（37）志（zhì）

志的含义：①心意。经过思考的意向和决定。②记住。记忆力强，《史记·屈原传》“博闻强志”。③记述、记事的书籍或文章，如《三国志》等。常用词语：志士仁人、志同道合、志大才疏、志向远大等。

徐志摩

用志字取名，多取志向、记忆力强之意。用志字取名的名人：清朝伊斯兰教学者常志美，赣东北革命根据地和红军创始人方志敏，西北革命根据地创始人刘志丹，诗人徐志摩，东北反日游击队哈东支队司令赵尚志，开国上将杨得志，无产阶级革命家曾志、廖承志。

用志字取名，多用于男性，女性也有使用的，单名、双名均适用。

（38）勇（yǒng）

勇的含义：①勇敢、勇猛。②大胆、果断，智勇双全。《论语·宪问》“勇者不惧”，亦谓果敢，勇士。常用词语：勇往直前、智勇双全、勇者不惧、勇敢果断等。

勇字取作人名，主要取勇猛、坚强，一往直前之意。用勇字取名的名人：清代洋务实业的开拓者、中国速记法创始人蔡锡勇，开国上将杨勇，中将黄志勇，少将张志勇、常勇、江勇为、齐勇，男子举重奥运冠军石智勇。

勇字意为刚劲有力，取名时多用于男性，单名、双名均适用。

（39）坚（jiān）

坚的含义：①结实。坚硬、坚固。《韩非子·难势》：“誉其盾之坚，物莫能陷也。”②坚强、坚定。《后汉书·马援传》：“穷当益坚，老当益壮。”意为人虽贫，但奋斗的意志更坚强，年岁虽老，但精神不能老，要有坚强的生命力量，同壮年人一样努力。③坚持。任何时候，任何情况下碰到困难不能退缩，坚持就是胜利，不能半途而废。常用词语：坚不可摧、坚贞不屈、坚如磐石、坚忍不拔等。

用坚字取名时，多取坚强、坚定、坚持、坚固之意。用坚字取名的名人：三国时期吴国政权奠基者孙坚，北宋文学家黄庭坚，南宋画家赵孟坚，大臣覃伯坚，清末最后一位格格金志坚，陕西靖国军将领郭坚，近代民主革命家史坚如，开国中将周志坚。

用坚字取名，多见于男性，女性也有使用，而且单名、双名均可用。

（40）强（qiáng）

强的含义：①强原意弓箭，从弓中射出的箭是很有力的冲击武器，如强弓劲弩，后引申为强大、强盛、强壮。②程度高。强手、强烈、能力强。③胜过，优越。强干，争强好胜。④优于、略多于。强半（超过一半）。⑤使用强力、硬性地。强占、强加、强攻、强悍、强横、强梁（强横霸道）。⑥着重，增加分量。强化、增强。常用词语：强人所难、强词夺理、强弩之末、强将手下无弱兵等。

用强字取名，多取坚强、强大之意。用强字取名的名人：民国将领文强，文化学者曾仕强，著名电影表演艺术家陈强、唐国强，男高音歌唱家戴玉强，现任国务院总理李克强，《红楼梦》贾宝玉扮演者欧阳奋强。

用强字取名，多用于男性，单名、双名均适用。

（41）永（yǒng）

永的含义：①水流长。②永远，永久。常用词语：永垂不朽、江山永固、永葆青春等。

用永字取名，主要取永远长久之意。用永字取名的名人：北宋著名词人柳永，王安石作品《伤仲永》中方仲永，明朝开国功臣廖永安、廖永忠兄弟，清代著名经学家江永，大臣萧永藻，清末著名拳师马永贞，将领卢永祥，考古学家梁思永院士，“两弹一星”元勋郭永怀，农民政治家陈永贵。

永字用作人名时，多以男性为主，女性也有使用，单名、双名均适用。

（42）保（bǎo）

保的含义：①保卫、保护。②保持。③保证、担保。④保人、保证人。⑤旧时户籍的编制单位。常用词语：保卫祖国、保障有力、保守机密等。

保字用作人名，主要取保卫、保护、保障之意。用保字取名的名人：五代十国时期文学家王定保，《杨家将传》人物杨宗保，近代藏书家丁福保，东北抗日联军主要创始人周保中，汉剧演员吴天保，物理学家钱保功院士。

保字用作人名时，一般以男性为主，女性也有使用，双名多见，单名很少使用。

（43）平（píng）

平的含义：①平坦，不凸不凹、不倾不斜、无高无低的东西。②平息。平息叛乱、平定事态。③太平、安定。④平常，不突出。常用词语：平易近人、平心静气、平白无故、平步青云等。

平字用作人名，主要取太平、安定、公平、平稳之意。用平字取名的名人：五代至北宋时期精通星命之学的徐子平，金末元初全真教道士尹志平，清朝史学家邵远平，清代书法家恽寿平，无产阶级革命家、军事家邵式平，鲁迅夫人许广平，无产阶级革命家、改革开放总设计师邓小平，医学科学家吴阶平院士，散文家、红学家俞平伯，漫画家张乐平。

平字用作人名时，一般以双名为主，单名也有，男女都适用，女性多用

"萍"字。

（44）安（ān）

安的含义：①安定。《荀子·王霸》："国安则无忧民。"②使安定。③对生活、工作等感到满足合适。④平安，安全（与"危"相对）。⑤使有合适的位置。⑥安装，设立。⑦存着，怀着（某种念头，多指不好的）。常用词语：安居乐业、安家落户、安然无恙、安分守己等。

福康安

用安字取作人名，主要取稳定、平安、安全、安乐之意。用安字取名的名人：西晋文学家、政治家潘安，北魏时期大将军万国安，北朝经学家熊安生，宋朝杰出政治家、思想家王安石，明朝开国功臣廖永安，名臣文安之，清代中期名臣福康安，抗日爱国将军戴安澜，著名评论家储安平，著名导演李安，演员许志安。

安字用作人名时，一般以男性双名比较多见，当然女性和单名也有使用的情况。

（45）星（xīng）

星的含义：①宇宙间能发光或反射光的天体，一般指夜间天空中发光的天体。②细碎颗粒。③秤等衡器上记数的点。④军官衣领上的徽记。⑤星名，二十八宿之一。⑥比喻某方面新出现的杰出人物。常用词语：星火燎原、星罗棋布、星移斗转、星星之火等。

星字用作人名，主要取闪烁光亮、成就杰出之意。用星字取名的名人：明代大臣乔璧星，明末科学家宋应星，清代文学家顾景星、大臣李星沅，作曲家冼星海，理论物理学家、"中国雷达之父"束星北，喜剧演员周星驰。

星字用作人名时，一般都取双名，也有取单名的，男性、女性均适用。

（46）光（guāng）

光的含义：①光芒，光亮。《孟子·尽心上》："日月有明，春光必照

司马光

焉。”引申为光彩、光荣、光耀、光辉。②光大。③光滑。常用词语：光芒万丈、光明正大、光彩夺目、光天化日等。

光字用作人名，主要取光亮、光芒、光辉、光耀、光荣之意。用光字取名的名人：东汉著名才女孟光，宋太宗赵光义，北宋政治家司马光，明末政治家左光斗，清朝大臣李光地，太平天国起义将领赖文光，清朝著名海军将领程璧光，开国大将萧劲光、许光达，植物学家钟观光，新加坡原总理李光耀。

光字用作人名时，单名、双名均可，男性、女性都适用。

（47）明（míng）

明的含义：①明亮。《荀子·天论》：“在天者莫明于日月。”意思是，在天上的没有比日月更明亮的。②明白。《老子》：“知人者智，自知者明。”③英明，高明。《商君书·君臣》：“明王之治天下也，缘法而治，按功而赏。”高明的统治者以法治天下，论功行赏，就会百姓拥护，千秋永固。常用词语：明察秋毫、明目张胆、明知故问等。

用明字作人名，主要取明亮、英明、高明、聪明之意。用明字取名的名人：北魏儒学家徐遵明，明朝著名思想家王阳明、绘画大师文徵明、诗人沈明臣，清朝大臣纳兰明珠，国民党爱国将领杜聿明，中国共产党早期领导人王明，篮球明星姚明。

明字用作人名时，男性和女性均适合，双名、单名均适用。

（48）亮（liàng）

亮的含义：①明亮。嵇康《杂诗》：“皎皎亮月。”又引申到明白、聪慧之意。《后汉书·陈蕃传》：“聪明亮达。”②（心胸、思想）开朗。常用词语：高风亮节、心明眼亮、歌声嘹亮、晶莹透亮、窗明几亮。

亮字用作人名，主要取聪慧明亮之意。用亮字取名的名人：三国时期蜀国丞相诸葛亮，北宋宰相曾公亮、名臣陈希亮，南宋思想家陈亮，开国将军唐亮、倪志亮、尹明亮，作家张贤亮，跳水运动员田亮，演员贾乃亮。

用亮字作人名，男性和女性都适合，单名、双名均适用。

（49）林（lín）

林的含义：①树木。丛聚多棵的树木在一起称为林。②人或事物的群体，如儒林、艺林。《汉书·司马迁传》："士有此五者，然后可以托于世，而列于君子之林矣。"③盛貌。《诗·小雅·宾之初筵》："百礼既至，有壬有林。"朱熹注："壬，大；林，盛也。"④隐居之地。张说《和魏仆射还乡》："富贵还乡国，光辉满旧林。"古代的贤士隐士大都隐居深山老林之处，不以闹市为居。常用词语：枪林弹雨、强国之林、林海雪原、民族之林等。

用林字取作人名，主要取群体、众多、生机繁盛之意。用林字取名的名人：三国时期魏国大司农常林，清朝时期著名文学家史震林，晚清湘军重要首领胡林翼，太空探险宇航员张福林，相声大师侯宝林，无产阶级革命家、国务院原副总理谭震林，语言学家、东方学大师季羡林。

用林字取作人名，男性和女性都适用，单名、双名均适用。

（50）峰（fēng）

峰的含义：①山突出的尖顶。高峰，顶峰。②形状像山峰的事物。波峰、驼峰。常用词语：峰回路转、登峰造极、千峰万壑、奇峰罗列、横峰侧岭、千峰百嶂、波峰浪谷、危峰兀立等。

峰字用作人名，主要取高峰、顶峰、突出冒尖之意。用峰字取名的名人：北宋大臣赵高峰，明末武将、心意六合拳、形意拳始祖姬龙峰，中国近代民主革命家王仁峰，现代著名诗人冯雪峰，歌手汪峰、郭峰、李易峰，相声演员高峰。

峰字用作人名，多于男性，单名、双名均适用。

（51）松（sōng）

松的含义：①常绿乔木。②不紧密，不坚实。③放开，使松。④不紧张，不严格。⑤经济较宽裕。常用词语：青松落色、松菊主人、餐松饮涧、内紧外松、松水之鱼、松姿柳态等。

松字用作人名，主要取其经干耐寒、常青不凋、长寿不老、品德高尚之意。用松字取名的名人：唐代风水宗师杨筠松，宋朝梁山好汉武松，清代杰出文学家蒲松龄，北洋奉系军阀将领郭松龄，中国第一位女大使丁雪松，男高音歌唱家胡松华，音乐人高晓松，中央电视台主持人白岩松。

松字用作人名，以男性为主，女性也有使用，单名、双名均适用。

（52）茂（mào）

茂的含义：①茂盛。②丰富，精彩。③勉励，与“懋”字相通。《汉书·董仲舒传》：“《书》云‘茂哉茂哉!’皆强勉之谓也。”常用词语：枝繁叶茂、声情并茂、风华正茂、本深末茂、茂林修竹、根壮叶茂等。

茂字用作人名，主要取茂盛优美、鲜艳之意。用茂字取名的名人：西晋药师潘茂名，东晋著名书法家王献之原配妻子郗道茂，唐代开国功臣徐茂功，明代著名中医学家兰茂，太极拳宗师王茂斋，开国将军王恩茂、陈茂辉、余光茂、姜茂生，相声表演艺术家苏文茂，影视演员朱时茂。

茂字用作人名时，多用于男性，女性也有使用，以双名居多。

（53）江（jiāng）

江的含义：①比河更宽、更长、更深，常年流水不断的称江。②与长江有关的地域。江南、江淮、江汉、江左。常用词语：翻江倒海、饮马长江、江河日下、大江东去、铁桶江山、过江之鲫、江东父老、江山如故等。

江字用作人名，主要取大江流水永不息、江山永固万年长之意。用江字取名的名人：明代大臣陈环江，清朝政治家钱江、著名画家袁江，地质学家丁文江，著名新闻学家范长江，著名小品演员潘长江。

江字用作人名时，多见于男性，女性较少，单名、双名均适用。

（54）河（hé）

河的含义：①银河。也叫天河，人们在晴朗的夜晚用肉眼看见的似河流形象的群星。②天然或人工大水道，河比江小，比江的流距短。③特指黄河。常用词语：口若悬河、血流成河、气吞山河、大好河山、过河拆桥等。

用河字作人名，主要取江河流水入大海，日泻千里不回头之意。用河字取名的名人：人类学家、民俗学家林河，中医学家印会河，作家二月河（原名凌解放）、流沙河，雕塑家苏清河，女性社会学家李银河。

河字用作人名时，男性和女性都可使用，单名、双名均适合。

（55）波（bō）

波的含义：①波浪。安静的水面因外界原因振荡引起的水情变化现象。②振波。电视、电脑、手机等现代高科技的通信联络都是通过电子振波进行信号传输。③风波。如政治风波、社会风波，指受到意外变化而引起的局势动荡。常用词语：波澜壮阔、波谲云诡、一波未平一波又起等。

波字用作人名，主要取波澜壮阔、浪花波涛之意。用波字名的名人：东晋将领刘波，北宋农民起义首领王小波，史学家孙海波，中医学家关幼波，国务院原副总理薄一波。

波字用作人名时，多为双名，单名也可用，男性、女性都较常见。

（56）涛（tāo）

涛的含义：大波浪，波涛。苏东坡诗云："惊涛拍岸，卷起千堆雪。"常用词语：惊涛骇浪、波涛汹涌、惊风怒涛、推涛作浪、广陵观涛等。

石涛

涛字用作人名，主要取波涛气势力量无穷之意。用涛字取名的名人：

明末清初著名画家石涛，清末宗室爱新觉罗·载涛，开国上将李涛、傅秋涛，湘鄂西革命根据地创始人万涛，原南京军区副司令员郭涛中将，原中共中央总书记胡锦涛，歌手江涛，演员刘涛。

涛字用作人名时，单名、双名均适用，男性取名多于女性取名。

（57）富（fù）

富的含义：①财产多（跟"贫、穷"相对）。《荀子·王制》："王者富民，霸者富士。"②使变富。③丰富；多。④资源；财产。常用词语：富贵不能淫、富贵荣华、富国强兵等。

富字用作人名，主要取富裕、财富充足、人生充实之意。用富字取名的名人：明代户部尚书胡富，清朝农民起义首领姚之富，无产阶级革命家李富春，开国上将谢富治，中国首位登上珠峰的登山运动员王富洲，全国特级战斗英雄张国富。

用富字取名，多见于男性，单名、双名均适用，但双名较多见。

（58）贵（guì）

贵的含义：①价格高。②稀少的东西。保贵、贵重。③高层人物。达官贵人，皇室贵族。④尊敬用词。贵姓、贵庚、贵宾。常用词语：兵贵神速、难能可贵、高抬贵手、达官贵人、富贵显荣、屈尊纡贵、富贵浮云等。

贵字用作人名，主要取尊贵和显贵之意。用贵字取名的名人：唐朝著名大将军薛仁贵，清朝太平军起义领导人萧朝贵，清末著名民族英雄左宝贵，马来亚侨领郑景贵，农民政治家陈永贵，中国人民解放军高级军事指挥员郑其贵，北京百货大楼售货员张秉贵，相声演员常贵田。

贵字用作人名时，多用于男性，双名常见，单名也适用。

（59）裕（yù）

裕的含义：①丰富，宽绰。《诗·小雅·角弓》：“绰绰有裕。”②富足。《荀子·富国》：“足国之道，节用裕民。”常用词语：绰有余裕、光前裕后、好问则裕、措置裕如、进退裕如、裕民足国、富国裕民、绰有余裕、增益裕量等。

裕字用作人名，主要取富足充裕之意。用裕字取名的名人：南朝宋开国君主宋武帝刘裕，唐代杰出政治家李德裕、文学家王仁裕，清代园林建造家戈裕良，开国大将粟裕，河南兰考县原县委书记焦裕禄，企业家郑裕彤，演员郑裕玲。

刘裕

裕字用作人名时，男性多于女性，单名、双名均适用。

（60）康（kāng）

康的含义：①健康、安康。古乐府《孔雀东南飞》：“命如南山石，四体康且直。”②富足、丰盛。常用词语：康庄大道、福寿康宁、国富民康、身心健康、长乐永康等。

康字较为吉祥，用作人名主要取康乐、富足之意。用康字取名的名人：黄帝时期酿酒大师杜康，东汉经学家韩康，清代名臣福康安，开国中将陈康，哲学教育家彭康，数学家冯康，节目主持人蔡康永，歌手苏永康。

康字用作人名，多见于男性，单名、双名均适用。

（61）和（hé）

和的含义：①和平，没有战争威胁和社会动荡的状态。②态度温和，容易接近。和蔼可亲。③恢复感情，重新和好。常用词语：和睦相处、和衷共济、和风细雨、和盘托出等。

用和字作人名，主要取和平友好、祥和平安之意。用和字取名的名人：三国时期蜀国名臣董和，明朝开国功臣汤和、航海外交家郑和、大臣乔中和、万士和，近代无产阶级革命家蔡和森，著名作家沈从文夫人张兆和与张元和、张允和、张充和四姐妹，北京学生运动领袖之一刘和珍，国家女排原主教练陈忠和。

和字既可用于男性取名，也可用于女性取名，且双名、单名均可。

（62）乐（lè）

乐的含义：①欢喜、快乐。②乐观（精神愉快，对事物的发展充满信心）。③乐天（安于自己的处境而没有任何忧虑）。④乐于。常用词语：乐于助人、乐此不疲、乐不思蜀、乐极生悲等。

乐字是一个祥和快乐的字，有不少人选用乐字取名，但由于乐字读音较多，用乐字作人名时，一定要用得恰当。用乐字取名的名人：明代理学家韩乐吾，明末抗清名臣钱肃乐，书法家高乐三，翻译家董乐山，漫画家张乐平，笛子演奏家刘管乐。

由于乐字含义丰富而喜庆，所以用乐字名时，经常有用作重叠名的，如田乐乐、金乐乐、钱乐乐、常乐乐、文乐乐等，这类名字屡见不鲜。用乐字作人名时，男女通用，一般取双名，单名较少见。

（63）福（fú）

福的含义：①幸福，福气（跟“祸”相对）。②引申到人的优越条件和命运相关的含义。福地、福分、福音。常用词语：福如东海、大福大贵、添福添寿、幸福万年等。

福字既是一个美好的祝愿，又是个吉利字，因此不少人用福字取作人名，主要取幸福吉祥之意。用福字取名的名人：秦朝著名方士徐福，明代诗人苏福，清朝康熙年间随欧洲传教士前往欧洲的中国人沈福宗，湘军水师统帅杨载福，宇宙太空探险员张福林。

用福字取名，以男性双名较为多见，女性取名、单名也适用。

（64）祥（xiáng）

祥的含义：①吉利，吉祥。②慈祥，和祥。祥字意指好事情的兆头或征象。常用词语：吉祥如意、吉祥平安、吉祥万福、祥和景象等。

祥字用作人名主要取吉利、吉祥之意。用祥字取名的名人：南宋爱国宰相文天祥，元朝名将史天祥，清朝军机大臣文祥，太平天国女状元傅善祥，太平军北伐名将林凤祥，北洋皖系军阀卢永祥，爱国将领冯玉祥，早期工人运动领袖林祥谦。

祥字用作人名时，男性多于女性，双名多于单名。

（65）生（shēng）

生的含义：①生育、出生。②生长。③生存、活（跟“死”相对）。④生计。⑤生命。⑥生平。⑦具有生命力的、活的。常用词语：生龙活虎、生机勃勃、妙笔生花等。

用生字取名，主要取生命力旺盛顽强、生生不息之意。用生字取名的名人：北朝经学家熊安生，清代大臣戚蓼生，雕刻家翟金生，19世纪新加坡慈善商人陈笃生，光绪皇帝老师伍嵩生，晚清重臣曾国藩号涤生，著名武侠小说家梁羽生，歌手张雨生，作家史铁生。

中华人民共和国成立后，我国许多南下干部和进京领导的孩子有不少以出生地取名的，比如在江西出生的取名赣生，在福建出生的取名闽生，在上海出生的取名沪生，在安徽出生的取名皖生，在湖南出生的取名湘生，在北京出生的取名京生，在部队出生的取名军生等。

用生字取名，多见于男性，双名多于单名。

（66）子（zǐ）

子的含义：①古代指儿女，现专指儿子。子女、子嗣、子弟（后辈人，年轻人）。②植物的果实、种子。菜子（籽）、瓜子。③有知识有地位的人。古代对有知识的人称“夫子”、官职叫“子爵”。

用子字作人名，取其多子多孙、生命延续、尊贵之意。用子字取名的名人：西周初丞相姜子牙，春秋战国时代楚国人钟子期，三国名将赵云（字子龙），南朝梁史学家萧子云，隋朝画家展子虔，唐朝名将郭子仪，元末红巾军领袖郭子兴，明朝名将邓子龙，明末大臣陈子龙，无产阶级革命家邓子恢、贺子珍。

子字用作人名时，多为双名，而且多放在中间，这是其一大特点。

（67）善（shàn）

善的含义：①心地仁爱，善良、慈善。②好的行为和品质，善行（跟“恶”相对）。③良好。④友好、和好。⑤熟悉。⑥擅长、长于。常用词语：善自为谋、善始善终、勇猛善战、多谋善断等。

善字取作人名，主要取善良、友好和善、美好、爱惜之意。用善字取名的名人：

唐朝著名道教家叶法善，元代农学家鲁明善，明代开国功臣李善长，文时忠臣姚善，清太祖努尔哈赤次子代善，清代文学家法式善，军机大臣尹继善，数学家李善兰，近代解放军将领政治名人刘培善等。

李善兰

用善字取作人名时，一般男性多于女性，双名多于单名。

（68）厚（hòu）

厚的含义：①扁平物体上下两个面的距离。厚度、厚薄。②扁平物体上下两个面距离较大的，与“薄”相对。③深，重，浓，多。厚望。④不刻薄，待人好。厚道、宽厚。⑤重视，推崇。厚此薄彼。常用词语：厚颜无耻、厚此薄彼、厚古薄今、厚言薄礼等。

厚字用作人名，主要取忠诚厚道、为人正派、品德高尚之意。用厚字取名的名人：唐代大臣杨归厚，清代御医秦敦厚，数学家张广厚，一级勋章功臣罗厚福、张吉厚、邹国厚将军，作家戴厚英，哲学家李泽厚。

用厚字取作人名时，男性多于女性，双名多于单名。

（69）仁（rén）

仁的含义：①一种道德范畴，指人与人相互友爱、互助、同情等。仁义、仁爱。②果核的最内部分或其他硬壳中可以吃的部分。核桃仁。③姓。常用词语：仁至义尽、仁人君子、仁人志士、仁者见仁等。

狄仁杰

仁字取作人名，主要取仁义、仁爱、仁心之意。用仁字取名的名人：三国时期曹魏名将曹仁，唐朝大将军薛仁贵、明相狄仁杰、文学家王仁裕，宋朝布衣宰相范纯仁，元朝经学家龙仁夫、水利专家任仁发，清代“全聚德”烤鸭店创始人杨全仁。

仁字选作人名时，多以男性、双名为主，女性、单名少见。

（70）义（yì）

宋太宗赵光义

义的含义：①正义，道义。大义灭亲、义不容辞。②合乎正义或公益的。起义、义举、义演。③抚养或结拜认可的关系。义父、义女。④情谊。义气、恩义。⑤意思，人对事物认识到的内容。意义、微言大义。⑥人工制造的（人体的部分）。义齿、义肢。常用词语：义不容辞、义正词严、义无反顾、义形于色等。

义字取作人名，主要取仁义、正义、道义之意。用义字取名的名人：唐朝宰相崔义玄、权臣李义府，宋太宗赵光义，北宋开国名将刘光义（宋太宗即位后赐名廷让），元朝农民起义军将领彭义斌，爱国将领傅作义。

义字选作人名时，多以男性双名为主，单名也适用。

（71）兴（xīìng）

兴的含义：①对事物感觉喜爱的情绪。兴味、兴致、兴趣。②流行、兴盛。③举办，发动，创立。兴建、百废待兴。④起来。晨兴、夙兴夜寐。此外，兴字还引申为旺盛兴旺、兴起建立等含义。常用词语：兴旺发达、兴师动众、兴风作浪、兴妖作怪等。

兴字取作人名，主要取兴旺发达，兴盛、兴起之意。用兴字取名的名人：隋末吴兴郡沈法兴，宋朝抗金英雄姚兴、名臣邵兴，元末红巾军领袖郭子兴，清代陈氏太极拳主要传承人陈长兴，近代民主革命家黄兴，翻译家吴兴华，互联网博客教父方兴东。

用兴字取作人名时，单名、双名均适用，男性较为多见。

（72）昌（chāng）

昌的含义：①兴旺。昌盛、昌隆。引申为有生命活力的东西，《庄子·在宥》："今夫百昌皆生于土而反于土。"②善，正当。昌言（美言，正当的话）、昌言无忌（直言无隐）。③古同"菖"，菖蒲。④古同"猖"，凶猛。⑤姓。常用词语：五世其昌、日富月昌、笔神昌化、光昌流丽、天道昌隆、顺昌逆亡、既寿永昌等。

昌字用作人名，主要取昌盛兴隆、昌明之意。用昌字取名的名人：周文王姬昌，唐朝宰相郑延昌，明代画家董其昌，清朝洋务运动倡导者丁日昌、海军将领丁汝昌、邓世昌，画家吴昌硕，教育家杨昌济，外交家黎庶昌，红军将领段德昌，红学家周汝昌，金属及材料科学家师昌绪，"两弹一星"功勋科学家王淦昌。

用昌字取作人名，多见于男性双名，女性和单名较少使用。

邓世昌

（73）才（cái）

才的含义：①才能，能力很强的人。②作副词，表示刚刚、初始，如刚才、方才。常用词语：才疏志大、才疏学浅、才貌双全、才智过人等。

才字用作人名，主要取才能、才智之意。用才字取名的名人：明末农民起义军领袖罗汝才，清末维新改革派唐才常，近代著名实业家史量才，中国工农红军高级指挥员袁文才，开国将军胡奇才、朱良才、詹才芳、程世才，中国现代行政法学的开拓者罗豪才。

用才字取作人名时，多用于男性双名，女性或单名较少见。

（74）学（xué）

学的含义：①学习。②学问。才疏学浅、博学多能。③模仿。④学科。数学、政治经济学、物理学、化学。⑤学校。常用词语：学以致用、学而不厌、学富五车、学识渊博等。

用学字作人名，主要取学习、学问、学识之意。用学字取名的名人：明代文学家曹学佺，清末淮军名将程学启，爱国将军张学良，中国工农红军将领曹学楷，开国将军洪学智，当代外交家吴学谦，“两弹一星”元勋科学家钱学森。

用学字取作人名时，多用于男性和双名，女性和单名较少见。

（75）文（wén）

文的含义：①事物错综所造成的纹理或形象。灿若锦文。②刺画花纹。文身。③记录语言的符号。文字、以文害辞。④用文字记下来以及与之有关的。文凭、文苑、文献。⑤人类劳动成果的总结。文化、文物。⑥自然界的某些现象。天文、水文。⑦旧时的礼节仪式。繁文缛节。⑧文华辞采，与“质”“情”相对。文质彬彬。⑨温和。文火、文静、文雅。常用词语：文质彬彬、文从字顺、文武双全、文如其人等。

范文程

文字取作人名时，主要取文明、文才、文武双全之意。用文字取名的名人：战国时期思想家尹文，宋朝名臣阎文显，清朝名臣范文程、田文镜、赵文楷，太平天国起义后期领导人黄文金，捻军首领赖文光，历史学家范文澜，著名作家沈从文。

用文字取作人名时，多用于男性和双名，女性和单名也适用。

（76）杰（jié）

杰的含义：①才能出众的人。豪杰、俊杰。②特异的，超过一般的。杰作、杰出人才。常用词语：人杰地灵、英雄豪杰、角立杰出、旷世杰作、人杰地灵。

杰字用作人名，主要取超越、突出、杰出、俊杰之意。用杰字取名的名人：唐朝名相狄仁杰，宋朝大臣徐元杰、名将张世杰，清朝湖北农民起义军首领钟人杰，书法家溥杰，相声表演艺术家唐杰忠，歌手周杰伦、王杰。

杰字取作人名时，以男性为主，双名、单名均适用。

（77）海（hǎi）

海的含义：①靠近陆地，比洋小的水域。②用于湖泊名称。青海、中南海。③形容容量大、巨大的。海碗、海涵、夸下海口。④比喻数量多的人或事物。人山人海、火海。⑤漫无目标地。海骂、海找。⑥古代指从外国来的。⑦特指中国上海。海派。常用词语：海阔天空、海誓山盟、海枯石烂、海外奇谈等。

海字用作人名，主要取博大宏阔之意。用海字取名的名人：元武宗孛儿只斤·海山，明代文学家康海，清末太监安德海，太平天国起义军将领汪海洋，开国大将徐海东、舍身救列车的英雄欧阳海，作曲家冼星海，京剧大师袁世海，文学家林海音，鲁迅之子周海婴。

用海字取名，男性较女性多见，单名、双名均适用。

（78）东（dōng）

东的含义：①方位，太阳初升的一边，与“西”相对。②主人（古时主位在东，宾位在西）。东家、房东、东道主。常用词语：东山再起、旭日东升、声东击西、江东父老、紫气东来、东床快婿、失之东隅等。

东字用作人名，主要取太阳初升，新的开始，万事万物吉祥之意。用东字取名的名人：北宋太学生陈东，历史作家蔡东藩，中国民族化学工业之父范旭东，中华人民共和国开国领袖毛泽东，精武体育会创始人霍元甲次子霍东阁，文学家朱东润，开国大将徐海东，民主爱国人士霍英东，乒乓球运动员樊振东。

用东字取名时，男性、女性均适用，双名较常见，单名也适用。

（79）鹏（péng）

鹏的含义：鹏鸟，传说中最大的鸟，能飞万里路程，比喻前程远大。常用词语：鹏程万里、鹏游蝶梦、鲲鹏之志、鲲化为鹏、鲲鹏展翅、志高鹏远。

鹏字用作人名，主要取志存高远、鹏程远大之意。用鹏字取名的名人：南宋时期名臣汤鹏举、抗金英雄岳飞（字鹏举），明代画家丁云鹏，清代治河专家张鹏翮，文学家杜鹏程，体操名将李小鹏。

用鹏字取名时，男性多于女性，双名、单名均适用。

（80）翔（xiáng）

翔的含义：①翔实，详细而确实。②盘旋地飞。飞翔、翱翔、滑翔。常用词语：沙鸥翔集、龙腾凤翔、飞鸾翔凤、高翔远引、展翅飞翔、凤舞龙翔、龙翔九天、振翅翱翔、鱼翔浅底、翔实可信等。

用翔字取作人名，主要取飞翔、翱翔、本领技巧高超之意。用翔字取名的名人：明代大臣黄凤翔，清代著名学者蔡上翔，清华大学原校长蒋南翔，最高人民法院原院长郑天翔，故宫博物院原院长单霁翔，美籍华人歌手费翔，奥运会跨栏冠军刘翔。

用翔字取名，以男性为主，单名、双名均适用。

（81）成（chéng）

成的含义：①跟"败"相对。成功、完成、成果。②事物发展到一定的形态或状况。成形、成年、蔚然成风。③变为，变成。④可以，能行，表示同意。常用词语：成千上万、成群结队、成竹在胸、成仁取义等。

用成字取名，含义包括许多方面：有的取成功之意，有的取成长之意，有的取成才之意，还有的取成果、成全之意。用成字取名的名人：唐高祖李渊长子李建成，北宋太尉梁师成，明末农民起义领袖李自成，民族英雄郑成功，清朝直隶总督于成龙，太平天国起义将领李秀城、陈玉成，爱国将领杨虎成，现代著名建筑大师梁思成，开国上将杨成武，评书表演艺术家袁阔成。

用成字取名比较常见，且男性多于女性，单名、双名都较常见。

（82）清（qīng）

清的含义：①水或其他液体、气体纯净透明，没有混杂的东西，与“浊”相对。②安静，不烦躁。清闲、清静、静谧。③明白，明晰。④彻底，一点不留，净尽。⑤公正，廉洁。清廉、清官。⑥中国历史朝代名。常用词语：清澈见底、清规戒律、清夜扪心、清贫如洗等。

用清字取名，主要取纯清、高洁之意。用清字取名的名人：宋代女词人李清照，明末清初文学家梁清标，清朝航海家谢清高、画家陈子清，太平天国将领杨秀清、杨辅清，中医名家李清云，现代著名文学家朱自清，无产阶级革命家、中国妇女解放运动的卓越领导人康克清。

用清字取名时，男女均适用，单名、双名均可。

（83）友（yǒu）

友的含义：①彼此有交情的人。好友、友谊。②有亲近和睦关系的。友好、友邦。“联朋友”《周礼·地官·大司徒》郑玄注:“同师曰朋，同志曰友。”③相好，相互亲爱。友爱、友善。

友字选作人名，主要取亲密友爱、友好帮助之意。用友字取名的名人：南宋著名政治家潜说友，元末农民起义首领陈友谅，明朝开国名将傅友德、画家杨文骢（字龙友），当代著名哲学家冯友兰，新闻学家张友渔，女高音歌唱家黄友葵，开国将军许世友，歌手张学友。

友字用作人名时，一般以男性双名居多，女性或单名比较少见。

（84）先（xiān）

先的含义：①时间或次序在前的（跟“后”相对）。先进、先例、领先、事先、争先恐后、有言在先。②上代。祖先、先人等。③尊称去世的人。先父、先烈。常用词语：先见之明、先睹为快、先发制人、先声夺人等。

先字用作人名，主要取领先、先进、先见之明之意。用先字取名的名人：南朝陈国开国君主陈霸先，北宋将领雷孝先，明代学者罗洪先，清朝钦天监监正杨光先，开国上将韩先楚，“两弹一星”功勋科学家邓稼先。

用先字取作人名时，多用于男性双名，用于女性和单名比较少见。

（85）信（xìn）

信的含义：①诚实，不欺骗。②不怀疑，认为可靠。③崇奉。④消息。⑤函件。⑥随便，放任。常用词语：信而有征、信口开河、信口雌黄、信赏必罚等。

信字用作人名，主要取忠诚守信之意。用信字取名的名人：汉朝著名将领韩信，隋末唐初猛将罗士信，宋代诗人孙惟信，明代理学家张信民，近代民主革命家朱执信，京剧表演艺术家周信芳。

用信字取名时，多见于双名，男性多于女性。

（86）彬（bīn）

彬的含义：形容人文雅有礼貌，多用作“彬彬”，也指丰盛的样子。《论语·雍也》说：“文质彬彬，然后君子。”做人应有优雅文采和良好品质，才算得上有道德修养的正人君子。常用词语：彬彬有礼、文质彬彬。

曹彬

用彬字取名，主要取文质兼备、温静雅致之意。用彬字取名的名人：北宋大将军曹彬，明朝紫砂艺术一代宗匠时大彬，清朝末年书法家戴彬元，上海《申报》著名记者徐彬彬，早期北方工人运动领导人史文彬，开国将军林彬。

用彬字取名时，男性多于女性，单名、双名均适用。

（87）敬（jìng）

敬的含义：①尊重。《荀子·强国》：“故王者敬日，霸者敬时。”②恭敬。敬请指教。《论语·子路》：“居处恭，执事敬，与人忠。”③有礼貌地送上。敬策、敬言、敬茶。常用词语：敬谢不敏、敬而远之、敬酒不吃吃罚酒。

用敬字取名时，主要取尊敬、敬重、仰慕之意。用敬字取名的名人：元朝科学家郭守敬、大臣杜思敬，清代小说《儒林外史》作者吴敬梓、魏敬中、大臣张敬修，历史地理学家杨守敬，教育家孙敬修，民俗学家钟敬文，歌手萧敬腾。

敬字取作人名时，一般男性多于女性，双名和单名均适用。

（88）天（tiān）

天的含义：①在地面以上的高空。②顶部位置。天棚、天窗、天桥。③一昼夜的时间。④季节气候。春天、晴天、热天。⑤指神仙所住的地方。天上、天宫。⑥自然界。天堑、天时、天籁、天然。⑦古代用来记日或年的字。天干。常用词语：天涯海角、天翻地覆、天壤之别、天经地义。

詹天佑

天字用作人名，主要取海阔天空、顺应天道之意。用天字取名的名人：南朝天文学家何承天，唐朝女皇武则天，南宋抗元丞相文天祥，元朝名将史天祥、文学家郝天挺，明代大臣孔天胤，清朝著名爱国将领关天培，铁路工程师詹天佑，近代民主革命家陈天华，中国共产党早期重要领导人之一张闻天，著名画家潘天寿，京剧演员盖叫天。

用天字取名，男性、双名居多，女性和单名相对较少。

（89）山（shān）

山的含义：①地面形成的高耸部分。②形状像山的东西。冰山、人山人海。③形容大声。山响、山呼万岁。常用词语：高山流水、湖光山色、山清水秀、山水相连、山盟海誓。

用山字取作人名，主要取山的高大、宏伟壮观、峻峭挺拔之意。用山字取名的名人：唐朝“安史之乱”发动者安禄山，明末清初著名思想家王夫之（别号船山），清代杰出诗人张问陶（号船山），抗日爱国将领马占山，志愿军一级战斗英雄高成山，作家许地山，开国中将郑维山、王近山，原内务部部长曾山，画家关山月。

用山字取作人名时，男性多于女性，单名、双名均适用。

（90）城（chéng）

城的含义：①围绕都市的高墙。城池、城郭、城楼。②都市。京城、紫禁城。常用词语：众志成城、兵临城下、城下之盟、城狐社鼠、胸有城府、一笑倾城、满城风雨等。

用城字取作人名，主要取城墙万里、牢不可破、城池坚固之意。用城字取名的名人：近代民主革命家李书城，国民党西北军司令杨虎城，抗日名将池峰城，出版家舒新城，琵琶演奏家林石城，著名历史学家周谷城，香港演员郭富城、金城武。

用城字取名时，以男性居多，单名、双名均适用。

（91）震（zhèn）

震的含义：①巨大的力等使物体剧烈颤动。地震、震荡。②情绪过分激动。震惊、震慑。常用词语：震耳欲聋、震撼人心、震古烁今、震撼寰宇、震惊四座、震慑人心。

震字用作人名，主要取震动和威力之意。用震字取名的名人：《封神演义》人物雷震子，东汉名臣杨震，清朝思想家戴震，无产阶级革命家谭震林。

用震字取名时，一般以男性为主，女性也有，单名、双名均适用。

（92）虎（hǔ）

虎的含义：①哺乳动物，毛黄褐色，有花斑纹，主要生活在山林之中，听觉和嗅觉都很敏锐，性凶猛，力气大，夜里出来捕食，有时还会伤害人，被称为兽中之王。②勇猛、威武。虎将、虎威。③威吓，同“唬”。常用词语：虎踞龙盘、虎视眈眈、虎口余生、虎头蛇尾、龙腾虎跃。

虎字用作人名，主要取威武、敏锐、力大无穷之意。用虎字取名的名人：明朝著名画家唐伯虎、文学家曹仁虎，近代武术家宋虎臣、实业家胡文虎（万金油大王、报业大王），爱国将领杨虎城，开国少将龙飞虎。

用虎字取名时，主要见于男性，单名和双名均适用。

（93）宁（níng）

宁的含义：①平安，安定。宁静，宁谧，息事宁人。常用词语：心绪不宁、息事宁人、永无宁日、福寿康宁、本固邦宁、食甘寝宁、安国宁家、天无宁日、瘠痳不宁、宁静致远、淡泊宁静等。

宁字用作人名，主要取安宁、宁静之意。用宁字取名的名人：唐高宗朝宰相于志宁，诺贝尔物理学奖获得者杨振宁，泥沙运动及河床演变专家钱宁院士，奥运会体操冠军李宁，羽毛球奥运冠军张宁，中央电视台《新闻联播》主持人王宁。

宁字用作人名时，男性和女性都适用，单名和双名均常见。

（94）俊（jùn）

俊的含义：①长相清秀好看。俊秀、俊俏、英俊。②才智出众的人。俊杰、俊士。常用词语：英俊潇洒、清丽俊逸、卓越俊逸、丰神俊朗、清奇俊秀、俊美无俦、俊秀婀娜、挺拔俊秀、清新俊逸等。

俊字用作人名，取长相出众或才智出众的含义，或者两方面兼而有之。用俊字取名的名人：唐高宗朝宰相郝处俊，宋朝著名地理学家赖文俊，明代戏曲理论家何良俊、名臣田一俊，清朝吏部尚书金之俊、大臣陈官俊，中共一大代表李汉俊，数学家吴文俊院士，斯诺克世界名将丁俊晖。

俊字取作人名时，男性多于女性，单名、双名均适用。

（95）继（jì）

继的含义：①连续，接续。②继而。常用词语：继往开来、继而复始、前仆后继、后继有人等。

继字用作人名，主要取继续向前、不断奋进之意。用继字取名的名人：宋朝兵马副都统将军尹继伦，清朝军机大臣陈继昌、尹继善，抗日名将马继援，中国人民志愿军特级英雄黄继光，著名哲学家、佛学家任继愈，中国跳水队领队周继红。

用继字取名时，男女均适用，一般用在双名中间，单名少见。

（96）承（chéng）

承的含义：①托着、接着。承受，承重。②担当、应允。承担，承认。③客套话蒙受，受到。承蒙关照。④继续、接续。继承，承前启后。⑤顺从、迎合。奉承。常用词语：一脉相承、起承转合、承欢膝下、一柱承天、希旨承颜、奉令承教、天下承平、曲意奉承、仰承鼻息、迎意承旨等。

用承字取名，主要取继承接受之意。用承字取名的名人：南朝无神论思想家何承天，唐朝书法家冯承素，唐朝后期割据军阀田承嗣，明朝文学家、《西游记》作者吴承恩，明清两朝大臣洪承畴，近代教育家孟宪承，无产阶级革命家廖承志，中国人民解放军大元帅刘伯承，现代词学宗师夏承焘。

用承字取名时，一般以男性双名较为多见，单名、女性较少。

洪承畴

（97）智（zhì）

智的含义：①聪明，有智慧。②智慧，见识。常用词语：智谋超群、智勇双全、足智多谋、大智大愚、见仁见智、利令智昏。

智字用作人名，主要取聪明能干、智勇双全之意。用智字取名的名人：北宋末年梁山好汉鲁智深，清初著名伊斯兰教学者刘智，抗日爱国将领唐生智，开国上将洪学智、中将聂凤智，地质学家郭令智院士，京剧表演艺术家于魁智。

用智字取名时，男性和女性都适用，单名、双名均适用。

（98）德（dé）

德的含义：①品行，道德；特指好的品行。②心意、信念。③恩惠，好处。常用词语：感恩戴德、以怨报德、离心离德、歌功颂德、德高望重、厚德载物、德艺双馨、明德惟馨、俭以养德等。

尉迟敬德

德字用作人名，主要取德才兼备、品德高尚、道德正统之意。用德字取名的名人：唐代开国名将尉迟敬德、画家阎立德，辽朝大臣韩德让，北宋政治家宋彦德，清代乾隆帝驸马丰绅殷德（和珅之子）、文学家纳兰性德，开国将军李德生、杨得志，公共卫生学家伍连德，清华大学原校长高景德院士。

德字用作人名，常见于男性，单名、双

名均适用。

（99）辉（huī）

辉的含义：①闪耀的光彩。光辉，晚霞的余晖，满室生辉。②照耀。辉耀、辉映。③成就卓著。常用词语：战果辉煌、辉煌成绩、辉煌伟绩、灿烂光辉、星月交辉。

辉字用作人名，主要取光辉照人之意。用辉字取名的名人：元末红巾军起义将领徐寿辉，民主爱国将领刘文辉，无产阶级革命家、军事家罗炳辉，开国少将江拥辉，乒乓球运动员孔令辉，央视播音主持人康辉，主持人许戈辉。

用辉字取名时，男性和女性都适用，单名和双名均适用。

（100）耀（yào）

耀的含义：①光线强烈地照射。照耀、闪耀、光耀。②显扬。夸耀、炫耀。③光荣。荣耀。常用词语：耀武扬威、光宗耀祖、光芒耀眼、星光闪耀、争荣夸耀。

耀字用作人名，主要取光芒照耀或才艺智慧超群之意。用耀字取名的名人：开国将军李耀、王耀南、李耀文、易耀彩，相声演员侯耀文。

用耀字取名，男性和女性均适用，以双名为主。

2.女性取名常用字

男女地位在我国历史的长河中曾多次发生过根本性的变化。在原始社会的母系氏族时期，以女性为主，男性一直处于附属地位，女性的姓名显得特别重要，而且这一时期持续了大约35000年，远远超出了人类有文字记载的历史时期。从父系氏族社会开始，经过奴隶社会、封建社会，直至现在，在这几千年的历史进程中，人类社会从以女性为主变成了以男性为主。在我国，也经历了同样的历史发展进程。在阶级社会，我国广大女性很少有留下名字的，往往是被冠以“王氏”“李氏”或“王李氏”之类的称谓。当清代宣统皇帝被赶下皇位之后，女性不再处于没有名字的底层地位，女性基本上有了自己的名字，有些女性甚至因为取得的成就而广为人知。1949年中华人民共和国成立，在中国共产党的领导下，提倡男女平等，女性的社会经济等地位得到极大提高，女性的名字也和男性一样成为其社会交往的称谓代号；尤其进入计划生育时期之后，每个家庭的孩子都成为父母和爷爷奶奶等长辈的掌上明珠，不论生下的是男孩还是女孩，给孩子取名都成了全家极其重视的事情，如何给女孩取名，如何取一个寓意美好的名字，就成了一门极富学问的“考试”。

不过，由于传统文化和男女性别的差异，女性与男性在取名选字上还是有着明显差异的。不同于男性取名侧重于勇猛刚强、忠诚仁信，现代女性取名往往突出女性特有的气质，比如文静秀雅、聪慧贤淑之类的词语成为首选。

在男性取名常用的选字中，虽然有许多适合女性取名选用的字，但从其整体名字来看，一般也能猜出是女性。除了上面已经介绍的男性取名选字适合女性取名的名字之外，下面再介绍20个女性取名常用的汉字及每个字的含义，供家长给女孩取名参考。

秀兰艳萍，菊梅莲静，凤英霞慧，琴淑莉珍，娟娥娴婷。

（1）秀（xiù）

秀的含义：①植物抽穗开花（多指庄稼）。秀穗，“六月六看谷秀”，秀而不实。②特别优异的。秀才，优秀。③美丽而不俗气。秀丽，清秀。④中国元明两代称贵族、官僚、富室子弟。不郎不秀。常用词语：山清水秀、清秀美丽、秀外慧中、秀色可餐。

郑毓秀

秀字选作人名时，主要取品貌秀丽和才能优秀两种含义。用秀字作人名，男女都适用，男性多取才能优秀出众之意。男性用秀字取名的名人有：清朝太平天国起义军首领洪秀全、杨秀清、李秀成，“戊戌六君子”之一杨深秀，中共早期领导人陈独秀等。女性用秀字取名，主要取聪明美貌之意，女性用秀字取名的名人有：明太祖皇后马秀英，清末上海小刀会起义军女首领周秀英，抗日名将杜聿明夫人曹秀清，著名学者与文学大师胡适之妻江冬秀，著名社会活动家郑毓秀（也是中国历史上第一位女性博士、第一位女性律师）等。

（2）兰（lán）

兰的含义：①兰花，多年生常绿草本植物。花清香，可盆栽供观赏。②兰草，即泽兰，多年生草本植物。叶卵圆形或披针形，边缘有锯齿。

兰花和兰草两种植物都具有优雅高贵馥郁的品质，备受人们喜爱，因此常被选作人名，尤其女性取名时选用。用兰字取名的女性名人有：北朝替父参军的巾帼英雄花木兰，“唐代四大女诗人”之一李冶（字季兰），清朝道光帝皇后钮祜禄·伊兰，为革命英勇牺牲的少年女英雄刘胡兰，半导体材料学家林兰英院士，著名歌唱家郭兰英等。

以前，男性也有很多用兰字取名的，比如明代中州名儒田兰芳，清代科学家李善兰、山水画家蒋友兰，现代著名京剧表演艺术家梅兰芳，著名哲学家冯友兰等。

现在，兰字一般用于女性取名，单名和双名都很常用。

（3）艳（yàn）

艳的含义：①色彩光泽鲜明好看。②美丽好看，形容女子美艳。③羡慕。艳羡。④旧时指关于爱情方面的。艳事、艳诗、艳史。常用词语：艳阳高照、艳丽夺目、浓桃艳李、温香艳玉、百花争艳。

艳字用作人名，主要取鲜艳美丽之意。用艳字取名的女性名人有：歌手梅艳芳，著名京剧表演艺术家新艳秋、雪艳琴，绍剧表演艺术家筱艳秋，评剧表演艺术家鑫艳玲，淮剧演员筱文艳，中国女排前队员梁艳，女子举重奥运冠军陈艳青、向艳梅等。

用艳字取作人名，主要是女性适用，单名和双名均常见。

（4）萍（píng）

萍的含义：浮萍。一种在水面浮生的蕨类植物，有绿色和紫色两种颜色，青秀美丽。

萍与“平”同音，表示太平、平安之意。由于寓意美好，因此男性用萍字取名的也不少见，比如著名报人邵飘萍，红军著名战将邓萍，开国上将张爱萍、中将周赤萍、少将赵一萍，外交家周伯萍等。当然，用萍字取名，更多的是见于女性。用萍字取名的女性名人有：清朝雍正帝皇后乌拉那拉舒萍，京剧演员詹萍萍，特工张露萍，画家李青萍，京剧表演大师蒋慕萍，著名主持人倪萍、鞠萍，演员吕丽萍、沈丹萍，乒乓球运动员邓亚萍等。

用萍字取名时，单名、双名（或叠词）均适用。

（5）菊（jú）

菊的含义：菊花，多年生草本植物，叶子有柄，卵形，边缘有缺刻或锯齿。秋季开花，也叫秋菊，观赏植物，花朵很漂亮，古代曾把它与牡丹、梅花齐名，宋代以后有研究菊花的专著。有的品种可做茶饮或中药。因为菊花是一种名贵的花卉，后来被戏曲界引申为专业术语，把戏曲界女性称为菊部，女班主称为菊部头。菊花又是花中四君子（梅兰竹菊）之一，具有清寒傲雪的品格，因此又有其特殊的象征意义，比如不同颜色的菊花，象征意义也不同，黄色的菊花象征淡淡的爱，暗红色的菊花象征娇媚，白色的菊花象征哀挽。菊花和不同的物种搭配，象征的意义则各具特色，比如菊花与鹌鹑画在一起，寓意“九世居安”，表达平平安安、长长久久的祝福；菊花与松树画在一起，表示“松菊永存”的意思，祝愿人之长寿；菊花与蝈蝈画在一起，表示“官居一品”，祝愿别人长久占于高位。

用菊字取名的女性名人有：傅作义长女傅冬菊，京剧武旦演员粉菊花，京剧旦角杨菊秋、杨菊萍，革命烈士肖菊英、黄菊妈、冯菊芬等。

由于菊字寓意丰富，因此用菊字取名在男性中也很常见，比如清朝著名京剧武生俞菊笙、老生言菊朋和孙菊仙，著名戏剧家和翻译家焦菊隐，书画名家孙菊生等。

因此，用菊字取名，虽然现在以女性居多，但是男性也可用，且单名、双名都常用。

（6）梅（méi）

梅的含义：①落叶乔木，品种很多，耐寒，叶子卵形，早春开花，花瓣五片，颜色较多，气味清香。果实球形，成熟后可吃，味酸。②这种植物的花。③这种植物的果实。

梅花的独特之处就是不怕冷，“凌寒独自开”，毛泽东《七律·冬云》云“梅花欢喜漫天雪”，突出了梅花“俏也不争春，只把春来报”的品质。因此，用梅字选作人名，主要取梅花不畏寒冷、勇敢坚强之意，以梅字取名的男性和女性也都较为常见。

以梅字取名的男性名人有：北宋词人贺铸（号梅子），清代书画家顾西梅，中国近代民主革命家林修梅，现代画家陈少梅，现代专业音乐教育的开拓者萧友梅等。

石评梅

以梅字取名的女性名人有：革命作家石评梅，著名翻译家傅雷夫人朱梅馥，近代著名军事理论家蒋百里将军夫人蒋佐梅，旧上海滩十大美女之首蒋梅英，河南越调大师申凤梅，海南省红色娘子军老战士王运梅，歌唱家殷秀梅等。

用梅字取作人名时，以双名较多，单名也有使用。

（7）莲（lián）

莲的含义：①一种多年生草本植物，生在浅水中，地下茎肥大而长，有节，圆形叶子又叫荷叶，高出水面，花淡红和白色，有香味。地下茎叫藕，种子叫莲子，都可以吃。也叫荷或芙蓉。②莲子。

莲字选作人名，主要取美观大方、出淤泥不染之意。用莲字取名的女性名人有：清代昆曲演员朱莲芬，近代著名爱国民主人士李培莲，中国工农红军妇女杰出代表之一吴富莲，越剧演员丁莲芳，评剧演员爱莲君，评剧演员喜彩莲，著名女画家冯忠莲，艺术舞蹈家戴爱莲，全国人大常委会原副委员长顾秀莲等。

用莲字取名，主要采用双名，也有使用单名的，但较少见。

（8）静（jìng）

静的含义：①停止的。安静、静止。②没有声响。静悄悄、寂静、清静。③安详、娴雅。冷静。常用词语：夜深人静、静观其变、风平浪静、平心静气、静若处子。

用静字取名，主要取安静、平静、冷静、静若处子之意。比如，有一对年轻夫妇生了一个女儿，由于当年是农历虎年，夫妻俩和爷爷奶奶都希望孩子将来性格文静淑雅，所以给孩子取名时，随父姓袁，中间名取出生在农历寅虎年之“寅”，最后一个字选“静”，全名叫袁寅静。

用静字取名的女性名人有：川剧演员廖静秋，中国共产党创始人之一张太雷烈士之妻陆静华，著名女作家袁静，康有为之女康静谷，徐悲鸿夫人廖静文，中国化学制药专家安静娴院士，徐悲鸿先生之女徐静斐，演员伊能静、宁静、张静初、徐静蕾等。

作为一个寓意美好的字，静字以前也常用于男性取名，比如清末革命党人刘静庵，著名作家台静农，“五四”时期著名作家汪静之，中共一大代表刘仁静等。

用静字取名，曾经男女都很常用，但现在主要用于女性，而且单名、双名均适用。

（9）凤（fèng）

凤的含义：①凤凰，古代传说中的百鸟之王。雄的叫凤，雌的叫凰，有远翔高飞的能力，能带人飞到太阳、火星上去，因此深受人们的崇拜。②古代比喻有圣德的人。③凤与龙并蒂。在我国封建时代，皇帝是真龙天子，皇后则称凤。常用词语：龙飞凤舞、凤毛麟角、鸾鸣凤奏、攀龙附凤、百鸟朝凤、有凤来仪、龙章凤姿等。

由于凤字有非常美妙的传说和高贵的身份，在生活中当然就有很多人把凤字取作人名，如《红楼梦》中的女强人王熙凤，清代“扬州八怪”之一高凤翰，太平军北伐名将林凤祥，近代民间教育家王凤仪，爱国将军张学良夫人于凤至，近代著名侠妓小凤仙，黄梅剧著名演员严凤英，评剧演员新凤霞，开国中将聂凤智，豫剧大师马金凤等。

凤字用作人名时，男性、女性都适用，但现在多以女性、双名为主。

（10）英（yīng）

英的含义：①花。落英缤纷。②才能或智慧过人的人。英才，英雄。③精华，事物最精粹的部分。精英，含英咀华。④用羽毛做的矛饰。⑤古同“瑛”，似玉的美石。⑥英国。

用英字选作人名，取智慧超群、美貌英俊之意。用英字取名的名人有：《杨家将》中巾帼英雄穆桂英，中国共产党早期青年运动领导人之一恽代英，抗美援朝战争烈士、毛泽东长子毛岸英，毛泽东秘书田家英，黄梅剧大师严凤英，中国人民解放军大元帅叶剑英，女高音歌唱家、钱学森夫人蒋英，水利水电专家钱正英院士，著名歌唱家郭兰英，央视新闻联播主持人李瑞英，歌手那英等。

用英字取名，曾经男性和女性都很常见，但现在则以女性为主，单名和双名都适用。

（11）霞（xiá）

霞的含义：阳光斜射在天空中出现的彩色光芒，有黄、橙、红等各种彩色的自然景观，主要出现在日出、日落的时候。日出的霞光称朝霞，日落的霞光称晚霞。

霞字选作人名，主要取云霞美丽的含义。用霞字取名的名人有：明代旅行家和文学家徐霞客，评剧演员新凤霞，郁达夫之妻王映霞，京韵大鼓表演艺术家闫秋霞，西河大鼓表演艺术家王田霞，演员沈殿霞、温碧霞，画家吴青霞，中国职业篮球运动员郑海霞，女子田径奥运冠军王军霞等。

霞字取作人名时，女性明显多于男性，单名和双名均很常见。

（12）慧（huì）

慧的含义：指非常聪明，有才智，心机灵活。常用词语：智慧伶俐、聪慧过人、慧眼识珠、智慧超群等。

用慧字选作人名，主要取聪明智慧、有才能之意。用慧字取名的名人有：毛泽东主席之妻杨开慧，著名京剧演员言慧珠、荀慧生、李慧芳，话剧演员赵慧深，京剧武生演员厉慧良，杰出物理学家何泽慧院士（物理学家钱三强院士的夫人），法国文学翻译大家郑永慧，二胡演奏家闵慧芬等。

用慧字取名，曾经男性和女性都很常见，但现在以女性为主，单名和双名（包括叠词）都适用。

（13）琴（qín）

琴的含义：乐器的统称，如钢琴、风琴、提琴、胡琴、月琴、柳琴。

琴是音乐工具，通过灵巧的弹拨产生悦耳动听的音响，给人们的精神带来愉悦和欢乐，所以琴字也常常被用来给孩子取名。用琴字取名的名人有：近代著名翻译家林琴南，中国空军第一位空战王牌飞行员乐以琴，著名儿童教育家陈鹤琴，著名京剧旦角雪艳琴，中医名家赵绍琴，罗荣桓元帅夫人林月琴，著名泗州戏艺术大师李宝琴，表演艺术家金雅琴，歌手蔡琴等。

用琴字取名时，曾经男性和女性都很常见，但现在以女性为主，单名和双名都适用。。

（14）淑（shū）

淑的含义：①温和，善良，美好。多指品德好。

淑字有优悦动人的美好含义，因此自古以来许多人把淑字取作人名。用淑字取名的名人有：元代女诗人孙淑，清朝大臣彭端淑、女诗人曹锡淑，中国现代第一位专业声乐教育家周淑安，著名妇产科专家王淑贞，革命先驱柳直荀之妻李淑一，古籍版本目录学家冀淑英，评剧花腔女高音花淑兰，沂蒙红嫂张淑贞，演员陈淑桦、钟淑慧、关淑怡等。

用淑字取名时，女性明显多于男性，而且以双名为主。

（15）莉（lì）

莉的含义：一种常绿灌木开出的花，茉莉花，花朵艳丽，香味独特，充满芳香。茉莉花既可供观赏，又能熏制茶叶饮用，很受人们欢迎。

莉，意同“茉”，常用于姓名。上面“艹”表示四方，下面“利”代表顺利，意思就是在各地都很顺利。由于茉莉花具有独特的清香，因此莉字常被用于女性取名。用莉字取名的名人有：美国著名记者史沫特莱访问延安的翻译兼秘书吴莉莉，诗人文学家施莉侠，演员黎莉莉、沙莉、井莉、刘克莉、牛莉，歌手姚莉，作家池莉等。

用莉字取名，一般用于女性名字，单名、双名（或叠词）均适用。

（16）珍（zhēn）

珍的含义：①宝贵的东西。②看重器物或人才。珍爱、珍惜。常用词语：奇珍异宝、山珍海味、敝帚自珍、如数家珍、珍禽异兽、视如珍宝、稀世之珍、瑞兽珍禽、连城之珍、珍肴异馔、善自珍重等。

用珍字选作人名，主要取宝贵和看重两种含义。用珍字取名的名人有：元末农民起义军领袖明玉珍，明朝杰出中医学家李时珍，清代文学家、《镜花缘》作者李汝珍，清代著名思想家龚自珍，清末淮军将领杨岐珍等。

龚自珍

用珍字取名时，男性、女性都适用，而且双名用得比较多。男性用珍字，主要取看重之意；女性用珍字，主要取宝贵之意。近代以后，用珍字取名则以女性居多。

（17）娟（juān）

娟的含义：美好、秀丽、姣姣超群。常用词语：娟好静秀、玉翼婵娟、娟然如拭、婵娟此豸等。

娟字用作人名，主要取美丽娟秀之意。用娟字取名的名人有：电影《梁山伯与祝英台》女主演范瑞娟，优秀电影艺术家奚美娟，演员宋雪娟、陶醉娟、张美娟、陈娟娟、童月娟，越剧演员姚水娟，沪剧演员徐文娟，央视百家讲坛《说慈禧》主讲人隋丽娟等。

用娟字取名，主要用于女性，单名、双名（或叠词）均适用。

（18）娥（é）

娥的含义：①对古代女子的称谓。娇娥，宫娥。②形容女子美貌，婀娜多姿。常用词语：嫦娥奔月、月里嫦娥、云雨巫娥、江娥啼竹、石华娥绿等。

我国古代有“嫦娥奔月”的神话故事。传说天上有10个太阳同时出来，大地被烤成了焦土，百姓颗粒无收，嫦娥的丈夫后羿为民除害，射掉了9个太阳。后羿为求得长生不老，向西王母求得了长生不死的仙药。这时有个叫逢蒙的坏人，和后羿一样擅射，他听说后羿有不死仙药，就趁后羿不在家的时候前去偷窃。嫦娥情急之下，吞下不死之药，飞到了天上。由于不忍心离开丈夫后羿，嫦娥就留在了月亮上的广寒宫中。

东汉时期著名的孝女曹娥的故事，也一直流传至今。曹娥的父亲曹盱在五月五日迎伍神（伍子胥）的祭祀活动中溺死于舜江（今曹娥江），数日不见尸体，曹娥昼夜沿江号哭，十七天后投江。五日后，曹娥的尸体抱着父尸浮出水面，传为神话。县府下令立碑颂扬，并建寺庙表扬其孝心。后来，曹娥所住之村更名为曹娥镇，殉父之江改名为曹娥江。

娥字用作人名，主要取美貌多姿之意，常用于女性取名。用娥字取名的名人有：远古少昊帝之母星娥（又叫皇娥），著名秦腔表演艺术家苏蕊娥，近代著名剧作家安娥（现代文艺戏剧家田汉之妻），沪剧表演艺术家丁婉娥、弟子丁是娥，戏剧家竺素娥等。

用娥字取名，基本用于女性，大多取双名，单名也适用，但较少见。

（19）娴（xián）

娴的含义：①熟练。娴熟。②娴雅、文雅。多指有较好修养的女子的言行。《红楼梦》中说宝钗“生得肌骨莹润，举止娴雅”，指的就是女子的言行。常用词语：举止娴雅、弓马娴熟、高尚娴雅、温婉娴静、娴静淡雅、娴静恬淡、娴于辞令等。

用娴字取名，主要取文雅娴静之意，以表达女性的内心之美和外表之雅的美好形象。用娴字取名的名人有：著名女书法家萧娴，昆曲表演艺术家张娴，民主爱国人士董幼娴，中国制药业第一位工程院院士安静娴，歌手陈慧娴、演员黎美娴，中国女子羽毛球队王适娴等。

用娴字取名，基本用于女性，单名和双名都比较常用。

（20）婷（tíng）

婷的含义：本意指颜色和悦，优美，雅致；形容人或花木美好，指人时主要指美丽漂亮的女子。陈师道《黄梅》中有“冉冉梢头绿，婷婷花下人”。常用词语：袅袅婷婷、娉婷袅娜、亭亭玉立、丰韵聘婷、娉婷婉约、婷美玉露、聘婷秀雅等。

婷字取作人名，主要取美丽漂亮、亭亭玉立之意。用婷字取名的名人有：《红楼梦》贾母扮演者李婷，导演张婉婷，著名配音演员刘雪婷，越剧演员韩婷婷，演员梅婷，雅典奥运会网球女双冠军李婷，中国第一位世界台球锦标赛冠军潘晓婷等。

用婷字取名，基本用于女性，单名和双名都较为常见。

第四章　姓名与人生

前面介绍了姓名的起由、作用、意义及取名的艺术，本章浅析姓名与人生。

五四运动以来，特别是中华人民共和国成立以后，新思想、新文化不断深入人心，冲击着传统的封建迷信和教条主义，人们不断地从旧的传统中解放出来。

尽管如此，作为一个古老的、经历了数千年封建礼教的国家，封建迷信、民间宗教以及那些神秘莫测的命理学说，仍然在民间广为流传。甚至有些人认为，名字与人一生的身心健康、事业成败、吉凶祸福等有着密切的关系。不可否认，一个人的名字在某些时候对其人生道路确实有一定影响，但也不能以偏概全，认为名字就决定了一切。

但无论如何，名字作为伴随人一生的重要符号标记，还是与我们的人生之路有着密切的联系。因此，本章介绍一些姓名与社会、姓名与文化的相关知识。

一、姓名与职业

所谓职业，就是所从事的行业、所做的事业。古代有“三百六十行，行行出状元”之说，所谓三百六十行，即指各行各业的行当而言，也就是社会的工种。其实，我们现在的职业，可以大致简单分为工、农、商、学、兵五大类，这五大类中又各有若干类职业。以兵为例，兵是代表从事军队工作的总行业，有陆军、海军、空军三大类，总称陆海空三军。各军根据兵种的不同，又有不同的职称，以陆军举例，有大军区、集团军、军、师、旅、团、营、连、排、班等级之分，又有炮兵、装甲兵、步兵、坦克兵、火箭兵、工兵等诸多不同的兵种。随着国际形势的变化和高科技的不断发展，这些兵种行业还在不断地增改，如火箭军（指导弹部队）、海军陆战队等。

由于每个人都各自的职业，因此他们给孩子取名时，有些人会把孩子的名字和父母的职业挂钩。比如，在军界工作的人给自己的孩子取名时，则多用“军、兵、武、勇、坚、强、保、卫”等字；从事政界工作的人给自己的孩子取名时，多用“国、家、民、众、友、邦、太、平”等字；从事商业的人给自己的孩子取名时，多用“财、发、富、贵、福、禄、寿、禧”等字；从事工业的人给自己的孩子取名时，多用“刚、铁、机、顺、成、兴、力、豪”等字；从事农业的人给自己的孩子取名时，多用“敬、诚、丰、盛、友、发、昌、先”等字；从事文化教育和学术工作的人给孩子取名时，则多用“仁、杰、忠、诚、功、德、厚、毅”等字。

以上这些都是与父母职业有关的常见取名用字。

还有与父母任职所在地理位置有关的名字。如一张姓男子在上海工作担任某职务，给自己的孙子取名张沪民，意为姓张，在上海出生（取上海简称“沪”），全心全意为人民服务，故给孩子取名张沪民。在北京出生的孩子取名“张京民”，也有这类含义。

在封建帝制时代，还有禁讳和避讳的制度，皇帝作为所谓的真龙天子，他的名字（包括同音字）任何人都不能使用，已经有同音取名的也必须更改。有些皇室、皇族专用的字词，如“制、诏、敕”等，是严禁官员和平民百姓取名用的。不过在中华人民共和国成立之后，这类禁忌避讳的情况已经不存在了，普通人家给孩子取名时，为了表达崇敬或美好期望，以“泽东”“小平”“泽民”等词取名的情况也并非孤例。

二、姓名与性别

性别是指同一物种的不同类别。通过同一相同类型的两种不同性别的结合，达到生殖繁衍、代代相传的效果。如同为一类植物的花，分为雄花和雌花，通过它们的结合才能结出丰硕的果实。如同为一类的动物，分为公、母两种不同的性别，通过它们的结合才能有后代。人也是一样，分为男性和女性两种性别，通过两性的结合才会生儿育女，后继有人。

男女两种性别的权利和地位，在中国有起有伏、有涨有落。在远古母系社会的群婚时代，女性是主要的，她们的后代只知其母，不知其父。进入父系社会及奴隶社会以后，女权逐渐转向男权。周朝后建立封建礼教宗法制度，女性的地位大大削弱，男性变为国家、社会和家庭的主要成员，而鼎鼎有名的女性变成了“深藏闺室”的无名小女，即便长大出嫁成家也只称氏，如李氏、张氏或王张氏、赵李氏等。中华人民共和国成立后进入社会主义新制度，实行男女平等，直到这时女性的名字才真正重显出来，并正式取得政治地位，进入男女平等的社会交往，发挥出女性的重大贡献。

因为性别的不同和传统文化的影响，在取名用字上，女性与男性还是存在很大的差异。例如，男性取名多用威武、强健之类的字，如刚、强、虎、彪、才、杰、武、博等，而女性取名则多用秀、兰、凤、娟、静、慧、淑、娴之类娟秀雅致的名字。

从前文介绍的根据性别取名常用字来看，虽然我们现在取名已经不受任何禁忌和避讳的约束，但男女两种性别的区分，从名字来看还是一目了然，这主要是因为男女性别的不同而导致的取名差异。所以，要想彻底改变这种男女取名有别的现象，恐怕不会因为时代的变化而有巨大变化。

三、姓名与生辰八字

生辰八字，简称“八字”，是指一个人出生时的干支历日期。这和我们现在所说的生日其实是同一个意思。干支历，就是用天干、地支来表示年、月、日、时。年、月、日、时，共四柱干支，称为“四柱”，每柱两字，各用“一天干+一地支”来表示，合共八个字，所以称为“八字”。

生辰八字在中国民俗信仰中占有重要地位，古代的道家、星相家会据此推算一个人的命运的好坏，甚至认为一个人的一生成败、前程好坏都与他的命运“八字”有直接关系，一帆风顺则认为一个人的八字好，落魄不堪则认为一个人的八字不好，一切都是命中注定的。那么，一个人的命运好坏真的和他的生辰八字密不可分吗？科学的回答是——没有关系。只不过在传统民俗文化的影响下，这一生辰八字关系命运的观念还有一定的民间信仰基础。其实，真正关系一个人命运前途的因素非常多，其中取名固然重要，但更重要的还是在人生的成长过程中，不辜负长辈取名时的美好寄托，学有所成，报效国家和社会，成为真正的有用之才。

男、女二人结合成夫妻，怀孕十月（称十月怀胎），按照现代医学可以较准确地计算分娩期为九个月加一个星期，又叫减3加7（按12个月计算月时从受孕之月计起12减3等于9，再加7天就是胎儿的出生日期）。提前或退后7天都为正常的分娩期，这是自然现象，与人的命运并无任何关系。我国是一个拥有近14亿人口的大国，可以说每年每月每日每时都有孕妇在生孩子，这个孩长大后将来的路如何走，主要靠自己后天的努力、奋斗、拼搏、实践，而非所谓的命理学家、算命先生认为的人生就是八字注定的。

关于生辰八字的星命之学，首创者是唐德宗贞元进士李虚中，他撰写了《李虚中命书》三卷，旧传是鬼谷子撰，李虚中注，故后世将李虚中推为星命学之祖。不过，李虚中推算星命时，只推到年、月、日，真正推到年、月、日、时四柱的，是宋代人徐子平，所以后世又将以八字推算命运贵贱之术称为“子平”。古代人对于生辰八字的重视，不仅体现在给孩子取名，就连福寿婚嫁也建立在八字的基础上，比如古代社会男女联姻，必须先“合八字”，也就是在托媒提亲之前，男女双方要先问明各自的生辰属相，然后请算命先生推算，只有八字相合的，才考虑后续的嫁娶。关于这方面的记述，在我国古代可谓汗牛充栋，这里举几个例子，就可以窥见所谓生辰八字的本来面目。

《中华全国风俗志》记载江苏风俗，青年男女婚前要发“草八字”：“凡男女两家，愿结朱陈者，先将女宅年庚，用粗纸书就，由冰人成双交男宅压灶前香炉下。三日内家中平安，然后持就星家合婚。三日内倘有碎碗破甑之事，谓之不祥，即托言不合，将草八字退还。”也就是说，通过这种方式来验证男女双方的八字是否相合，只有八字相合才可订婚，如有不合则大相犯冲，那无论如何都是不能订婚的。

但是，男女双方八字相合就真的一切都会如愿以偿吗？事实未必。比如

《儒林外史》第十回“鲁翰林怜才择婿，蘧公孙富室招亲”，说的是有个年将五十的鲁翰林，膝下无子，只有一个小女，还不曾许字人家。鲁翰林回乡，拜见世交娄三、娄四公子，在酒席宴上遇到了娄二公子的表侄蘧公孙。由于蘧公孙生得标准聪俊，鲁老先生便动了招赘之念，于是就在席间问过蘧公孙的生辰，记在心里，回家就派陈合甫前往提亲。娄三公子得知来意之后，就问陈合甫：“这便是舍表侄，却还不曾联姻；极承鲁老先生相爱，只不知他这位小姐贵庚多少？年命可相妨碍？”早有准备的陈合甫笑道:“这个倒不消虑。令表侄八字，鲁老先生在尊府席上已经问明在心里了，到家就是晚生查算，替他二人合婚。小姐少公孙一岁，今年十六岁了，天生一对好夫妻，年、月、日、时，无不相合。”既然双方八字相合，又兼年龄相当，娄公子当然不会加以阻拦，于是很快成了亲。但令鲁翰林郁闷的是，这个表面看上去光鲜亮丽的才子少年，在经过鲁小姐的婚后考验才知道，他对于科举通达仕途的八股文却是一窍不通的，写出的文章全“不是正经文字”。无奈之下，鲁翰林父女俩只得断了念头，不再指望这个蘧公孙将来在科举中出人头地了。只可惜鲁翰林“心里也闷，说不出来”。显然，他被生辰八字和自己女儿非常相配的女婿俊俏外表给迷惑了。

人的生日本来是固定不变的，但是根据命理之说，如果一个人的生辰八字不好，若能找高手“改八字”，也是能改变今后命运的，在我国古籍中也有这样的记载，但事实真相却难以稽考。《清稗类钞·方伎篇》中就记载了这样一个故事：有个读书人嵇叔子精通子平之学，为了预测日后前程，他给自己推测了生辰八字，居然发现自己将来能官至四品；他又给自己的妻子测八字，但令人沮丧的是，他妻子的八字可不好，命中注定当不了四品官员的诰命夫人。没过多久，嵇叔子就去参加乡试，等到揭榜那天，他发现自己考中了举人。嵇叔子欣喜地回到家中向妻子报喜，可惜好景不长，他妻子不多久便死了，于是前来提亲的人踏破了门槛。对子平之学深信不疑的嵇叔子每次都会对前来提亲的女方测八字，可是没有一个能和他未来的四品官阶相配的，无奈只得一一作罢。这时，有个富翁想把自己的女儿许配给嵇叔子，也好攀一门官亲，但这富翁也知道嵇叔子对女方的生辰八字要求很严，于是他先请来一位精通此道的算命先生，测一测女儿的生辰八字。算命先生经过一番推算，叹口气说:“令千金这可是十恶大败之命呀!”富翁一听就急了，忙问算命先生有何解救办法，又把自己想将女儿许配给嵇叔子的心思告诉了算命先生。算命先生得知实情后说："若要婚配圆满，不妨改改令千金的八字，看看会怎样？"于是算命先生根据自己所学之术，选择了一个良辰吉日，将富翁女儿的生日朝前移到了相应的日子，同时调整了出生时辰，然后推算出富翁的女儿若改成这个八字，今后必将大富大贵。富翁大喜，重金酬谢了算命先生，然后把女儿改过的生辰八字交给媒人，带去找嵇叔子求亲。嵇叔子看见女方生辰八字之后，又进行了一番精细的推算，然后喜上眉梢地说："这正是我的夫人！"于是富翁的女儿顺利入嫁，和嵇叔子结成失妻，过起了两情相悦的日子。后来，嵇叔子在仕途上渐有起色，最终出任杭州太守，官至四品，和他一起生活几十年的妻子也被封为四品诰命夫人。嵇叔子死后，妻子快要到七十岁时，他的几个儿子就按照一直以来的日子为老母亲准备七十大寿。就在生日这天快要到之前，嵇叔子的老妻对几个儿子说："算了，那一天并不是我真正的生日。"于是把当年父亲请算命先生替自己改生辰八字的事告诉了儿子，全家人都惊诧不已。

男女生辰八字相合是否就婚姻匹配，八字又是否关系到人的前程命运，在科学昌盛发展的今天，已经是答案鲜明的了。因此，我们并不提倡用生辰八字来取名，仅从民俗文化的角度，对生辰八字进行简单介绍。

"八字"是从天干地支中衍生出来的。天干即甲、乙、丙、丁、戊、己、庚、辛、壬、癸，地支即子、丑、寅、卯、辰、巳、午、未、申、酉、戌、亥。八字由天干十和地支十二组成，它们的计算方法如下：

年计算方法：将天干地支组合起来，则成甲子、乙丑、丙寅、丁卯、戊辰、己巳、庚午、辛未，壬申、癸酉、甲戌、乙亥、丙子、丁丑……以此方式类推组合，并以六十年为一个周期，也叫一个甲子。一个周期轮完后重新从甲子开始，如1924年为甲子年，六十年后的1984年又重为甲子年。按照这一方式计算时间时，都以农历正月（元月）至腊月（十二月）为一年，因此，2005年为乙酉年，2005年出生的人四柱中的年八字是"乙酉"。

月计算方法：用十二地支分别代表12个月，从正月（1月）开始，但是正月的地支代表字不是"甲"，而是"寅"，从寅开始，正月为寅，二月为卯，三月为辰，四月为巳，五月为午，六月为未，七月为申，八月为酉，九月为戌，十月为亥，十一月为子，十二月为丑。天干的月规律是：

凡天干逢甲、己的年份，正月的天干是丙；

凡天干逢乙、庚的年份，正月的天干是戊；

凡天干逢丙、辛的年份，正月的天干是庚；

凡天干逢丁、壬的年份，正月的天干是壬；

凡天干逢戊、癸的年份，正月的天干是甲。

遵照这一规律知道正月的天干，后面的月份便可依次推算出来。如2005年为乙酉年，正月的地支为寅，年逢乙，正月天干为戊，正月干支为“戊寅”，四柱中月八字是“戊寅”。

日计算方法：出生日天干地支的推算方法较为复杂，一般的普通挂历、台历、日历书上都没有标记。每到年底，一些自由市场上会有农历书出售，比如农历、阴历、旧历或古历，统称通书小册子，这类通书内会标明每个月的初一、十一、二十一日的天干地支所属。如2005年正月初一的日天干是甲，初二的天干便是乙，初三的天干便是丙，依此推算。同样，2005年正月初一的日地支是子，初二的地支便是丑，初三的地支便是寅。依此推算，2005年正月初一的日干支为“甲子”，因此四柱中的日八字是“甲子”。万年历书中将日干支标明得一目了然，一查便知，命理学家或算命先生也是通过这一方法获取日干支的。

时干支的计算方法：以地支为基础，也就是依“子丑寅卯辰巳午未申酉戌亥”的顺序推行，时间区分段从深夜23点钟起算，每两小时为一个时辰，23:00——01:00为子时，01:00—03:00为丑时，03:00—05:00为寅时，05:00—07:00为卯时，07:00—09:00为辰时，09:00—11:00为巳时，11:00—13:00为午时，13:00—15:00为未时，15:00—17:00为申时，17:00—19:00为酉时，19:00—21:00为戌时，21:00—23:00为亥时，这样便可以得知出生时的时地支是哪一个字。还有一种方法，是将深夜12点左右定为子时，白天中午12点左右定为午时，以此来推算更加方便些。

时天干的推算方法比地支较复杂一点。天干推算时不能以“甲乙丙丁戊己庚辛壬癸”的顺序来进行。时天干与日天干有关，当天的日天干是什么，子时的天干也就是什么，如前面讲2005年正月初一的日天干是“甲”，正月初一日子时（23:00—01:00）的天干便为“甲”。丑时（01:00—03:00）的天干便为“乙”，以此推算每个时辰的天干。2005年正月初一子时（23:00—

01:00）出生的人的时干支为“甲子”，四柱中的时八字便是“甲子”。

通过这种推算方法得出2005年正月初一子时（23:00—01:00）出生的人，年干支“乙酉”，月干支“戊寅”，日干支“甲子”，时干支“甲子”，他的干支连在一起“乙酉、戊寅、甲子、甲子”，总共是八个干支字，故称为“八字”。

命理学还认为，八字与阴阳五行是有联系的，天干从“甲”开始，地支从“子”开始，按照顺序推算，凡单数位置的字为“阳”，双数位置的字为“阴”。通过这种方法推算，就可以得出某人的八字中是阴多还是阳多，或是阴阳相等。

命理学还把生辰八字与五行相联系，也就是把金、木、水、火、土五个字（五行）与干支联系，把干支中的甲、乙、寅、卯定于“木”，丙、丁、巳、午定于“火”，庚、辛、申、酉定于“金”，壬、癸、子、亥定于“水”，戊、己、丑、辰、未、戌定于“土”，按照这种方法可以推算某人的八字占五行“金、木、水、火、土”各有多少。这样一来，按照相生相克的办法来取名，并由此推算一个人的一生命运。

其实，从上面所谓生辰八字这“八个字”的本意来看，并无法说明它为何能导致人的命运好坏，只是经过命理学说的牵强附会之后，终于将八字与人生命运联系在了起来，我们大可不必当真。

四、姓名与阴阳五行

所谓阴阳，是指世界万物中矛盾对立的两个方面，如白天与晚上的关系，白天为阳，晚上为阴，从唯物辩证法的角度来说，这是自然的客观规律。所谓五行是指金、木、水、火、土，古代人认为，这五种物质是构成世界的最基本物质，也是人们日常生活中必不可少的物质。

然而，在命理学家看来，阴阳五行与人的姓名有着密切的关系，甚至还制约着人一生的命运。其实，从科学的角度来看，阴阳五行与人的姓名及人的命运并没有任何必然的关系。不过，阴阳五行作为传统民俗文化的一个组成部分，我们可以简要了解命理学家是怎样把阴阳五行与人的姓名和人生命运联系起来的，但我们大可不必将其当真，否则就会成为世人的笑柄。

命理学家认为，阴阳就是自然世界中的天与地、山与水、明与暗、燥与湿、热与寒、前与后、上与下、表与里、火与水，即两个对立的方面。除此之外，还可以包括男与女，以及单数与双数等。

两个对立面被命理学认为是阴阳之别。其中天、山、明、燥、热、前、上、表、火、男、单数被分定为“阳”。地、水、暗、湿、寒、后、下、里、女、双数被分定为“阴”。

命理学家认为金、木、水、火、土五行与自然界中的其他五类划为等号。如人有肝、心、脾、肺、肾五脏，方位有东、西、南、北、中五方，颜色有青、赤、黄、白、黑五色，礼教有仁、义、礼、智、信五常。命理学把这些东西与五行联系起来，区分的方法是肝、东、青、仁定为“木”，心、南、赤、礼定为“火”，脾、中、黄、信定为“土”，肺、西、白、义定为“金”，肾、北、黑、智定为“水”。

五行之间有相生相克的关系，如木生火、火生土、土生金、金生水、水生木；反之又有金克木、木克土、土克水、水克火、火克金。依照阴阳五行的规律把人出生时的年、月、日、时以干支推算出的生辰八字相比对，就可以得出他八字中的情况。按照相生相克的关系以补缺的方法来填补八字中的不足之处，就可逢凶化吉，好运常来，好花常开。

如前面列举的一个2005年正月初一子时（23:00—1:00）出生的人，他的生辰八字是“乙酉、戊寅、甲子、甲子”，按照阴阳的方法比对，在阴阳中“乙”是双数为“阴”，“酉”是双数为“阴”，“戊”是单位数为“阳”，“寅”是单数为“阳”，“甲”是单数为“阳”，“子”是单数为“阳”。八个字中的阴阳比例是二个阴、六个阳，阳占绝对优势，从阴阳平衡的逻辑，取名时在用字上要用增阴减阳的方法来填补。

按照五行的方法比对，在五行中“乙”为“木”，“酉”为“金”，“戊”为“土”，“寅”为“木”，“甲”为“木”，“子”为“水”，“甲”为“木”，“子”为“水”，八个字中的五行比例是木、金、土、木、木、水、木、水，四木、二水、一土、一金，八字中缺“火”，因此按照命理学家的观点，在取名用字时，要注重增加带火的字，或带“火”偏旁的字来填补“八字缺火”的不足，以带来终生好运。

当然，决定人的一生成功的要素很多，但主要靠的是自己的终生奋斗和不懈努力，再加上与时俱进，在国家需要的领域大显身手，而不是凭空通过所谓的生辰八字和阴阳五行取名来获得好运。因此，对这些知识，我们仅可作为传统文化的一部分来做了解，而不要深陷其中。

五、姓名与吉凶祸福

“吉凶祸福”四个字连在一起看似带有较浓厚的迷信色彩，实则不然，它的意思是指人的各种境遇。从汉语的字义而论，吉与凶、祸与福，只是相对的含义，并不迷信。不过，从讨口彩、趋利避害的人性心理而言，吉、福二字常被人们用作人名，但是凶、祸二字就不会被人们用于取名使用了。我们在此要讲的姓名与吉凶祸福，也并非指人的姓名与吉凶祸福的直接关系，而是指一个人的名字取用后，其读音（包括同音或谐音）、含义（包括引申义）是否会带来吉凶祸福等后果。在历史上，确实有人因名字读音而得到吉（福），有的人则因名字读音而招致凶（祸）。下面就列举我国历史上因姓名而致吉凶祸福的实例，并以此作为取名之借鉴。

1.因名得福

宋朝时期，外敌侵犯边防，宋太祖赵匡胤正整军出战，忽然一个叫宋杰的小吏送来一份喜信。赵匡胤看过信之后大喜，就问送信者姓名，小吏回答姓宋名杰，赵匡胤一听，这不正是“送捷”之人吗，兵马未动捷报已到，可谓吉祥之兆，因此赵匡胤心中暗喜。结果，宋军此次出师大捷，回朝后赵匡胤重赏并重用了宋杰。

明世宗

明朝时期，世宗在钦点状元的前

夜，做了一个梦，在酣睡中听到响亮的雷声。第二天早上，世宗上朝审卷时，发现考生中有一个叫“秦梦雷”的人。不过，这个秦梦雷并非头名，可因他的名字印证了世宗的梦，于是皇帝御笔钦点秦梦雷为本科状元。

清朝时期，有一位旗人官员名叫端方，字午桥，又称端午桥。一次巡访中，他发现一个小吏名叫重阳谷，平时喜好诗文对联的端方看见这个名字之后，觉得甚是有趣，因为“端午桥”和“重阳谷”放在一起，就成了一副极好的对联。于是端方就对这个叫重阳谷的小吏留了个心眼，并有意将常人难以胜任的工作交给他去办理，而重阳谷也不负所托，多次办事有功，后来被端午桥官升三级。

又如清朝光绪三十年（公元1904年）甲辰科，是我国最后一次科举考试，但最后高中状元的刘春霖，在科考中本是第二名，因那年全国正逢大旱，从皇帝到百姓都急求甘露。因此皇帝在确定状元时，发现刘春霖这个名字有春雨如霖之祥兆，当即把刘春霖点为本科头名状元。刘春霖也因此成为中国历史上最后一位状元。

刘春霖

2.因名致祸

上面几个例子都是以姓名而得吉福，但在我国历史上也有因姓名而招致凶祸的故事。

据说宋朝有位名叫金胜来的大臣，当时北疆正遭金兵犯境，宋金交战激烈，朝廷危在旦夕。皇帝召集文武百官商讨抗金之策，这时太监向皇帝禀报金胜来到了。皇帝和满朝官员本来就因为金兵入侵而神经紧绷，大家都误听成“金兵”来了，吓得乱作一团。待看见金胜来进殿，知道是一场误会之后，皇帝龙颜大怒，说：“你什么姓不好，偏姓什么金！”当即下旨，令金胜来改姓，将金字加“三点”，变成了后来的“淦”姓，而且皇帝还下旨，将金胜来派往地方，永远不得在朝堂上出现。

在南宋时期，一位很有才华的官员，本可以升官晋爵，受到重用，但因他的名字取得过分出格，名叫“龙凤祥”，在那个等级森严的封建时代，他这个名字隐隐含有称帝之意。就因为名字出格，此人不但没有升官晋爵，反而被发配到边远地区，永不叙用。

六、姓名与属相

属相是我国一种既古老又传统的纪年方法，与人的出生的年份相关。属相在日常生活中使用的频率很高。比如，有的人初次相会，不问出生或年龄，而是问你“属什么”。据说1972年，当时的美国总统尼克松第一次跨过太平洋来我国访问，怀着十分好奇的心理问周恩来总理：“别国没有中国有，一共十二个，一人有一个，一家有几个，那是什么东西？”周总理没有当即回答，而是把尼克松一行领到颐和园内绘有十二属相的壁图前，示意他问的就是“它”，并把十二属相进行了介绍。之后，尼克松当即伸出大拇指称赞周恩来的智慧和学识。连美国总统都知道并关心我国的十二属相，可想而知属相文化在我国流传之深远。

每到大年三十的晚上，时针指到零点零分零秒时，全国人民便会用各种方式迎接新年。近30年来，中央电视台更是在春节联欢晚会上准时地展示新年的属相“动物”，如遇鸡年，“大雄鸡”立马登台亮相，表示鸡年到来。通过这种形式的宣传，我国人民也加深了对生肖属相的认识。不过，也有些人（尤其所谓的命理学家）会把生肖属相与人的一生命运联系起来，把所谓的生肖理论说得神乎其神，但真正了解生肖属相的人并不多。为了解生肖属相的来龙去脉与人的命运的关系，在此略作介绍，供读者参考。

1. 生肖属相与农历年干支的关系

我国民间用12种动物来表示人的属相，即：鼠、牛、虎、兔、龙、蛇、马、羊、猴、鸡、狗、猪，并用这12种动物与“子、丑、寅、卯、辰、巳、午、未、申、酉、戌、亥”十二地支相配。在干支纪年法中，把子作为鼠年，生肖属鼠；逢丑为牛年，生肖属牛；逢寅为虎年，生肖属虎；逢卯为兔年，生肖属兔；逢辰为龙年，生肖属龙；逢巳为蛇年，生肖属蛇；逢午为马年，生肖属马；逢未为羊年，生肖属羊；逢申为猴年，生肖属猴；逢酉为鸡年，生肖属鸡；逢戌为狗年，生肖属狗；逢亥为猪年，生肖属猪。简记是“子鼠”“丑牛”“寅虎”“卯兔”“辰龙”“巳蛇”“午马”“未羊”“申猴”“酉鸡”“戌狗”“亥猪”。如2005年干支纪年是“乙酉”年，酉年为鸡年，则本年出生的人生肖属鸡。

干支纪年的方法是“甲、乙、丙、丁、戊、己、庚、辛、壬、癸”十天干与“子、丑、寅、卯、辰、巳、午、未、申、酉、戌、亥”十二地支相互搭配，天干在前，地支在后，天干从甲开始，地支从子开始搭配，轮推至60年一个周期，也称一个花甲。因此，中国将年过60岁称作“年过花甲”，一个花甲轮完后，重新从甲子开始，进入下一个花甲。农历年、干支和属相轮算对照方法见下表1，此表为一个干支“花甲”周期。从甲子年开始至癸亥年为一个“花甲”干支周期年。农历年为两个60年，即第一个60年是从1924年至1983年，第二个60年是从1984年至2043年。本干支表内共记录了120个农历年，至于1923年以前和2044年以后年干支的推算方法可按此表的规律推算出来。

表1　农历年干支属相表

农历年	干支	属相	农历年	干支	属相	农历年	干支	属相
1924	甲子	鼠	1944	甲申	猴	1964	甲辰	龙
1984			2004			2024		
1925	乙丑	牛	1945	乙酉	鸡	1965	乙巳	蛇
1985			2005			2025		
1926	丙寅	虎	1946	丙戌	狗	1966	丙午	马
1986			2006			2026		
1927	丁卯	兔	1947	丁亥	猪	1967	丁未	羊
1987			2007			2027		
1928	戊辰	龙	1948	戊子	鼠	1968	戊申	猴
1988			2008			2028		
1929	己巳	蛇	1949	己丑	牛	1969	己酉	鸡
1989			2009			2029		
1930	庚午	马	1950	庚寅	虎	1970	庚戌	狗
1990			2010			2030		
1931	辛未	羊	1951	辛卯	兔	1971	辛亥	猪
1991			2011			2031		
1932	壬申	猴	1952	壬辰	龙	1972	壬子	鼠
1992			2012			2032		
1933	癸酉	鸡	1953	癸巳	蛇	1973	癸丑	牛
1993			2013			2033		
1934	甲戌	狗	1954	甲午	马	1974	甲寅	虎
1994			2014			2034		
1935	乙亥	猪	1955	乙未	羊	1975	乙卯	兔
1995			2015			2035		
1936	丙子	鼠	1956	丙申	猴	1976	丙辰	龙
1996			2016			2036		
1937	丁丑	牛	1957	丁酉	鸡	1977	丁巳	蛇
1997			2017			2037		
1938	戊寅	虎	1958	戊戌	狗	1978	戊午	马
1998			2018			2038		
1939	己卯	兔	1959	己亥	猪	1979	己未	羊
1999			2019			2039		
1940	庚辰	龙	1960	庚子	鼠	1980	庚申	猴
2000			2020			2040		
1941	辛巳	蛇	1961	辛丑	牛	1981	辛酉	鸡
2001			2021			2041		
1942	壬午	马	1962	壬寅	虎	1982	壬戌	狗
2002			2022			2042		
1943	癸未	羊	1963	癸卯	兔	1983	癸亥	猪
2003			2023			2043		

2.生肖属相的来由

生肖属相由“鼠、牛、虎、兔、龙、蛇、马、羊、猴、鸡、狗、猪”12种动物组成，每个人都有自己相对应的属相，不同属相的人都会很重视自己的属相。而且生肖属相不但在汉族中盛行，也在少数民族中流行，甚至在印度、希腊流行。只是汉族定义的十二属相与少数民族、其他国家的略有差异。

那么，十二属相是怎么生产的？动物千万种，为什么只选这12种动物作为人的属相？是谁决定用这12种动物的？

这些问题的答案众说纷纭，但是都不可能有确切的科学考证为依据，只有流传至今的民间传说。

传说一：十二属相是玉皇大帝指派给人类作纪念的信物。玉皇大帝是传说中的“天上”大帝，他的权力很大，管天、管地、管阴、管阳、管神、管仙、管鬼、管人，一句话，天上地下的事都属于他管。有一次，玉皇大帝坐在天宫大殿里，想给人间做点有意义的事，想来想去，最后决定送给人间每人一个纪念物，即送出12种动物。于是，他下令所有动物参加竞选，动物们也积极响应玉皇大帝的号召。报名的动物有几百种，而他只需要12种，于是他心生一计，以体型大小为依据，从大到小挑选12种作为吉祥物。当时被选入的是牛、虎、兔、龙、蛇、马、羊、猴、鸡、狗、猪、猫。鼠的体型自然比不上前面的动物，当然也就落选了，但它不甘失败，机灵一动对玉皇大帝说：“要比大小，我肯定比牛大，既然是给人间做吉祥物，就应该由人来决定大小。如果玉皇不信，我就跟牛一起到人间走一趟，听听人的评定。”玉皇大帝觉得老鼠讲得在理，就同意牛和鼠同到人间。

牛到人间的集市，很受欢迎。这时突然一只大老鼠跳到牛背上，在场的人吓了一跳，当即啧啧称奇：“这只老鼠真大！”而且再也没有人说牛大的。回到天宫后，鼠把情况禀报玉皇大帝，牛也认账。玉皇大帝言而有信，不但把鼠补选入吉祥物，而且排在牛的前面，成为第一位，至于原来排第12位的猫，它的位置自然被老鼠挤至行列之外了。

传说二：生肖是佛教给玉皇大帝的贡物。佛祖在天宫受玉皇大帝厚待12

天（人间12年），为感谢玉皇大帝的款待，佛祖指派心爱的弟子观世音选派12种动物进献给玉皇大帝作为吉祥物。观世音从如来佛祖那里受旨后，立即传命所有动物。动物得知有到玉皇大帝身边就职的机会，都积极参加，最终确定了胜出的方案，即所有报名的动物都参加万里长跑，谁跑得快，谁最先到达终点，谁就排第一，排到第12名为止。比赛开始后，按最终到达顺序，跑在前面的是牛、虎、兔、龙、蛇、马、羊、猴、鸡、狗、猪、狮等。但是老鼠此前一直爬在牛背上没有被发现，待快到终点的关键时刻，老鼠从牛背上一跳而起，最先到达终点，结果鼠、牛、虎、兔、龙、蛇、马、羊、猴、鸡、狗、猪等12种动物入选，老鼠也就这样不费吹灰之力排在了十二生肖的第一位。

传说还有一个小插曲，猫和老鼠原本是一对要好的朋友，它们一同参加比赛，住在一间房内。前一天晚上，猫对老鼠说，明天一早就要进行比赛了，我怕睡着了误事，如果你醒了一定要叫我一声，老鼠回答说，完全没有问题。猫放心地睡大觉去了。天亮后老鼠醒来，见猫还在熟睡，它一想，多一个参与者就多一个竞争对手，于是没有信守承诺，自己跑去参加比赛。猫错过了千载难逢的机遇，待醒来后，得知老鼠不但入选，而且排在第一位，从此对老鼠恨之入骨，反友为仇。老鼠见到猫就躲，猫见到老鼠就抓，传说就是从那时开始的。

传说三：黄帝委派给人们作为属相的信物。黄帝是中华民族的祖先，也是我国第一位古帝君王，掌管着全国大事小情。黄帝想给人们做件有纪念意义的事情，便想到以动物作属相给每个人做信物。有了这个想法后，他立即下令动物们响应。动物得知后都踊跃报名，当时前来报名的动物有数百种。可这时，黄帝的想法还不够成熟，比如选派多少种动物，怎么选择动物等都不确定。他请来朝臣商讨，根据阴阳五行的法则，决定让12种动物赛跑，以它们到达指定地点的先后顺序进行排列。结果，先后顺序是牛、虎、兔、龙、蛇、马、羊、猴、鸡、狗、猪、猫。老鼠因为到得晚，没有进入前12名。它想反正自己没有机会了，而且跑得又累又饿，就没有参加庆祝大会，偷偷地跑到酒宴大厅后院找吃的去了。老鼠找了半天没有发现一点肉，倒是看见一对大红蜡烛（是为开庆典会准备的），就误认为是食物，跑过去张嘴就啃，啃了一阵觉得没有味道，也就放弃了。这时一位官员来取蜡烛，发现里面全是炸药，原来这对大红蜡烛是蚩尤族送来的。蚩尤族被黄帝和炎帝的联军打败后虽归顺了黄帝，但内心不服，总想找机会报复黄帝，于是送来一对里面装满炸药的蜡烛，想在庆祝大会上一声巨响炸他个人仰马翻，可是这对蜡烛被老鼠啃破后泄露了蚩尤族的阴谋，黄帝和众人化险为夷。黄帝得知这一重大情况后，认为老鼠立了大功，直接把老鼠排在入选属相动物的第一位，原在排在第12位的猫也就被挤出去了。

当然，上面这些传说都是人们编出来的，十二属相到底是怎么来的，目前还无法考证。大家可能奇怪，为什么不用勤劳奔波、辛苦终生的“牛”，或者百兽之王的“虎”，或者腾云驾雾的“龙”做首位，而要用一只过街人人喊打的无名小鼠做首位呢？除了上面三种传说之外，还有多种说法。有一种说法认为老鼠给人类带来了光明。传说原本宇宙是一片混沌，后因老鼠把天给咬破了，太阳照射到人间，这才有了光明，有了万物生长，所以人们尊重它。还有说法是，原本人类以野草、野果、野生动物肉类为生，没有粮食，是老鼠为人类偷来谷种，人类才有以谷为食的幸福生活，因此人们感谢老鼠。第三种说法是鼠是一些民族的祖先。此外，也有不少敬奉老鼠、美化老鼠的古老传说，在此就不做详尽介绍。既然有这么多关于老鼠的传说，那么十二属相中把鼠排在第一位，也就不足为奇了。

第五章　姓名杂说

姓名是人一生的符号标识。在社会交往中，名字确定后，不只是自己用于个人书写，更多的是被他人称呼。如果一个人的名字不好写、不好叫或不好读，就会带来不必要的烦恼。前面已列举过因名字带来的福与祸，在此不再重复。日常生活中，还有许多与名字有关的趣谈逸闻，本书列举部分，以供取名时参考，避免闹出不必要的笑话。

一、杂说同名

这里讲的同名，指的不仅是名字相同，就连姓也相同。如“建华”二字，从字义上讲，取作人名固然是两个好字。“建华”意为建设强大的中华人民共和国，这是全国人民的共同心愿和奋斗目标，因而用“建华”取作人名饱含着良好心愿和期盼。但是，如果周围很多人都以“建华”二字取名，那么社会交往就会出现一些麻烦，特别是王、李、张、刘、陈五大姓，如果取名叫“建华”，不仅同名而且同姓，实在是难以区别开来。

如某县公安局，全体员工有500人左右，名叫“王建华”的就有4位。有一次大会上，领导表扬王建华工作认真、成绩突出，大家听了半天也不知是在表扬哪个王建华。又有一次会上点名，当点到王建华时，第一遍无人回答，第二遍齐声回答，这两次大会都把会场搞得一片哗然，领导下不了台。在这种情况下，领导也不好责怪谁，只得另想办法把王建华们区别开来。第一个办法是按照年龄大小编为一号王建华、二号王建华、三号王建华、四号王建华，第二个办法是以所在科室区分为某某科王建华、某某所王建华、某某室王建华、某某队王建华。

从这个例子不难看出，“王建华”重名造成了多少麻烦。

除此之外，还有取“建国”“国庆”“小勇”等常见名的类似情况。名字作为一个人的身份符号，在取名用字时应尽量避开过于大众化的常用名，尤其王、李、张、刘、陈这五大姓，更应该注意避免同姓同名的情况。

二、杂说潮流名

在近现代历史上，我国经历了几个特殊阶段，所谓潮流名，就是按照孩子出生时的年代，依据政治、社会形势等情况取名。

1945年日军战败投降后，我国当时出生的孩子取名“胜利”“抗战”“抗日”“光复”“复兴”的比比皆是；1949年中华人民共和国成立后，取名“解放”“建国”“立国”“建华”“建新”“国庆”的现象极为普遍；1953年抗美援朝取得胜利后，取名“援朝”“抗美”“胜利”的人随处可见。

这里举一个例子。

中华人民共和国成立后，压在中国人民头上的三座大山被推翻了，受苦受难的贫苦雇农获得解放，翻身当家做主，因此大家从心底里感谢毛主席，感谢共产党。江南某村一贫农生有三个儿子，分别给他们取名叫谢共、谢产、谢党。这位贫农也没有什么文化，平时对孩子的教育也很一般，常把三个孩子的名字连起来叫“共产党”。

三、与姓相矛盾的名

与姓相矛盾的名，指的是本有一个很好的名字，而且字音、字义都很完美，但与某些姓搭配之后，就产生了矛盾或不协调。如前面列举的史革浪这个名字，就“革浪”二字而言，并没有什么不妥，只是与“史”姓连在一起后，读音上容易造成谐音和歧义。如果“革浪”这个名字不是用在姓史的人身上，而是用于张姓、陈姓取名，就不会出现那样的问题。

因此，取名时首先要考虑姓与名结合后的音和意。既然每个人的姓是固定的，不能变更，那么取名时就必须注意名字与姓要相得益彰，不能相互矛盾。如光明、光华、前程、发达这类名字，用于张、陈、杨、李等姓之后，都是好名字；但是，这些名字如果用在贾、白、宋、吴姓之后，叫起来和读起来就觉得很不理想。又如取单名用飞、华、光、正、子这五个字，张飞、文华、常光、曾正、高子，都是较理想的名字；但同样还是这五个字，如果取名史飞、胡华、吴光、白正、宋子，这样的名字虽也有人取，但并不是很理想的。

从上面两个例子可以看出，姓与名的搭配是很有讲究的。名是可以选择的，但姓不能选择，因此有时候也会因为姓氏而闹出误会的事情来。比如江西省某县一位公安局政委，有一次参加省公安厅召开的传达全国公安工作重要会议，会议要求各县公安局局长参加。这个县公安局当时局长职位空缺，只能是政委去参加大会。不过，由于这位政委姓傅，当省公安厅领导得知这个县公安局派来参加会议的竟然是一位“副政委”时，就当场提出批评，说他们不重视会议，居然派一位副政委来参加会议。这位姓傅的政委只得当场说明：“我姓傅，是某县公安局政委，我局暂没有局长，所以只有我来参加本次会议。”

还有一些姓如吴、贾、胡、宋、阎、白、史等，在职务或名字中常出现类似的误解和话柄。本书列举这些例子的目的，就是要提醒读者在取名时，必须考虑到姓与名的关系，避免出现不必要的麻烦，给孩子的将来造成不良影响。

四、近音、同音、谐音名

中国的汉字是一种复杂的文字，有许多同音异义字、同形异音字、似形异义字、同音异形字以及近音异形字，同一个字用在两个句子里，它的含意可能会截然不同。这里特别要说明一点，汉语虽然以普通话为准，但我国不同地区的方言对汉字的读音也有较大影响，所以取名的时候，还要考虑到方言的影响。

以百家姓为例，读音相仿字不同的情况就有不少。如李姓，有“木子”李，有“双口”吕；如王姓，有“三横”王，有“草头”黄，王、黄二字在南方常都读作“王”；如张姓，有“弓长”张，有“立早”章；如陈姓，有“阝东”陈，有“禾呈”程；如林姓，有“双木”林，有“冫夌”凌；再如袁姓，有阎、颜二字近音，余姓和于同音，夏姓和谢近音（夏、谢二字在南方通常都读作“夏”），还有姜姓和江同音，范姓和樊近音，姚姓和饶近音（在南方都读作“姚”），毛姓和茅同音，雷姓和黎近音，吴姓和武近音等。百家姓中的同音和近音字就有这么多，在汉字中的同音、近音字就更不用说了。

在汉字中，字同音不同的情况也不少见。如“石、好、行、乐”四个字，用在不同的语句里，有不同的读音和含义。

石：读shí，通常指“石头”；读dàn，指计量单位，一石谷子、一石沙石等。

好：读hǎo，花好月圆，好人好事；读hào，有好吃懒做，好高骛远。

行：读xíng，指行走、行动、行为；读háng，行业、行风、银行。

乐：读lè，指快乐、娱乐；读yuè，指乐器、乐章。

石、好、行、乐四个字的近音和谐音分别有石、实、拾、世；好、郝、考、靠、嚎；行、邢、兴、形、刑；乐、若、骆、落、弱等。

一位姓石的人，取名石石（担）良，还比较正常；但如取名石石（担）世，便会被人谐音叫成“世世屎”或“拾担屎”，成为笑柄。

一位姓郝的人取名郝好亮，基本说得过去；如取名为郝好考，便会被人叫成“好嚎嚎”，不太好听。

一位姓邢的人取名邢行（航）程，本也正常；如取名邢班行，便会被人叫成“兴判刑”的不吉利名字。

一位姓乐的人取名乐乐章，本也正常；但若有位父亲给自己的孩子取名“乐乐乐”，这三个同样的字连在一起，本意是乐跃跃（lèyuèyuè），可是这个乐字是个多音字，可以有以下八种读法：lèlèlè，lèlèyuè，lèyuèyuè，lèyuèlè，yuèlèlè，yuèlèyuè，yuèyuèyuè，yuèyuèlè。“乐乐乐”这三个“乐”字连在一起，把名字弄得复杂了，在学校老师和同学叫不准，进入社会后同事和朋友叫不准，每到一处还得做自我介绍，这只能说是自找麻烦，如果这位父亲在给孩子取名时直接写成“乐跃跃”，就可省掉很多麻烦。如果要取名lèyuèyuè的话，乐乐乐就应该直接写成“乐跃跃”，把后面两个yuè字用“跃”表达，让人一看就知道他叫乐跃跃（lèyuèyuè）。

再举一个同字不同音的例子。清朝年间，江南某地一位姓石的秀才，书读五车，知识渊博，但总是榜上无名。石秀才生了五男五女共十个子女，算是吃尽了苦头，才把他们培养成人，分别在工、农、商、学、兵、政、法、医、科等部门做事，各行各业算是占全了。石秀才为了炫耀自己的儿女，有一年春节，他在自己门前贴了一副对联。上联：“石石石头石石重”，下联“行行行行行行行”，横联“苦尽甘来”。这副对联一出，引得许多行人驻足观看。大家觉得好奇，怎么读都无法读顺这副对联，更无法理解其中的含意。原来上联是：石石石头石石重（shí dàn shí tóu dàn dàn zhòng），意指石秀才把十个儿女养大成才负担之重，算是吃尽了苦头。下联是：行行行行行行行（háng xíng háng xíng háng háng xíng），意指十个儿女分别在十个部门做事，各行各业他家都有人才。

说到行字的用法，还有这样一个故事。一个人骑了一辆自行（xíng）车到银行（háng）找到了行（háng）长，行（xíng）了一个礼。这个人回家后对别人说，他今天骑了一辆自行（háng）车到银行（xíng），找到了行（xíng）长，行（háng）了一个礼。把行（xíng）行（háng）二字颠倒，意思也就变了，成为民间笑话。

上面讲的是汉字中字同音不同的例子，在取名用字时一定要考虑到名字的近音、同音、谐音以及同字不同音等情况。

五、杂谈绕口名

从古至今，人们的取名方式除了传统的按照“姓+辈分派号+名”或者“姓+名”的方式之外，还有一些五花八门、各有特色的取名方式。下面举几个典型的例子。

有的以姓加笔或减笔取名，如王玉、王宝珍、林木、林木森、林森木、田由甲等。

有的拆姓取名，如雷雨田、贺加贝、易日勿、贾西贝、杜木土、田十口、何人可、罗四夕、许言午、吕双口、林双木、胡古月、吴天口、杨木易、张长弓、李木子等。

有的以姓的偏旁取同傍名，如杨柳根、赵越超、何信仁、许言诚、傅亿仁、沈江涛、彭彬彪等。

有的以姓组词取名，如刘览、彭飞、于跃、吴畏、李貌、袁规、凌光、闻雅、傅源、魏何、杨凡、乔木、甘甜、周围、高峰、林海、邱林、谢礼、许念、曾强、苏醒、叶茂、夏天、钟声、任重、方圆、金星、康全、江山、雷雨、常胜、武威、文章等。

以上取名方法可说是别具一格，有它一定的道理和含意，写之便，读之明，呼之顺。可是有些人却不是这样，在给孩子取名用字时选些看似文绉绉、实则绕口的字。如李里礼、杨羊洋、林岭、何合可、宋松松、唐长堂、冯凤红、萧晓笑、陈城程、袁瑗缘、许水喜、孙纯沈、苏仕师、蒋江将、贾加家、薛谢雪、阎烟燕、余易益、潘盼伴、田天甜、姜江将、范樊凡、方放芳、石世时、姚妖耀、熊雄雄、金进京、陆露禄、郝好豪、秦静琴、江蒋将、史师思、孟蒙蒙、盏垒利、钱全钦、尹英印、乔巧桥、贺河合、龚弓巩、文闻纹等。这类名字，让人很难理解含义，对于这类名字，其实只要稍加修改就会好很多，比如李里礼改为李德礼，或者李里程。

六、杂谈单名

单名在我国的汉族使用极为普遍，尤其是改革开放以来。单名不能说不好，也不是不可取，但是单名确实会带来诸多不便。一是会造成同姓同名的人多，如在一起共事很难区分，二是不容易反映名字的真实含意，三是在取名用字上受到很大的限制。

按照我国传统，姓名有三种组成方式。一种是“父姓+辈分+名字”，组成双名；一种是“父姓+名字”，组成单名；还有一种是“父姓+双名”，组成三字名。试想，拥有近14亿人口的大国，如果取单名太多，必然会造成同名同姓的结果，特别是王、李、张、刘、陈五大姓氏，单名更容易出现同姓同名。如：王刚、张飞、李勇、刘峰、陈诚，这类单名随处可见，重名肯定避免不了，如果能在这些单名中间或后面再加一个字，重名的概率应该会小很多，也会显得别具一格。比如：

王刚：王新刚，王刚强。 张飞：张云飞，张飞虎。

李勇：李志勇，李勇军。 刘峰：刘建峰，刘峰华。

陈诚：陈忠诚，陈诚恳。

其他姓氏也会碰到同样的情况，如杨洋、林驎、何可、郑振、宋松、唐堂、冯凤、肖晓、袁瑗、许喜、孙沈、苏仕、蒋将、贾嘉、薛雪、阎燕、余益、潘盼、田甜、姜江、范凡、方芳、石时、姚耀、熊雄、金京、钱乾、尹引、乔桥、贺河、龚弓、文闻、易乙。这些单名如果增加一个字，也会产生很好的效果。

通过加字衬托把单名变为双名，不但可以避免同名，而且名字的含义也别具一格，赋予名字更多的含义。

我国还有许多复姓，如欧阳、诸葛、上官、司马、夏侯、呼延等。双姓在我国属于小姓，他们在取名时，选字方面比单姓有更大的空间。如诸葛亮或诸葛明亮，欧阳海或欧阳东海，上官珠或上官明珠，司马千或司马万千，夏侯方或夏侯东方，呼延芍或呼延正芍等。就复姓而言，无论是取单名还是双名，出现重名重姓的概率都很低。

最后值得指出的是，近些年来，我国出现了一些新的双姓名字，也就是“父姓+母姓”合并而成的双姓。这种取名方法也是值得提倡的，不仅体现了男女平等和社会进步，将父母的期望同时蕴含在孩子的姓名之中，还可以避免同名同姓的情况，体现出更具个性的名字。

七、使用最多的姓名

根据公安部发布的《2019年全国姓名报告》，按照全国户籍人口数量排名，前100位的“百家姓”总人数占全国户籍人口的85.9%。其中，作为全国第一大姓氏的王姓，同时也是北京、天津、河北、山西、内蒙古、辽宁、吉林、黑龙江、江苏、安徽、山东、河南、海南、陕西、甘肃、新疆等16个省（区、市）的第一大姓。李姓是湖北、湖南、重庆、四川、云南的第一大姓。张姓在上海是第一大姓。刘姓在江西是第一大姓。陈姓在浙江、福建、广东是第一大姓。杨姓在贵州是第一大姓。黄姓在广西是第一大姓。马姓在青海、宁夏是第一大姓。

根据这次姓名调查统计可知，目前全国使用最多的10个姓名依次为：张伟、王伟、李娜、王芳、李伟、王静、李静、张敏、刘伟、张静，而且这些姓名男女皆有使用。

名字中使用最多的50个字依次为：

英 华 文 玉 秀 明 丽 兰 红 金

国 春 小 海 梅 平 云 志 建 芳

荣 林 珍 凤 军 晓 永 伟 艳 桂

宇 玲 俊 杰 美 霞 成 德 子 佳

香 龙 新 花 清 燕 淑 强 娟 辉

姓名的长度多为2至3个字，其中三字姓名占84.3%，二字姓名占14.0%，二字姓名“姓+单名”，三字姓名为“单姓+双名”或“复姓+单名”。

新生儿取名方面，使用最多的50个字依次为：

梓 子 宇 泽 涵 晨 佳 一 欣 雨

嘉 思 轩 睿 浩 铭 宸 辰 文 博

诗 奕 妍 语 诺 然 俊 怡 沐 熙

依 钰 悦 锦 阳 艺 琪 皓 鑫 彤

雅 萱 瑶 乐 煜 航 馨 安 桐 若

其中新生男孩最常用的名字是：浩宇、浩然、宇轩、宇航、铭泽、子墨、梓豪、子睿、子轩、梓睿。新生女孩最常用的名字是：一诺、依诺、欣怡、梓涵、诗涵、欣妍、雨桐、佳怡、佳琪、梓萱。

孩子是每个家庭的新希望和血脉的延续，父母和其他长辈在给孩子取名时，都想把美好的期望和祝福蕴含在名字中，在此，我们祝愿天下父母——

取得好名伴佳儿，成龙成凤成栋梁！